Diogenes Taschenbuch 23684

Früher war noch mehr Strand

Hinterhältige Reisegeschichten

Ausgewählt von Daniel Kampa

Diogenes

Nachweis am
Schluss des Bandes
Umschlagzeichnung
von Bosc

Originalausgabe

Diogenes Verlag AG Zürich
www.diogenes.ch
300/08/36/1
ISBN 978 3 257 23684 2

Nichts ist mehr da, das man sich ansehen könnte,
alles ist zu Tode geglotzt worden.

D. H. Lawrence

Inhalt

David Lodge

Ratet mal…

»Wer was vergessen hat«, sagte Dorothy, als der schwerbeladene Wagen vom Haus weg und in Richtung Autobahn fuhr, »soll es jetzt gleich sagen, später will ich nichts mehr davon hören.«

»Schaffen wir es noch zur Fähre?«, fragte Susan, das jüngste der drei Kinder auf der Rückbank.

»Ja, aber nur, wenn wir nicht zurückmüssen, um im Bad den Wasserhahn abzudrehen«, sagte ihre Mutter.

Im letzten Jahr war es der Wasserhahn im Badezimmer gewesen. Im Jahr davor war eine Fensterscheibe zu Bruch gegangen, als sie gerade losfahren wollten. Und in dem Jahr, als der Campingurlaub anstand, hatten sie zwölf Dosen Katzenfutter für Ollie dagelassen, den Dosenöffner aber mitgenommen und damit die Nachbarn, die sich bereiterklärt hatten, den Kater zu füttern, ziemlich in Verlegenheit gebracht. Die Abreise in den Urlaub war bisher immer mit Stress und Fehlleistungen einhergegangen. »Aber in diesem Jahr«, sagte Dorothy,

»scheint ja alles glattzugehen. Dreimal auf Holz geklopft!« Sie pochte ans Armaturenbrett.

»Das ist aus Plastik«, bemerkte ihr Mann Adrian, der am Steuer saß.

»Spielt keine Rolle«, sagte Dorothy, »ich bin nicht abergläubisch. Aber kannst du mir mal sagen, was du vor einer halben Stunde getrieben hast? Da habe ich am vorderen Schlafzimmerfenster gestanden und dich mit dem Wagen losrasen sehen, und wie ich zehn Minuten später ans hintere Schlafzimmerfenster komme, stehst du im Garten und schaufelst.«

»Das erzähl ich dir später«, sagte Adrian.

»Klingt verdächtig«, sagte Jonathan, sein Ältester.

»Was war denn, Daddy?«, fragte Rosemary, die Mittlere.

»Ratet mal«, sagte Adrian. »Netter kleiner Zeitvertreib für die Fahrt. Erste Szene: Mann stürzt aus dem Haus, springt in einen mit Urlaubssachen vollgepackten Wagen und zischt ab wie ein geölter Blitz. Zweite Szene: Zehn Minuten später steht derselbe Mann in seinem Garten und buddelt. Wie könnte das eine mit dem anderen zusammenhängen?«

Sie rieten vergeblich hin und her, und weil Adrian sich weigerte, mit der Antwort herauszurücken, bekamen sie das Spiel nach einer Weile satt und vergaßen die ganze Sache. Erst drei Wochen später, auf der Heimfahrt, erinnerte er sie daran. Der Wagen war nicht mehr so schwer beladen, denn bei einem Zwischenstopp in Versailles hatten Diebe sie um den Großteil ihres Gepäcks erleichtert. Jonathan trug einen Arm in der Schlinge, Dorothy konnte nicht richtig sehen, weil sie ihre Kontaktlinsen verloren hatte, und beide Mädchen waren von Kopf bis Fuß mit einem rätselhaften Ausschlag überzogen. Es war kein sehr gelungener Urlaub gewesen.

»Das war so«, sagte Adrian. »Eine halbe Stunde vor unserer Abfahrt hatte ich gemerkt, dass nicht genug Katzenfutter für Ollie im Haus war. Also habe ich mich in den Wagen gesetzt und bin losgerast, um noch ein paar Dosen zu kaufen. Als ich zurückkam, lag Ollie im Rinnstein. Tot. Überfahren.«

Von der Rückbank kam lautes Wehgeschrei.

»Du hast ihn totgefahren«, sagte Jonathan anklagend.

»Ja, leider«, sagte Adrian. »Als ich rückwärts aus der Auffahrt fuhr, um noch rasch einzukaufen, war ich wohl ein bisschen zu schnell für ihn. Er war eben nicht mehr der Jüngste ... Aber es war nun mal passiert. Ich habe ihn hinten im Garten begraben.«

Als er so weit gekommen war, fing Susan herzzerreißend an zu schluchzen und traktierte ihren Vater mit Schlägen auf den Hinterkopf, so dass er von der Fahrbahn abkam und das Auto im Straßengraben landete.

»Kein Wunder, dass dieser Urlaub unter einem schlechten Stern stand«, sagte Dorothy, als sie auf dem Seitenstreifen saßen und auf den Abschleppwagen warteten, »wenn du gleich als Erstes unsere eigene Katze gekillt hast...«

»Ich denke, du bist nicht abergläubisch?«, sagte Adrian.

»Und noch dazu eine schwarze«, ergänzte Dorothy. »Was hast du übrigens mit dem Katzenfutter gemacht?«

»Das hab ich Ollie mit ins Grab gegeben.«

»War das nicht auch ein Stück Aberglaube?«

»Schon möglich«, sagte Adrian. »Vielleicht hätte ich den Büchsenöffner dazulegen sollen.«

Loriot

Fluggepäck

Gepäckförderband in einem Flughafen. Unter den Fluggästen, die den herangleitenden Gepäckstücken entgegensehen, befinden sich fünf Herren des gehobenen Managements. Sowohl ihre Kleidung als auch ihre Flugkoffer sind von der üblichen, verblüffenden Ähnlichkeit.

HERR I *(greift nach dem Koffer 1)*

HERREN II UND III *(greifen auch zu)*

HERR II Entschuldigen Sie, aber Sie haben da wohl versehentlich meinen Koffer…

HERR I Oh, Pardon…

HERR III Wenn Sie erlauben, ich glaube, das ist meiner…

HERR II Also, ich kenne doch meinen Koffer! *(nimmt Koffer)*

HERR I Ach, da kommt meiner schon! *(Koffer 2 fährt heran)*

HERR IV *(greift auch zum Koffer 2)* Verzeihen Sie, aber dies ist…

HERR I *(greift zu, nimmt den Koffer vom Band)* Neinnein, ich habe schon den anderen durchgelassen…

HERR IV Aber ich versichere Ihnen…

HERR I Sie müssen sich irren…

HERR IV Ah ja, Sie haben recht… ich bitte um Verzeihung… *(greift zum Koffer 3)*

HERR V *(greift auch zum Koffer 3 und nimmt ihn)* Entschuldigen Sie…

HERR IV Moment… ich habe grade den anderen Koffer diesem Herrn überlassen…

HERR V Das mag schon sein, aber ich müsste mich schon *sehr* irren, wenn *das* nicht *mein* Koffer ist.

HERR III Wenn Sie erlauben, ich sehe grade, Sie haben da versehentlich meinen Koffer…

HERR V Ach!

HERR IV *(nach rechts)* Entschuldigen Sie…

HERR II *(will mit Koffer 1 gehen)*

HERR I *(will mit Koffer 2 gehen)*

HERR IV *(zum Herrn II)*… könnte es wohl sein, dass Sie meinen Koffer…

HERR II Oh, das täte mir leid… *(gibt Koffer 1 an Herrn IV)* Aber dann… Hallo… *(Herr I bleibt stehen)* Darf ich mal Ihren Koffer sehen?

HERR I *(bleibt stehen)* Ja, bitte schön…

HERR V *(gibt Koffer an Herrn III, sieht Koffer 4 kommen)* Ach, dann ist *das* jetzt meiner! *(ergreift Koffer 4)*

HERR I *(greift auch nach Koffer 4)* Also, meinen erkenne ich ganz leicht…

HERR V *(hat Koffer 4 in der Hand)* Tja… Jawohl… Das muss er sein!

HERR I Pardon… sehen Sie die Druckstelle… daran erkenne ich ihn unter Tausenden… es tut mir leid, aber…

HERR V Oh, bitte… *(zu den Herren II und IV, die sich grade entfernen wollen)* Ach, entschuldigen Sie, aber wäre es möglich, dass einer der Herren den falschen Koffer…

HERR III Nein… nein, ich fliege seit Jahren mit diesem Koffer…

HERR IV Wie sieht Ihrer denn aus?

HERR V So etwa wie diese…

HERR IV Etwa?

HERR V Genau… etwa genau…

HERR II *(tritt mit Koffer 2 heran)* Verzeihung, ich bin doch nicht ganz sicher *(zu Herren I und V)…*

HERR I Merkwürdig.

HERR V *(zu Herrn II) Das* könnte meiner sein! Ja, *das* ist er!

HERR II Was haben *Sie* denn für einen?

HERR V Im Moment überhaupt keinen!

HERR II Ja *dann* kann ich Ihnen diesen auch nicht geben …

HERR V Aber ich bitte Sie!

HERR III Da kommt ja noch einer! *(Herr V ergreift den letzten Koffer. Alle Herren vergleichen ihre Koffer)*

HERR V Meiner ist verhältnismäßig schwer …

HERR I Ich habe einen ziemlich langen …

HERR IV Na, kürzer ist meiner auch nicht! *(Der Koffer von Herrn I öffnet sich überraschend, der Inhalt fällt halb heraus)*

HERR II Ah … ja! *(Blick auf teils schmutzige, teils saubere Wäsche sowie einige gewagte Herrenjournale)*

HERR III Ist das Ihr Koffer?

HERR I Es ist alles so durcheinander … ich glaube nicht …

HERR III *(zu Herrn V)* Darf ich mal in diesen Koffer hineinsehen?

HERR IV Bitte sehr … *(Sie öffnen gemeinsam den Koffer)*

HERR I *(zu Herrn V)* Ich hätte ganz gern mal einen Blick in diesen hineingeworfen …

HERR V Gern … *(sie öffnen einen anderen Koffer)*

HERR I *(greift unsicher in den Inhalt)...* Tja... *(sieht von einem Koffer zum anderen)*

HERR III *(zu Herrn I)* Das war Ihr Koffer?

HERR I Ja...

HERR II Darf ich mal ganz kurz...?

HERR I Oh, bitte... *(Herr II wühlt im Inhalt. Mehrere Herrenjournale werden deutlich sichtbar)*

HERR IV *(öffnet mit Herrn III dessen Koffer)* Sind das Ihre Zeitschriften?

HERR III Neinnein... aber diese Hemden!...

HERR V *(betrachtet gemeinsam mit Herrn II, der vom Koffer des Herrn I kommt, den Inhalt dessen Koffers)* Ich hatte noch eine saubere Unterhose und einen hellblauen Slip, das weiß ich genau.

HERR I Dieser hier?

HERR V Nein! *(wühlt in vielen getragenen)...* Da! Das ist er... *(behält ihn in der Hand, nimmt auch die schmutzigen hoch)*

HERR II Sind Sie sicher?

HERR V Ganz sicher... aber dieser Kulturbeutel gehört mir nicht...

HERR I Zeigen Sie mal...

HERR IV *(zu Herrn V)* Gehören Ihnen diese Magazine?

HERR V *(betrachtet verlegen die Titelseiten)* Neinnein … aber ich vermisse noch etwas Leibwäsche … *(sieht die Hemden auf dem Arm von Herrn III)* … oh, Verzeihung, Sie haben da freundlicherweise meine Hemden … sehen Sie … mit Namenszeichen!

HERR III Ach, das ist mir sehr unangenehm …

HERR V Aus welchem Koffer waren die?

HERR III Da bin ich momentan überfragt …

HERR IV *(zu Herrn III)* Gehören diese Zeitschriften Ihnen?)

HERR III Nein … aber sind in Ihrem Koffer getragene Socken … getragene halblange graue Socken …

HERR IV Wenn Sie selbst nachsehen wollen …

HERR I Wenn die Herren irgendwo ein braunes Reisenecessaire … *(nimmt es irgendwo heraus, sieht hinein)* … das könnte es …

HERR II Könnte es dieses sein? *(hat 6 Hemden und ein braunes Necessaire)*

HERR I Erlauben Sie bitte … *(nimmt das Necessaire)* … Ich bin da grade im Zweifel … *(sieht hinein)* …

HERR II Bitte sehr …

HERR I Hatten Sie eine weiße Zahnbürste? *(hält beide Zahnbürsten vor Herrn II)*

HERR II Das kann ich sehr schlecht sagen... *(sieht in das Necessaire von Herrn I)*... aber das ist mein Aftershave...

HERR I Sind das vier getragene und zwei saubere Hemden?

HERR II Zählen Sie doch mal nach...

HERR I *(zählt)*

HERR II *(zu Herrn V)* Jetzt fehlen mir noch Hemden...

HERR V Ich kann Ihnen drei von diesen geben...

HERR III *(hat einen Haufen graue und schwarze Socken auf dem Arm. Zu Herrn IV)* Aber ich hatte doch nicht *nur* Socken... da waren noch verschiedene Hemden, ein Necessaire, Unterhosen und ein kurzärmeliger Pullover...

HERR IV Und diese Hefte...?

HERR III Eins vielleicht... aber nehmen Sie mir doch ein paar Socken ab... *(Sie tauschen)*

HERR IV *(geht zu einem Koffer, an dem Herr V steht. Herr IV packt Socken und Hefte ein)* Ich glaube, so stimmt es...

HERR V *(hat noch seine Hemden auf dem Arm)* Nur dieses karierte Taschentuch... erlauben Sie? *(nimmt es)*

HERR I Oh, bitte sehr...

HERR V *(geht zu einem anderen Koffer und wirft die Sachen hinein)*

Die Herren schließen je einen Koffer, greifen unsicher nach den Duty-free-Tüten, verlassen das Transportband, gehen durch den Ausgang und treffen dort auf ihre fünf Gattinnen, die kaum zu unterscheiden sind.

Sławomir Mrożek

Der Koffer

Um Mitternacht stieg ich aus dem Zug, aber der Koffer war zu schwer, als dass ich ihn hätte weitertragen können. Ich stand neben ihm auf dem Bahnsteig und sah mich ratlos um. Die Reisenden gingen an mir vorbei und verschwanden in der Unterführung mit dem Schild: AUSGANG ZUR STADT. Bald darauf war niemand mehr in der Nähe.

Da erschien ein Gepäckträger. Wortlos nahm er meinen Koffer und trug ihn ohne jede Anstrengung zum Ausgang. Ich lief ihm hinterher und wischte mir heimlich eine Träne der Dankbarkeit ab.

Vor der Treppe, die zur Unterführung führte, blieb er stehen und überlegte: »Was weiß ich …« Er sagte das wie zu sich selber.

»Was wissen Sie nicht?«, beunruhigte ich mich. Der Mann stand mir nahe.

»Ob es sich für mich bezahlt macht«, und er stellte den Koffer auf den Bahnsteig.

»Aber ja! Ich zahle den doppelten Preis. Es ist

schließlich Nacht, Ihnen steht ein Zuschlag für Nachtarbeit zu. Nachtarbeit ist sehr ungesund.«

»Das ist eine Sache. Aber ich habe eine Frau, Kinder… ich sollte jetzt dort sein, bei ihnen, und nicht hier auf dem Bahnsteig mit Ihnen. Sie sind ja schließlich für mich ein Fremder.«

Das war wahr. Er sah mich zum ersten Mal in seinem Leben. Und trotzdem zog er es vor, die Zeit mit mir zu verbringen und nicht mit der Familie. Ein geheimnisvolles Fluidum? Eine Seelengemeinschaft? Ich fühlte mich auserwählt, aber auch schuldig. »Ich zahle den dreifachen Preis, für die Trennung von der Familie.«

Er seufzte, hob aber den Koffer hoch und ging die Treppe nach unten, mit gesenktem Kopf, als ob er die ihm selbst unverständliche Schwäche bedauerte, die ihm befahl, mich zu wählen, und nicht seine eigenen Kinder.

Wir liefen jetzt durch den Tunnel, in dem unsere Schritte ein beunruhigendes Echo erzeugten. Vor der Treppe blieb er wieder stehen und warf mir einen traurigen Blick zu.

»Steil«, sagte er.

»Einen Zuschlag für die Steigung?«

»Na klar, aber es zieht mir ein wenig im Rücken.«

»Dann helfe ich Ihnen, wenn Sie erlauben. Wir tragen ihn zusammen.«

Auf der halben Treppe blieb er stehen. Ich ebenfalls, weil wir den Koffer jetzt gemeinsam trugen.

»Im vorigen Jahr gab es bei uns einen Hagelschauer«, informierte er mich, scheinbar ohne jeden Zusammenhang mit der Situation.

»Vielleicht ruhen Sie sich etwas aus?«

»Vielleicht.«

Er setzte sich auf die Treppe. Eine längere Zeit verging schweigend, aber es sah nicht so aus, als habe er die Absicht aufzustehen.

»Wissen Sie was? Sie bleiben hier noch sitzen, und ich schleppe in der Zwischenzeit den Koffer irgendwie nach oben und warte auf Sie, was?«

Er antwortete nicht. Ich nahm keine Antwort als Einverständnis und schleppte den Koffer bis zur letzten Stufe und sah mich um. Er saß immer noch da.

Ich hatte keine Wahl. Ich kehrte um, nahm ihn auf meine Schulter und trug ihn nach oben. Dann war es schon leichter, denn es war ebenerdig. Ich bewegte mich in die Richtung des Schildes TAXI.

»Und der Koffer?«, erinnerte er mich gerade rechtzeitig.

Ich kehrte um, den Koffer zu holen. Vor dem Bahnhof warteten Taxis. Er kletterte, das musste man zugeben, beim allerersten von mir herunter.

»Es fehlt noch was für die Bemühung«, sagte er, als er sein eingenommenes Geld zählte.

»Danke, nicht nötig«, antwortete ich höflich und verlor das Bewusstsein.

F. Scott Fitzgerald

Drei Stunden zwischen zwei Flügen

Er musste es einfach auf gut Glück versuchen – Donald, gesund und gelangweilt, hatte das befriedigende Gefühl, eine lästige Pflicht erfüllt zu haben, und war entsprechend in Stimmung. Jetzt würde er sich belohnen. Vielleicht.

Nach der Landung trat er in die Sommernacht des Mittelwestens hinaus und steuerte den einsamen ländlichen Flughafen an, der wie ein altes rotes Bahnhofsgebäude aussah. Er wusste nicht, ob sie noch lebte, ob sie noch in dieser Stadt wohnte oder wie sie jetzt hieß. Mit wachsender Erregung suchte er im Telefonbuch nach ihrem Vater, der womöglich inzwischen auch gestorben war, es war schließlich zwanzig Jahre her. – Nein. Richter Harmon Holmes – Hillside 3194.

Eine belustigte Frauenstimme beantwortete seine Frage nach Miss Nancy Holmes.

»Nancy ist jetzt Mrs. Walter Gifford. Wer spricht denn da?«

Aber Donald legte auf, ohne zu antworten. Er

hatte erfahren, was er hatte wissen wollen, und er hatte nur drei Stunden zur Verfügung. An einen Walter Gifford konnte er sich nicht erinnern, und einen Augenblick war noch einmal alles in der Schwebe, als er erneut das Telefonbuch durchsuchte. Möglich, dass sie nach der Heirat weggezogen war. Nein. Walter Gifford – Hillside 1191. Das Blut kehrte in seine Fingerspitzen zurück.

»Hallo?«

»Hallo. Ist Mrs. Gifford da? Hier spricht ein alter Freund von ihr.«

»Hier ist Mrs. Gifford.«

Da war der seltsame Zauber in der Stimme, an den er sich erinnerte oder zu erinnern meinte.

»Hier Donald Plant. Ich hab dich zuletzt gesehen, als ich zwölf war.«

»Oh-h-h-h.« Das klang äußerst überrascht und sehr höflich, aber er konnte darin weder Freude ausmachen noch erkennen, ob sie ihn überhaupt noch einzuordnen wusste.

»... Donald«, fügte die Stimme an. Diesmal schwang mehr darin als mühsames Erinnern.

»Seit wann bist du zurück?« Und ausgesprochen herzlich: »Wo bist du überhaupt?«

»Am Flughafen. Nur für ein paar Stunden.«

»Dann komm doch bei mir vorbei.«

»Wenn du nicht gerade ins Bett gehen wolltest?«

»Du lieber Himmel, nein!«, beteuerte sie. »Ich sitze hier allein vor einem Highball. Sag dem Taxifahrer…«

Auf der Fahrt ging Donald das Gespräch noch mal durch. Sein »am Flughafen«, signalisierte, dass er seine Position im oberen Mittelstand hatte halten können. Dass Nancy allein war, konnte bedeuten, dass sie eine unattraktive Frau ohne Freunde und Bekannte geworden war. Ihr Mann war möglicherweise entweder außer Haus oder im Bett. Und weil sie in seinen Träumen immer noch zehn Jahre alt war, schockierte ihn der Highball. Aber er besann sich mit einem Lächeln: Sie war fast dreißig.

Am Ende einer geschwungenen Auffahrt sah er eine dunkelhaarige kleine Schönheit – ein Glas in der Hand – im Licht stehen, das durch die geöffnete Haustür fiel. Leicht verunsichert, da er sie nun leibhaftig vor sich sah, stieg Donald aus und fragte: »Mrs. Gifford?«

Sie schaltete die Verandabeleuchtung ein und sah ihn unentschlossen mit großen Augen an. Ein Lächeln durchbrach die Ratlosigkeit.

»Donald… du bist das… wir haben uns alle so verändert. Also das ist wirklich erstaunlich.«

Als sie das Haus betraten, redeten beide davon, »wie doch die Zeit vergeht…«, und Donald hatte plötzlich ein flaues Gefühl im Magen. Ein Grund dafür war das Bild von ihrer letzten Begegnung, das ihm vor Augen stand – als sie auf einem Fahrrad an ihm vorbeigefahren war und ihn wie Luft behandelt hatte –, andererseits befürchtete er, sie könnten sich nichts zu sagen haben. Es war wie bei einem Klassentreffen, dort aber wurde die Unmöglichkeit, die Vergangenheit wiederzufinden, durch Hast und Ausgelassenheit überdeckt. Erschrocken begriff er, dass er womöglich eine lange, leere Stunde vor sich hatte. Mit dem Mut der Verzweiflung stürzte er sich hinein. »Hübsch warst du schon immer. Aber dass du so eine Schönheit geworden bist, wirft mich fast um.«

Es funktionierte. Durch die prompte Anerkennung ihrer veränderten Umstände und das gewagte Kompliment waren aus verlegenen Jugendfreunden interessante Fremde geworden.

»Einen Highball?«, fragte sie. »Nein? Bitte denk nicht, dass ich zur heimlichen Trinkerin geworden bin, ich war heute Abend nur ein bisschen down. Eigentlich hatte ich meinen Mann erwartet, aber er hat telegrafiert, dass er erst in zwei Tagen kommt. Er ist sehr nett, Donald, und sieht gut aus. Ähnlich wie du, auch die Haarfarbe.« Sie zögerte. »... und ich glaube, es gibt da jemanden in New York, aber ich weiß es nicht.«

»Wenn ich dich so sehe, halte ich das für unwahrscheinlich«, beteuerte er. »Ich war sechs Jahre verheiratet, und eine Weile habe ich mich so gequält wie du. Eines Tages habe ich dann die Eifersucht für immer aus meinem Leben verbannt. Nach dem Tod meiner Frau war ich sehr froh darüber. Dadurch blieb eine sehr erfüllte Erinnerung, da gab es nichts, was getrübt oder verpatzt war, nichts, woran man ungern zurückgedacht hätte.«

Sie betrachtete ihn aufmerksam und mit zunehmender Anteilnahme.

»Es tut mir sehr leid«, sagte sie, und nach einer angemessenen Pause: »Du hast dich sehr verändert. Dreh mal den Kopf. Ich weiß noch, dass Vater sagte: ›Der Junge hat Hirn.‹«

»Da hast du vermutlich widersprochen.«

»Es hat mir imponiert. Bis dahin hatte ich gedacht, dass jeder Mensch ein Hirn hat. Deshalb ist es mir in Erinnerung geblieben.«

»Was ist dir noch in Erinnerung geblieben?«, fragte er lächelnd.

Nancy stand unvermittelt auf und tat ein paar rasche Schritte von ihm weg.

»Das ist nicht fair«, sagte sie vorwurfsvoll. »Das klingt, als ob ich ein schlimmes Mädchen gewesen wäre.«

»Warst du nicht«, widersprach er entschieden. »Und jetzt würde ich doch gern was trinken.«

Während sie, immer noch mit abgewandtem Gesicht, den Drink einschenkte, fuhr er fort:

»Bildest du dir ein, dass du das einzige kleine Mädchen warst, das je einen Kuss bekommen hat?«

»Du kommst wohl von dem Thema nicht los.« Dann schmolz der momentane Ärger dahin, und sie sagte: »Ach, was soll's! Wir haben wirklich Spaß gehabt. Wie in dem Song.«

»Beim Schlittenfahren.«

»Genau. Und bei dem Picknick von… ja, von Trudy James. Und in Frontenac, in jenem – jedem Sommer damals.«

An die Schlittenfahrt erinnerte er sich am deutlichsten – wie er im Stroh, in einer Ecke, ihre kühlen Wangen geküsst hatte, während sie lachend zu den kalten weißen Sternen hochgesehen hatte. Das Pärchen neben ihnen hatte ihnen den Rücken zugewandt, und er hatte ihren kleinen Hals und ihre Ohren geküsst, aber nicht die Lippen.

»Und bei der Party von den Macks, als sie Post gespielt haben und ich nicht hingehen konnte, weil ich Mumps hatte«, sagte er.

»Das weiß ich nicht mehr.«

»Du warst aber da. Und du bist geküsst worden, und ich war so rasend eifersüchtig, wie ich es seitdem nie mehr gewesen bin.«

»Komisch, dass ich das nicht mehr weiß. Vielleicht wollte ich es vergessen.«

»Aber warum?«, fragte er belustigt. »Wir waren doch zwei unschuldige Kinder. Wenn ich mit meiner Frau über die Vergangenheit sprach, habe ich ihr immer gesagt, dass ich dich fast so sehr geliebt habe wie sie. Aber ich glaube, ich habe dich genauso sehr geliebt. Als wir wegzogen, hab ich dich wie eine Kanonenkugel im Bauch gehabt.«

»Warst du so… aufgewühlt?«

»Mein Gott, natürlich…« Er merkte plötzlich, dass kaum ein halber Meter sie trennte, dass er redete, als liebte er sie jetzt, dass sie ihn mit halbgeöffneten Lippen und verschleiertem Blick betrachtete.

»Sprich weiter«, sagte sie. »Ich muss gestehen, dass ich das gern höre. Dass dich das so mitgenommen hat, wusste ich nicht. Ich dachte immer, dass nur ich darunter gelitten hätte.«

»Du!«, stieß er hervor. »Weißt du nicht, wie du mich im Drugstore hast abblitzen lassen?« Er lachte. »Die Zunge hast du mir rausgestreckt.«

»Das weiß ich nicht mehr. Ich hatte den Eindruck, dass du mich hast abblitzen lassen.« Ihre Hand legte sich leicht, fast tröstend auf seinen Arm. »Ich hab oben ein Fotoalbum, das ich seit Jahren nicht mehr angeschaut habe, das kram ich mal raus.«

In den folgenden fünf Minuten beschäftigte Donald, während er dasaß und wartete, zum einen die absolute Unmöglichkeit, die Erinnerungen zweier Menschen an denselben Abend in Einklang zu bringen, und zum anderen die erschreckende Tatsache, dass Nancy ihn als Frau so anrührte, wie sie es als Kind getan hatte.

Binnen einer halben Stunde hatte sich ein Gefühl entwickelt, das er seit dem Tod seiner Frau nicht mehr kannte und das er gehofft hatte, ein für allemal los zu sein.

Sie setzten sich nebeneinander auf die Couch und schlugen das Album auf. Nancy sah ihn glücklich lächelnd an.

»Wie schön das ist«, sagte sie. »Wie schön, dass du so nett bist, dass du so – so liebe Erinnerungen an mich hast. Ich wünschte, das hätte ich damals gewusst. Als du fort warst, habe ich dich gehasst.«

»Ein Jammer«, sagte er sanft.

»Aber jetzt nicht«, versicherte sie, und dann platzte sie heraus: »Gib mir einen Kuss. Zur Versöhnung.«

»Eine gute Ehefrau macht so was nicht«, sagte sie nach einer Minute. »Ich glaube, seit meiner Heirat habe ich keine zwei Männer mehr geküsst.«

Er war erregt, vor allem aber verwirrt. Wen hatte er geküsst? Nancy? Oder eine Erinnerung? Oder diese bildhübsche bebende Fremde, die rasch wegsah und eine Albumseite umblätterte?

»Warte«, sagte er. »Ich könnte im Moment kein Foto erkennen.«

»Wir tun das nicht noch mal. Ich bin auch nicht gerade die Ruhe selbst.«

Donald machte eine dieser trivialen Bemerkungen, die so weitreichende Folgen haben können.

»Wäre es nicht schrecklich, wenn wir uns wieder ineinander verlieben würden?«

»Hör auf!« Sie lachte atemlos. »Das ist vorbei. Es war ein Augenblick. Ein Augenblick, den ich werde vergessen müssen.«

»Sag deinem Mann nichts.«

»Warum nicht? Ich sage ihm sonst alles.«

»Es wird ihm weh tun. Du darfst einem Mann nie solche Sachen sagen.«

»Gut, ich sag's ihm nicht.«

»Küss mich noch einmal«, sagte er gegen die Abmachung, aber Nancy hatte weitergeblättert und zeigte eifrig auf ein Bild.

»Da bist du«, rief sie. »Wie du leibst und lebst.«

Er sah hin. Ein kleiner Junge in Shorts stand auf einem Pier, im Hintergrund war ein Segelboot.

»Ich weiß noch ganz genau, an welchem Tag das entstanden ist«, lachte sie triumphierend. »Kitty hat es gemacht, und ich hab es ihr stibitzt.«

Zunächst konnte Donald sich auf dem Foto nicht erkennen. Er beugte sich tiefer herunter und erkannte sich überhaupt nicht mehr.

»Das bin nicht ich«, sagte er.

»Doch. Es war in Frontenac. In dem Sommer, als wir … als wir immer in die Höhle gegangen sind.«

»Was für eine Höhle? Ich war nur drei Tage in Frontenac.« Wieder bemühte er sich, das leicht vergilbte Foto zu erkennen. »Das bin ich nicht. Das ist Donald *Bowers*. Wir sahen uns wirklich ziemlich ähnlich.«

Jetzt sah sie ihn mit großen Augen an, rückte von ihm weg, schien fast abzuheben.

»Aber du bist doch Donald Bowers!« Ihre Stimme war lauter geworden. »Oder – nein: Du bist Donald *Plant*.«

»Das habe ich dir doch schon am Telefon gesagt.«

Sie war aufgesprungen und machte ein ziemlich entsetztes Gesicht.

»Plant! Bowers! Ich muss verrückt geworden sein. Oder ist es der Whiskey? Ich war ein bisschen daneben, als ich dich vorhin gesehen habe. Hör mal, was hab ich dir erzählt?«

Er rang um mönchische Ruhe, während er weiter in dem Album blätterte.

»Überhaupt nichts«, sagte er. Fotos, auf denen

nicht er zu sehen war, zogen an ihm vorbei – Frontenac – eine Höhle – Donald Bowers – »Du hast *mich* abblitzen lassen!«

»Du wirst diese Geschichte niemandem erzählen«, sagte sie vom anderen Ende des Zimmers her. »So was spricht sich sonst herum.«

»Geschichte? Was für eine Geschichte?«, sagte er zögernd. Aber dann dachte er: Sie war also wirklich ein schlimmes kleines Mädchen.

Und jäh erfüllte ihn rasende Eifersucht auf den kleinen Donald Bowers – ihn, der die Eifersucht für immer aus seinem Leben verbannt hatte. Mit den fünf Schritten, die er durchs Zimmer tat, zertrat er zwanzig Jahre und die Existenz von Walter Gifford.

»Küss mich noch einmal, Nancy.« Er ließ sich vor ihrem Sessel auf ein Knie nieder und legte seine Hand auf ihre Schulter. Aber Nancy machte sich los.

»Du hast gesagt, dass du das Flugzeug kriegen musst.«

»Kein Problem. Den Flug kann ich sausen lassen, das spielt keine Rolle.«

»Bitte geh«, sagte sie frostig. »Und versuch dir bitte vorzustellen, wie mir zumute ist.«

»Aber du tust ja, als würdest du dich nicht an mich erinnern«, empörte er sich. »Als würdest du dich nicht an Donald *Plant* erinnern.«

»Doch, an dich erinnere ich mich auch. Aber das ist alles so lange her.« Und wieder ganz sachlich: »Die Taxinummer ist Crestwood 8484.«

Auf dem Weg zum Flughafen kam Donald aus dem Kopfschütteln nicht heraus. Er hatte sich inzwischen wieder gefangen, verdaut hatte er das Erlebnis aber noch lange nicht. Erst als die Maschine sich donnernd in den dunklen Himmel erhob und die Passagiere eine von der festgefügten Welt dort unten getrennte Einheit bildeten, zog er Parallelen zu ihrem Flug. Fünf funkelnde Minuten lang hatte er wie ein Irrer in zwei Welten zugleich gelebt, waren der zwölfjährige Junge und der zweiunddreißigjährige Mann untrennbar und hoffnungslos miteinander verquickt gewesen.

In diesen Stunden zwischen den Flügen hatte Donald viel verloren – aber da die zweite Lebenshälfte ohnehin ein langer Prozess des Loslassens ist, war das für ihn wahrscheinlich gar nicht weiter von Belang.

Ingrid Noll

Donau so grau

Vielleicht lag es daran, dass ich ohne Schwestern aufgewachsen bin; jedenfalls hat mich erst meine Schwiegermutter über PMS aufgeklärt. Als ich mich als junger Ehemann zum ersten Mal über Marinas patzige Launenhaftigkeit beklagte, behauptete ihre Mutter steif und fest, PMS verschwinde nach dem ersten Kind. Einige meiner verheirateten Leidensgenossen, die ich über das prämenstruelle Syndrom befragte, konnten zwar auch von gelegentlichen Verstimmungszuständen ihrer Frauen berichten, doch in den meisten Fällen schien es sich nur um körperliche Beschwerden zu handeln. Natürlich bohrte sich der Zaunpfahl meiner Schwiegermutter tief in mein Herz, und ich sorgte rasch für das erste Kind. Schon bald erwies es sich allerdings als Fehlschlag, und auch das zweite und dritte Baby hatten keinen Einfluss auf PMS.

Für einen Außenstehenden ist es kaum zu verstehen, wie sehr mich die permanente Verdrossenheit meiner Partnerin bedrückte. Bereits beim

Frühstück blickte ich in das Antlitz der Mater dolorosa – wobei das noch die milde Variante war. Abends hatten sich Marinas miesepetrige Züge in die eines kranken Orang-Utans verwandelt, den ich vor Jahren in einem Budapester Zoo bedauert hatte.

Nach Jahren der Duldsamkeit konnte ich es irgendwann nicht mehr glauben, dass allein die Hormone für Marinas schlechte Laune verantwortlich sein sollten. PMS trat bei ihr nicht bloß 6 bis 8 Tage vor der Regel auf, sondern ging nahtlos in ein intra- und schließlich postmenstruelles Syndrom über. Sollte ich auf die Wechseljahre hoffen? Doch sowohl Meno- als auch Postmenopause waren sicherlich erst recht eine gute Ausrede für Griesgram-Syndrome. Allmählich dämmerte mir, dass Marinas Muffigkeit ein Charakterzug war, der sich nicht ändern ließ.

Unter diesen Umständen war es nicht weiter verwunderlich, dass ich mich in eine junge Frau verliebte, die ein Praktikum in meinem Betrieb absolvierte. Von ihren arktischen Ahnen hatte sie das ruhige Temperament geerbt, ebenso ein plattes Mondgesicht. Doch das tat meiner Leidenschaft keinen Abbruch, denn ich sah mir ihren gar nicht platten Busen sowieso viel lieber an. Mit dem Mut der Verzweiflung suchte ich sogar einen Rechtsanwalt auf, der mich leider belehrte: Finanziell würde mich die Scheidung ruinieren.

Ich war nicht mehr jung, aber meine Freundin Jennifer war es. Wochenlang rechnete ich hin und her und knirschte dabei mit den Zähnen vor Zorn. Da ich ein weitgehend nüchterner Mensch bin, weiß ich durchaus, dass meine Großzügigkeit ein wesentlicher Bestandteil meiner Anziehungskraft ist. Nach reiflichem Überlegen fasste ich den Entschluss, meine Frau durch einen perfekten Mord aus dem Weg zu schaffen.

Einem spurlosen Verschwinden mit zermürbenden und aufwendigen Suchaktionen fühlte ich mich nicht gewachsen. Da man aber im Bekanntenkreis und in der Nachbarschaft Marinas Missmut seit Jahren als Niedergeschlagenheit interpretierte, konnte ich gezielt ein paar Andeutungen über eine schwere endogene Depression in Umlauf setzen. Im Betrieb, in der Verwandtschaft, selbst bei den eigenen Kindern stieß ich sofort auf teilnahmsvolles Verständnis. Einige Mitmenschen meinten sogar, sie hätten insgeheim längst die richtige Diagnose gestellt. In hohem Maße suizidgefährdet, das musste nun jeder annehmen und würde es gegebenenfalls bezeugen können.

Auf allen meinen Ungarnreisen hatte ich stets im selben Hotel in Buda übernachtet. Der Blick auf die Kettenbrücke und die graue Donau hatte es mir angetan, so dass ich immer auf einem Zimmer in den obersten Stockwerken bestand. Ein Sturz aus dieser Höhe war sozusagen idiotensicher. Glücklicherweise hatte man sich hier noch nicht dafür entschieden, die türhohen Fenster zugunsten einer Klimaanlage zu verrammeln.

Als Täterin kam eigentlich nur meine Geliebte in Frage, die ja auch ein persönliches Interesse an einer sauberen Lösung haben musste. Da Marina mickerig und schwach, Jennifer dagegen groß und kräftig war, hatte ich rasch einen Plan im Kopf.

Marina war zwar verwundert, als ich ihr eines Tages anbot, mich auf einer sommerlichen Dienstreise zu begleiten, fühlte sich jedoch trotz hämischer Bemerkungen irgendwie geschmeichelt. »Das wurde aber auch mal Zeit«, knurrte sie und überlegte sofort, ob sie für den kurzen Trip nach Budapest neue Garderobe brauche. In einem Anfall von Großmut gestattete ich ihr zusätzlich den Kauf einer Perlenkette, die sich nach ihrem Tod als hübsches Hochzeitsgeschenk für Jennifer anbieten würde.

Obwohl sich meine Frau und meine Freundin noch nie begegnet waren, buchte ich für Jennifer zwar vorsichtshalber einen separaten Flug, jedoch ein Zimmer auf derselben Etage. Ich wusste aus Erfahrung, dass die Stubenmädchen relativ spät zum Aufräumen kamen. Sie trugen alle eine kleine weiße Rüschenschürze; Jennifer hatte sich bereits in Deutschland eine ähnliche besorgt.

An jenem verhängnisvollen Morgen verließ ich gleich nach dem Frühstück unsere Suite, um ein hieb- und stichfestes Alibi zu haben. Seit Ewigkeiten kannte ich Marinas Gewohnheiten und war mir sicher, dass sie vor dem geplanten Spaziergang zur Fischerbastei noch eine Weile herumtrödeln würde. Auf dem Weg zum Lift klopfte ich kurz an Jennifers Tür und übergab ihr meine Hotel-Chipkarte. Sie sollte etwa eine halbe Stunde später bei uns eindringen und Marina ohne viel Federlesen über das Eisengeländer kippen. Natürlich durfte sie bei ihrer Blitzvisite auf keinen Fall beobachtet werden.

Ganz in der Nähe lag das kleine Bistro, in dem ich mit meinem Geschäftsfreund Imre verabredet war. Von dort hatte ich die beste Aussicht auf die oberen Stockwerke unseres Hotels. Leider war ich so aufgeregt, dass ich zu keiner vernünftigen Unterhaltung fähig war und mich Imre verwundert fragte, was denn los sei. Auch mit ihm sprach ich über die schweren Depressionen meiner Frau: Ausnahmsweise hatte ich sie auf die Reise mitnehmen müssen, weil man sie mit gutem Gewissen nicht mehr lange allein lassen konnte.

Zum Zeitpunkt des Sturzes wurde mir die Sicht leider von einem LKW blockiert, aber ich hörte pünktlich zum vereinbarten Termin entsetzte Schreie auf der Straße. Imre ging hinaus, erfuhr durch einen Passanten von einem Unglück im Hotel und rannte mit mir zum Tatort.

Bereits von weitem sah ich, wie man eine Frau in einem blauen Mantel auf eine Bahre hob. Schon die Farbe des Samtmantels hätte mich misstrauisch machen müssen, denn Marina hatte sich das bodenlange Cape für einen erhofften Opernbesuch gekauft. Es machte keinen Sinn, dass sie sich bereits am helllichten Vormittag derart herausputzte.

Als wir näher kamen und uns einen Gang durch die Menge bahnten, stieß ich auf meine völlig verstörte Frau. Zu dritt steuerten wir das Foyer des Hotels an und ließen uns dort in die Sessel fallen. Marina schluchzte immer wieder: »Sie hatte mein neues Cape an!«

Nach fünf Zigaretten war sie schließlich in der Lage, zusammenhängend zu berichten. Kurz nach meinem Weggehen habe das Stubenmädchen angeklopft, um die Betten zu machen; da sie nicht im Weg stehen wollte, hatte Marina den Raum verlassen. Was dann passiert war, konnte sie überhaupt nicht begreifen, denn sie stand noch mit dem Stadtplan auf der Straße, als ein Körper durch die Luft flog und sie um ein Haar erschlagen hätte. Fassungslos stellte sie fest, dass es das Zimmermädchen war, das seltsamerweise Marinas Abendmantel und ihre Perlenkette trug.

Erst zwei Stunden später hatte ich die Gelegenheit, mit Jennifer zu sprechen. Sie fläzte sich auf ihrem Bett, trug nichts als das weiße Schürzchen und war betrunken. Alles im grünen Bereich, lallte sie, und ihr Pfannkuchengesicht glänzte. Marina habe vor dem Spiegel gestanden und sich selbstgefällig hin und her gedreht. Wie besprochen, hatte Jennifer zügig gehandelt, die kleine Gestalt blitzschnell geschnappt und aus dem bodenhohen Fenster befördert. Kein Mensch habe sie dabei gesehen, versicherte sie stolz, und ihre sonstige Tranigkeit war wie weggeblasen.

»Es war gar nicht meine Frau, du hast ein armes Kammerkätzchen ermordet«, sagte ich aufgebracht und nahm ihr die Flasche weg. »Hör auf zu saufen, gib mir meine Keycard zurück, nimm ein Taxi, und verschwinde!«

Es dauerte relativ lange, bis Jennifer begriff, dass sie alles falsch gemacht hatte. Meine Vorhaltungen brachten sie allerdings in Harnisch. »Hätte ich vielleicht erst fragen sollen, ob es die richtige ist?«, brüllte sie.

Mit offenem Mund hörte sie am Ende doch noch zu, wie ich ihr die Situation vor Augen führte: Ein ungarisches Zimmermädchen, das weiß Gott nicht viel verdiente, wollte nur mal den teuren Mantel der Deutschen anziehen und vor dem Spiegel feine Dame spielen. Diese kleine Sünde musste sie mit dem Leben bezahlen. Bei dieser Vorstellung zerfloss Jennifer auf einmal in Tränen.

Als ich zurück in unser Zimmer kam, sagte Marina: »Der Portier war gerade hier und hat mir meine Sachen gebracht. Vielleicht glaubte diese durchgeknallte Piroschka, das Cape verleihe ihr Batmans Fähigkeiten. Mein Mantel ist völlig hin, aber seltsamerweise ist die Kette heil geblieben. Trotzdem werde ich sie nie mehr tragen. Perlen bedeuten Tränen, also bringen sie Unglück; am Ende falle ich auch noch aus dem Fenster oder gar ins Wasser.«

Gute Idee, dachte ich, als Nächstes werden wir es mit der Donau versuchen.

Inzwischen liegt Marina längst auf dem Friedhof und Jennifer von früh bis spät in unserem Doppelbett. Vielleicht hätte ich ihr die Kette doch nicht schenken sollen, denn Marinas Perlen haben tatsächlich Unglück gebracht. Erst nach der Hochzeit kam ich dahinter, dass auch meine zweite Frau unter scheußlichen PMS-Schüben leidet und zwecks Behebung ihrer schlechten Laune zur Flasche greift. Wenn sie richtig blau ist, trällert sie rülpsend den *Donauwalzer*.

W. Somerset Maugham

Honolulu

Der kluge Mann reist nur in Gedanken. Ein alter Franzose (genaugenommen war es ein Savoyarde) schrieb einmal ein Buch mit dem Titel: *Reise durch mein Zimmer*. Ich habe es nicht gelesen und weiß nicht einmal, wovon es handelt, aber der Titel regt meine Phantasie an. Auf solch einer Reise möchte ich den Globus umsegeln. Eine Ikone auf dem Kaminsims kann mich nach Russland tragen, zu seinen riesigen Birkenwäldern und seinen weißen Kirchen mit den Zwiebeltürmen. Die Wolga ist breit, und am Ende eines einsamen Dorfes sitzen bärtige Männer in groben Schaffellmänteln in einer Weinhandlung und trinken. Ich stehe auf dem kleinen Hügel, von dem aus Napoleon zum ersten Mal Moskau gesehen hat, und ich blicke nieder auf die ausgedehnte Stadt. Ich will hinuntergehen und dort die Menschen treffen, die ich besser kenne als so manchen meiner Freunde, Aljoscha und Wronsky und noch ein Dutzend anderer. Doch nun fällt mein Blick auf eine Porzellanschale, und schon rieche ich die scharfen Düfte Chinas. In einer Sänfte werde ich über einen schmalen Pfad zwischen Reisfeldern getragen, oder ich bewege mich am Fuß eines bewaldeten Berges entlang. Meine Träger plaudern fröhlich, während sie durch den hellen Morgen wandern, und hie und da vernehme ich von ferne und geheimnisvoll den tiefen Ton einer Klosterglocke. Auf den Straßen Pekings wogt eine bunte Menge; sie teilt sich, um einer Karawane von vorsichtig schreitenden Kamelen Platz zu machen, die Felle und seltsame Arzneien aus der mongolischen Steinwüste bringen.

In England, in London, gibt es solche Winternachmittage, an denen die Wolken schwer und tief herunterhängen und das Licht so freudlos ist, dass einem das Herz im Leibe sinkt; doch dann kann man aus dem Fenster schauen und die Kokospalmen am Strand einer Koralleninsel sehen. Der Sand ist silbrig, und man wandert durch das Sonnenlicht, das so blendet, dass man kaum die Augen offenzuhalten vermag. Über einem machen die Beos großen Lärm, und die Brandung schlägt pausenlos gegen das Riff. Die Reisen, die man vor seinem eigenen Kamin unternimmt, sind wahrlich die schönsten; denn dabei büßt man keine Illusionen ein.

Aber es gibt Leute, die Salz in den Kaffee schütten. Sie sagen, das gebe ihm eine Würze, einen seltsamen und faszinierenden Wohlgeschmack. Und so gibt es auch gewisse vom Glorienschein der Romantik umgebene Orte, die durch die unvermeidliche Enttäuschung, die sie einem bereiten, von einzigartigem Reiz sind. Man hat etwas vollkommen Schönes erwartet und gewinnt nun einen viel komplizierteren Eindruck, den Schönheit nie vermitteln könnte. Es wirkt wie eine Schwäche im Charakter eines großen Mannes, die ihn weniger bewundernswert, aber umso interessanter macht.

Nichts hatte mich auf Honolulu vorbereitet. Es liegt so fern von Europa, es wird erst nach einer so langen Reise von San Francisco aus erreicht, so seltsame und bezaubernde Vorstellungen verbinden sich mit seinem Namen, dass ich zuerst meinen Augen fast nicht trauen wollte. Ich weiß nicht, ob ich mir je in Gedanken irgendein deutliches Bild von dem, was ich erwartete, ausgemalt hatte, doch was ich vorfand, bereitete mir die größte Überraschung. Honolulu ist eine typisch westliche Stadt. Hütten stehen dicht neben steinernen Villen, verfallene Holzhäuser neben eleganten Geschäften mit spiegelnden Glasschaufenstern. Elektrische Bahnen rumpeln geräuschvoll durch die Straßen, und Autos – Fords, Buicks, Packards – rasen über das Pflaster. Die Läden sind überfüllt mit den Unerlässlichkeiten der amerikanischen Zivilisation. Jedes dritte Haus ist eine Bank und jedes fünfte die Agentur einer Schifffahrtsgesellschaft.

In den Straßen bewegt sich eine Menschenmenge von unvorstellbarer Vielfalt. Die Amerikaner tragen ungeachtet des Klimas schwarze Jacken und hohe, steife Kragen, Strohhüte, weiche Hüte und Melonen. Die Eingeborenen mit ihrer hellbraunen Haut und dem krausen Haar haben nichts an als Hemd und Hose; doch die Mischlinge sind sehr elegant mit ihren hellfarbigen Krawatten und den Lackschuhen. Die unterwürfig lächelnden Japaner kleiden sich sauber und schmuck mit weißen Leinenhosen, während ihre Frauen ein, zwei Schritte hinter ihnen, ein Kind auf dem Rücken, im Gewand ihrer Heimat daherkommen. Die japanischen Kinder in leuchtendbunten Kleidchen, mit kahlgeschorenem Kopf schauen aus wie wunderliche Puppen. Sehr viele Chinesen sieht man. Die fetten, wohlhabenden Männer tragen ihre amerikanischen Anzüge wie etwas Fremdes; aber die Frauen sind entzückend mit ihrem schön aufgetürmten schwarzen Haar, das so sorgfältig frisiert ist, dass man meint, es könne nie in Unordnung geraten; sehr sauber kommen sie daher in ihren weißen, staubblauen oder schwarzen Tuniken und langen Hosen. Schließlich sind da noch die Filipinos, die Männer mit ihren riesigen Strohhüten, die Frauen in gelben Musselinkleidern mit Puffärmeln.

Es ist der Treffpunkt von Ost und West. Das Allerneueste lebt Seite an Seite mit dem unermesslich Alten. Und wenn man auch nicht die Romantik vorfindet, die man erwartet hat, so lernt man doch etwas einzigartig Reizvolles kennen. All diese verschiedenen Menschen leben dicht beieinander, sprechen verschiedene Sprachen, denken verschiedene Gedanken, glauben an verschiedene Götter und hängen an verschiedenen Werten; zwei Triebe aber haben sie gemeinsam: Hunger und Liebe. Und während man sie beobachtet, drängt sich einem ihre außergewöhnliche Vitalität auf. Obgleich die Luft so sanft und der Himmel so blau ist, hat man, ich weiß nicht warum, das Gefühl, eine überhitzte Leidenschaft ströme als ständig hämmernder Pulsschlag durch diese Menschenmenge. Obwohl der eingeborene Polizist, der an der Ecke auf seinem erhöhten Posten mit einem weißen Stab den Verkehr regelt, das Bild durchaus geordnet erscheinen lässt, kann man nicht umhin zu spüren, dass diese Ordnung nur an der Oberfläche besteht; dicht unter dieser dünnen Schicht ist Dunkelheit und Geheimnis. Dies versetzt einem den gleichen Schauder, jenen Stoß gegen das Herz, den man spürt, wenn nachts im Wald die Stille plötzlich wie ein leiser, andauernder Trommelwirbel zu dröhnen beginnt. Und man macht sich auf alles Mögliche gefasst.

Wenn ich mich so lange bei der Gegensätzlichkeit von Honolulu aufgehalten habe, so deshalb, weil gerade sie in der Geschichte, die ich erzählen will, die Hauptrolle spielt. Es ist dies eine Geschichte primitiven Aberglaubens, und es erschreckt mich, dass irgendetwas dieser Art in einer Zivilisation weiterleben kann, die vielleicht nicht sehr tief verwurzelt, aber bis ins Feinste ausgearbeitet ist. Ich komme nicht über die Tatsache hinweg, dass solche unglaublichen Dinge geschehen können, oder dass man sie zumindest für möglich hält, sozusagen inmitten von Telefonen, Straßenbahnen und Tageszeitungen. Und mein Bekannter, der mir Honolulu zeigte, vereinte in sich die gleichen Züge von Gegensätzlichkeit, die, wie ich von Anfang an bemerkte, das auffallendste Charakteristikum waren.

Er hieß Winter, war Amerikaner, und ich kam mit einem Empfehlungsschreiben von einem gemeinsamen New Yorker Bekannten zu ihm. Er war zwischen vierzig und fünfzig, mit spärlichem, schwarzem, an den Schläfen ergrauendem Haar und einem scharfgeschnittenen mageren Gesicht. Er blinzelte viel mit den Augen, und die große Hornbrille verlieh ihm ein ehrbares Aussehen, das sehr ernst wirkte. Er war ziemlich groß und recht dürr. Er war in Honolulu geboren, wo sein Vater ein großes Geschäft hatte, in dem man von Strumpfwaren bis zu Tennisschlägern und Zeltstoff alles verkaufte, was das Herz des modernen Menschen begehrte. Es war ein sehr gutgehendes Geschäft, und ich begreife die Empörung von Winter senior, als sein Sohn erklärte, er wolle es nicht übernehmen, sondern sei entschlossen, Schauspieler zu werden. Mein Bekannter verbrachte zwanzig Jahre auf der Bühne, manchmal in New York, doch viel öfter auf Reisen, da er keine überwältigende Begabung besaß. Aber da er auch kein Dummkopf war, kam ihm schließlich doch die Idee, dass es vielleicht besser sei, in Honolulu Sockenhalter zu verkaufen, als in Cleveland, Ohio, kleine Rollen zu spielen. Er verließ die Bühne und trat ins Geschäft ein. Ich glaube, nach dem unsicheren Leben, das er so lange geführt hatte, genoss er gründlich den Luxus, einen großen Wagen zu fahren und in einem herrlichen Haus in der Nähe des Golfgeländes zu wohnen, und ich bin sicher, mit seinem fähigen Kopf war er ein guter Geschäftsmann. Aber er brachte es nicht über sich, vollkommen mit den Künsten zu brechen, und nachdem er die Bühne aufgegeben hatte, begann er zu malen. Er führte mich in sein Atelier und zeigte mir seine Arbeiten. Sie waren durchaus nicht schlecht, aber ganz anders, als ich erwartet hatte. Er malte nur Stillleben, ganz kleine Bilder, vielleicht zwanzig mal fünfundzwanzig Zentimeter, und sie waren bis ins Letzte ausgeführt. Offensichtlich hatte er eine große Liebe zum Detail. Seine Früchte erinnerten an die in einem Ghirlandaio-Gemälde. Während man sich ein wenig über seine Geduld wunderte, konnte man nicht umhin, von seiner Geschicklichkeit beeindruckt zu sein. Ich denke, er musste als Schauspieler versagen, weil seine stets sorgfältig studierte Leistung weder kühn noch großartig genug war, um über das Rampenlicht hinaus zu wirken.

Ich hatte meinen Spaß an der Art, wie er mir die Stadt zeigte, ironisch, aber doch selbstzufrieden, als gehöre sie ihm. In seinem Herzen war er überzeugt, dass es in den Staaten nicht ihresgleichen gebe, sah jedoch gleichzeitig, dass seine Einstellung leicht komisch war. Er fuhr mich herum zu den verschiedenen baulichen Sehenswürdigkeiten und warf sich vor Stolz in die Brust, wenn ich ihre Architektur bewunderte. Er zeigte mir die Häuser der Reichen.

»Das ist Stubbs' Haus«, sagte er. »Hunderttausend Dollar hat der Bau gekostet. Die Stubbs gehören zu unseren besten Familien. Der alte Stubbs kam vor etwa siebzig Jahren als Missionar hierher.«

Er hielt einen Augenblick inne und schaute mich

durch seine großen Brillengläser mit blinzelnden Augen an.

»Alle unsere guten Familien stammen von Missionaren ab«, sagte er. »Man zählt nicht mit in Honolulu, wenn nicht der Vater oder der Großvater die Heiden bekehrt hat.«

»So?«

»Kennen Sie Ihre Bibel gut?«

»Ziemlich«, antwortete ich.

»Da gibt es eine Stelle, die lautet: ›Die Väter haben Herlinge gegessen, und der Kinder Zähne sind stumpf geworden.‹ Ich glaube, in Honolulu geht es anders zu. Die Väter haben dem Eingeborenen das Christentum gebracht, und die Söhne haben ihm sein Land entrissen.«

»Wer sich selbst hilft, dem hilft Gott«, murmelte ich.

»So ist es, sicher. Damals, als die Insulaner sich das Christentum angeeignet hatten, konnten sie es sich nicht mehr leisten, sich noch irgendetwas anderes anzueignen. Die Könige gaben den Missionaren als Zeichen ihrer Hochschätzung Land, und die Missionare kauften Land, um Schätze im Himmel zu horten. Das war sicher eine gute Kapitalanlage. Einer der Missionare verließ das Geschäft – ich glaube, man kann es, ohne zu beleidigen, ein Geschäft nennen – und wurde Grundstücksmakler, aber das ist eine Ausnahme. Meistens waren es die Söhne, die sich um die kommerzielle Seite der Sache kümmerten. Oh, es ist praktisch, einen Vater zu haben, der vor fünfzig Jahren zur Verbreitung des Glaubens hierherkam.«

Dann schaute er auf die Uhr.

»Na, so was, sie steht. Das heißt, dass es Zeit ist für einen Cocktail.«

Wir sausten eine prächtige, von Hibiskushecken gesäumte Straße hinunter und kamen in die Stadt.

»Waren Sie schon im Unionssaal?«

»Noch nicht.«

»Dann wollen wir dort hingehen.«

Ich wusste, dies war eines der berühmtesten Häuser in Honolulu, und ich betrat es mit lebhafter Neugier. Man gelangt von der King Street aus durch eine schmale Passage dorthin, und in dieser Passage gibt es so viele Büroräume, dass man von der hier einbiegenden durstigen Seele ebensogut annehmen könnte, sie strebe in einen der Geschäftsräume wie in den Unionssaal. Dies ist ein großer Raum mit drei Eingängen; der Bar gegenüber, die sich über die ganze Länge erstreckt, befinden sich zwei abgeteilte kleine Ecknischen. Die Legende erzählt, dass sie eingerichtet wurden, damit König Kalakaua dort trinken konnte, ohne von seinen Untertanen gesehen zu werden, und es ist ein hübscher

Gedanke, dass in einer dieser Nischen der rabenschwarze Potentat mit Robert Louis Stevenson bei einer Flasche gesessen haben mag. Es gibt hier auch ein Ölbild von ihm in einem üppigen goldenen Rahmen, aber auch zwei Stiche der Königin Victoria. An den Seitenwänden hängen altmodische Gravüren aus dem achtzehnten Jahrhundert; eine davon, und Gott allein weiß, wie sie hierhergekommen sein mag, ist nach einem pompösen Bild von de Wilde gemacht. Auch gibt es Öldrucke aus den Weihnachtsbeilagen von zwanzig Jahre alten Ausgaben von *Graphic* und den *Illustrated London News*, Plakate für Whisky, Gin, Champagner und Bier und Fotografien von Baseballmannschaften und Eingeborenenorchestern.

Das Haus schien nicht in unsere moderne, hastende Welt zu gehören, die ich draußen auf der hellen Straße verlassen hatte, sondern zu einer sterbenden. Alles roch ein wenig nach vorgestern. Matt und düster beleuchtet, hatte es etwas leicht Mysteriöses, und man konnte sich gut vorstellen, dass dies der gegebene Rahmen für dunkle Geschäfte war. Man dachte an eine gewaltsamere Zeit, da unbarmherzige Männer ihr Leben in die Hand nahmen und grausame Taten die Eintönigkeit des Daseins unterbrachen.

Als ich den Saal betrat, waren dort ziemlich viele

Menschen. Eine Gruppe von Geschäftsleuten stand an der Bar und unterhielt sich, und in der Ecke saßen zwei Eingeborene und tranken. Zwei oder drei Männer, die vielleicht Ladenbesitzer waren, amüsierten sich mit Würfeln. Die übrigen gehörten sichtlich dem Meer an, waren Kapitäne kleiner Schiffe, Obermaate und Ingenieure. Hinter der Bar, eifrig mit dem Zubereiten des Honolulu-Cocktails beschäftigt, für den das Haus berühmt war, bedienten zwei große Mischlinge in Weiß, dicke, glattrasierte dunkelhäutige Männer mit dichtem Kraushaar und großen hellen Augen. Winter schien mehr als die Hälfte der Anwesenden zu kennen: als wir auf die Bar zustrebten, lud ein kleiner, bebrillter Mann, der allein da stand, ihn zu einem Drink ein.

»Nein, die Runde geht auf mich, Kapitän«, sagte Winter.

Er drehte sich zu mir.

»Darf ich Ihnen Kapitän Butler vorstellen?«

Der kleine Mann gab mir die Hand. Wir begannen eine Unterhaltung, aber da meine Aufmerksamkeit ständig von der Umgebung abgelenkt wurde, nahm ich wenig Notiz von ihm, und nachdem wir einen Cocktail getrunken hatten, trennten wir uns wieder.

Zurück im Wagen, sagte Winter zu mir während der Fahrt:

»Ich freue mich, dass wir Butler getroffen haben. Ich wollte, dass Sie ihn kennenlernen. Was halten Sie von ihm?«

»Ich hatte keine Gelegenheit, viel von ihm zu halten«, antwortete ich.

»Glauben Sie an übernatürliche Dinge?«

»Nicht, dass ich wüsste«, sagte ich lächelnd.

»Ihm ist nämlich vor ein, zwei Jahren etwas höchst Seltsames widerfahren. Sie sollten es sich von ihm erzählen lassen.«

»Worum handelt es sich?«

Winter beantwortete meine Frage nicht.

»Ich selbst habe keine Erklärung dafür«, sagte er. »Aber über die Tatsachen besteht kein Zweifel. Interessieren Sie sich für solche Sachen?«

»Was für Sachen?«

»Für Spuk und Magie und all das.«

»Ich habe noch keinen getroffen, der sich nicht dafür interessiert hätte.«

Winter schwieg eine Zeitlang. »Ich glaube, ich will es Ihnen lieber nicht selbst erzählen. Sie müssen es aus seinem eigenen Munde hören, um es zu beurteilen. Haben Sie für heute Abend schon etwas vor?«

»Nicht das Geringste.«

»Nun, dann werde ich ihn bis dahin schon irgendwo erwischen und erfahren, ob wir auf sein Schiff kommen können.«

Winter berichtete mir einiges über ihn. Kapitän Butler hatte sein ganzes Leben auf dem Pazifik verbracht. Es war ihm früher viel besser gegangen als jetzt, denn er war Erster Offizier und dann Kapitän eines Passagierdampfers gewesen, der an der Küste von Kalifornien hin und her fuhr, aber er hatte sein Schiff verloren, und eine Anzahl von Passagieren war dabei ertrunken.

»Alkohol, glaube ich«, sagte Winter.

Natürlich war die Sache untersucht worden; das hatte ihn seine Zulassung gekostet, und er musste sich irgendwie illegal durchschlagen. Ein paar Jahre lang trieb er sich in der Südsee herum, jetzt aber war er Kapitän eines kleinen Schoners, der zwischen Honolulu und den verschiedenen Inseln der Gruppe hin und her segelte. Das Schiff gehörte einem Chinesen, der in der Tatsache, dass sein Kapitän keine Zulassung besaß, nur die Möglichkeit sah, ihn geringer auszuzahlen. Und einen Weißen in Diensten zu haben, war immer ein Vorteil.

Nun, da ich so viel über ihn erfahren hatte, versuchte ich mich zu erinnern, wie er eigentlich aussah. Ich hatte noch die runde Brille im Gedächtnis und die blauen Kugelaugen dahinter, und so allmählich ließ ich sein Bild wieder vor mir erstehen. Er war ein kleiner, plumper Mann mit einem Vollmondgesicht, kurzer, dicker Nase, hellem, stoppeligem Haar und glattrasierten roten Wangen, molligen Händen mit Grübchen an den Gelenken und kurzen, dicken Beinen. Eine fröhliche Seele von Natur, schien er die tragische Erfahrung, die er gemacht hatte, narbenlos überstanden zu haben. Er musste vier- oder fünfunddreißig sein, sah jedoch viel jünger aus. Aber schließlich hatte ich ihn nur ganz oberflächlich angeschaut, und jetzt, da ich die Katastrophe kannte, die ganz offensichtlich sein Leben zerstört hatte, nahm ich mir vor, beim Wiedersehen sorgfältiger auf ihn zu achten. Es ist seltsam, zu sehen, wie unterschiedlich Menschen gefühlsmäßig reagieren. Der eine kann durch die entsetzlichsten Schlachten gegangen sein und die Angst vor drohendem Tod und unvorstellbaren Schrecknissen erfahren haben und mit unverletzter Seele daraus hervorgehen, während bei einem anderen das zitternde Abbild des Mondes auf einsamer See oder der Gesang eines Vogels im Dickicht eine Umwälzung hervorrufen kann, die sein ganzes Wesen verwandelt. Hängt das von Stärke oder Schwäche ab, von Mangel an Phantasie oder seelischer Labilität? Ich weiß es nicht. Als ich mir gerade die Szene des Schiffsuntergangs vorstellte, die Schreie und das Entsetzen der Ertrinkenden und später die Hölle der Ermittlung, den Kummer derjenigen, die um einen Verlorenen trauerten, und die harten Worte, die er über sich selbst in den Zeitungen hatte lesen müssen, all die Schande und das Unglück, da fiel mir voller Schrecken ein, dass Kapitän Butler mit der freimütigen Schlüpfrigkeit eines Schuljungen von hawaiischen Mädchen, von Iwelei, dem Dirnenviertel, und seinen erfolgreichen Abenteuern dort gesprochen hatte. Er lachte gerne, und doch hätte man denken sollen, er müsste das Lachen verlernt haben. Ich erinnerte mich an seine leuchtendweißen Zähne; sie waren das Attraktivste an ihm. Er fing an, mich zu interessieren, und während ich an ihn und seine heitere Sorglosigkeit dachte, vergaß ich ganz die rätselhafte Geschichte, deretwegen ich ihn ja wiedersehen sollte. Ich wollte ihm einfach noch einmal begegnen, um etwas deutlicher herauszubekommen, was für ein Mensch er war.

Winter traf die nötigen Vorkehrungen, und nach dem Abendessen gingen wir hinunter zum Kai. Das Boot des Schiffes wartete auf uns, und wir ruderten hinaus. Der Schoner war außerhalb des Hafens in der Nähe des Wellenbrechers verankert. Wir legten seitwärts an, und ich hörte den Klang einer Ukulele. Dann kletterten wir die Leiter hinauf.

»Ich denke, er ist in seiner Kabine«, sagte Winter und ging voran.

Es war eine kleine Kabine, nass und verschmutzt,

mit einem Tisch an der einen Seite und einer breiten Bank, die ringsum lief, auf der, wie ich vermutete, die Passagiere schliefen, denen man den schlechten Rat gegeben hatte, mit diesem Schiff zu fahren. Eine Petroleumlampe verbreitete trübes Licht. Die Ukulele wurde von einer jungen Eingeborenen gespielt, und Butler saß halb liegend da, den Kopf an ihrer Schulter, den Arm um ihre Taille gelegt.

»Lassen Sie sich durch uns nicht stören, Kapitän«, rief Winter fröhlich.

»Kommen Sie herein«, sagte Butler, erhob sich und reichte uns die Hand. »Was wollen Sie trinken?«

Es war eine warme Nacht, und durch die offene Tür sah man die zahllosen Sterne an einem Himmel, der immer noch fast blau war. Kapitän Butler trug ein ärmelloses Unterhemd, das seine dicken weißen Arme sehen ließ, und eine unglaublich schmutzige Hose. Seine Füße waren nackt, aber auf dem Kopf hatte er einen sehr alten, aus der Form geratenen Filzhut.

»Darf ich Sie meinem Mädchen vorstellen? Ist sie nicht ein Prachtstück?«

Wir reichten einer sehr hübschen jungen Person die Hand. Sie war ein gutes Stück größer als der Kapitän, und selbst das übliche Kleid der Inseln, das die Missionare einer vergangenen Generation den unwilligen Eingeborenen aus sittlichen Gründen aufgezwungen hatten, vermochte die Schönheit ihrer Gestalt nicht zu verbergen. Man konnte mutmaßen, dass sie im Alter zur Korpulenz neigen würde, doch jetzt erschien sie graziös und geschmeidig. Ihre braune Haut war von durchscheinender Feinheit, und sie hatte prächtige Augen. Das schwarze, sehr dichte und reiche Haar lag ihr in festen Flechten rund um den Kopf. Als sie uns entzückend natürlich begrüßte und dabei lächelte, zeigte sie zwei Reihen kleiner, ebenmäßiger und weißer Zähne. Sie war wirklich ein höchst anziehendes Geschöpf. Es fiel nicht schwer, zu erraten, dass der Kapitän bis über die Ohren verliebt war. Er konnte kaum den Blick von ihr lassen und musste sie ständig berühren, was leicht begreiflich war. Doch viel merkwürdiger kam es mir vor, dass auch das Mädchen offensichtlich in ihn verliebt war. Ein unmissverständlicher Glanz leuchtete in ihren Augen, und von ihren ein wenig geöffneten Lippen schien ein sehnsüchtiger Seufzer zu kommen. Das war aufregend, es war sogar ein wenig rührend, und ich fühlte mich unwillkürlich als Eindringling. Was hatte ein Fremder hier bei diesem liebeskranken Paar zu suchen? Ich wünschte, Winter hätte mich nicht hierhergebracht. Und mir schien, als sei diese schmutzige Kabine auf einmal verwandelt und genau der richtige Rahmen für eine solche extreme Leidenschaft. Ich wusste, dass ich diesen Schoner niemals mehr vergessen könnte, wie er dalag im Hafen von Honolulu, umringt von anderen Schiffen und doch unter der Unendlichkeit des sternenübersäten Himmels fern von aller Welt. Mir gefiel die Vorstellung, dass diese beiden Liebenden bei Nacht hinaussegeln sollten über die leeren Weiten des Stillen Ozeans, von einer grünen hügeligen Insel zur anderen. Ein sanfter Hauch von romantischer Atmosphäre fächelte meine Wange.

Und doch war Butler der Letzte, bei dem man an Romantik gedacht hätte, und es fiel schwer, in ihm etwas zu sehen, was Liebe erwecken konnte. In den Kleidungsstücken, die er jetzt trug, wirkte er noch gedrungener als zuvor, und die runde Brille verlieh seinem Mondgesicht das Aussehen eines spröden Engels. Er erinnerte einen an einen heruntergekommenen Hilfsgeistlichen. Seine Sprache war gepfeffert mit den wunderlichsten Amerikanismen, und nur weil ich daran zweifle, sie wiedergeben zu können, werde ich, obgleich dies der Lebendigkeit des Berichts Abbruch tut, die Geschichte, die er mir später erzählte, mit eigenen Worten berichten. Noch dazu war er nicht fähig, einen Satz ohne einen Fluch, wenn auch einen harmlosen, zu beenden, und seine Redeweise, die allerdings nur prüde

Ohren verletzen könnte, würde in gedruckter Form grob wirken. Er war ein dem Frohsinn zugetaner Mann, was vielleicht nicht wenig zu seinen Erfolgen in der Liebe beitrug. Da Frauen meistens frivole Geschöpfe sind, langweilen sie sich zu Tode bei dem Ernst, mit dem viele Männer sie behandeln, können aber einem Spaßmacher, der sie zum Lachen bringt, selten widerstehen. Ihr Sinn für Humor ist von rauher Art. Diana von Ephesus ist jederzeit bereit, Klugheit in den Wind zu schlagen und über einen rotnasigen Komödianten zu lachen, der sich auf seinen Hut setzt. Mir wurde klar, dass Kapitän Butler Charme hatte. Wäre mir die tragische Geschichte des Schiffbruchs nicht bekannt gewesen, so hätte ich bestimmt geglaubt, er sei bisher von allem Kummer verschont geblieben.

Unser Gastgeber hatte bei unserer Ankunft geläutet, und nun kam ein Chinese und brachte noch einige Gläser und mehrere Siphonflaschen. Der Whisky und das leere Glas des Kapitäns standen bereits auf dem Tisch. Als ich den Chinesen erblickte, erstarrte ich buchstäblich, denn ich sah den hässlichsten Menschen, dem ich je begegnet bin. Er war ganz kurzgliedrig, dicklich und hinkte stark. Er trug ein Unterhemd und einst weiß gewesene, jetzt völlig verdreckte Hosen und auf dem Büschel borstiger grauer Haare ein altes Jägerhütchen aus

Tweed. Dies hätte auf jedem Chinesenhaupt grotesk ausgesehen, auf dem seinen aber wirkte es einfach abschreckend. Sein breites viereckiges Gesicht war ganz flach, als sei es von einer mächtigen Faust breit geschlagen worden, und es war übersät mit Blatternarben. Doch das Abstoßendste an ihm war die auffallende Hasenscharte, die nie operiert worden war, so dass die gespaltene Oberlippe in scharfem Winkel zur Nase aufstieg und sich in der Öffnung ein riesiger gelber Zahn zeigte. Es sah scheußlich aus, als er mit dem Stummel einer Zigarette in einem Mundwinkel hereinkam; es gab ihm, ich weiß nicht, warum, ein teuflisches Aussehen.

Er schenkte den Whisky ein und öffnete eine Siphonflasche.

»Nicht verdünnen, John«, sagte der Kapitän.

Er antwortete nichts, sondern reichte jedem von uns ein Glas. Dann ging er hinaus.

»Ich habe bemerkt, dass Sie meinen Chinesen angeschaut haben«, sagte Butler mit einem Grinsen auf dem fetten, glänzenden Gesicht.

»Ich möchte ihm nicht im Dunkeln begegnen«, antwortete ich.

»Ja, er ist nicht gerade eine Schönheit«, gab der Kapitän zu, und aus irgendeinem Grund lag ein Ton sonderbarer Befriedigung in seiner Stimme. »Aber für eins ist er gut, das kann ich Ihnen versichern: Jedes Mal, wenn man ihn angeschaut hat, muss man einen Schluck trinken.«

Da fiel mein Blick auf eine Kalebasse, die an der Wand hing, und ich stand auf, um sie näher zu betrachten. Ich suchte seit langem nach einer alten, und diese war schöner als irgendeine, die ich außerhalb eines Museums gesehen hatte.

»Der Häuptling einer Insel hat sie mir geschenkt«, sagte der Kapitän, der mich beobachtete. »Ich habe ihm einen Gefallen getan, und er wollte mir etwas Gutes dafür erweisen.«

»Das ist ihm gelungen«, antwortete ich.

Ich fragte mich gerade, ob ich Kapitän Butler ohne Umschweife ein Angebot dafür machen sollte, denn ich konnte mir nicht vorstellen, dass er auf solche Dinge irgendwelchen Wert legte, als er wie ein Gedankenleser sagte:

»Nicht für zehntausend Dollar würde ich sie verkaufen.«

»Das will ich meinen«, warf Winter ein. »Es wäre ein Verbrechen, sie herzugeben.«

»Warum?«, fragte ich.

»Das gehört zu unserer Geschichte«, erwiderte Winter, »nicht wahr, Kapitän?«

»Ganz bestimmt.«

»Also lassen Sie sie hören!«

»Der Abend ist noch jung«, antwortete er.

Der Abend verlor deutlich an Jugend, ehe er meine Neugier befriedigte, und inzwischen tranken wir ein gut Teil zu viel Whisky, während Kapitän Butler von seinen Erlebnissen in San Francisco und der Südsee erzählte. Schließlich schlief das Mädchen ein. Sie lag zusammengerollt auf der Bank, das Gesicht in einen braunen Arm geborgen, und ihr Busen hob und senkte sich sanft bei jedem Atemzug. Im Schlaf schaute sie missmutig drein, war aber auf düstere Weise schön.

Er hatte sie auf einer der Inseln jener Gruppe gefunden, wo er, wann immer es etwas zu verladen gab, mit seinem verrückten alten Schoner herumsegelte. Die Eingeborenen lieben die Arbeit nicht besonders, und die fleißigen Chinesen und die schlauen Japaner hatten ihnen den Handel aus der Hand genommen. Ihr Vater besaß einen Streifen Land, auf dem er Taro und Bananen anpflanzte, und er hatte ein Boot, in dem er auf Fischfang ging. Er war entfernt verwandt mit dem Maat des Schoners, und ebendieser Maat war es, der Kapitän Butler einmal in das schäbige kleine Holzhaus mitnahm, um einen vergnügten Abend dort zu verbringen. Sie nahmen zu dem Zweck eine Flasche Whisky und die Ukulele mit. Der Kapitän war kein schüchterner Mensch, und wo immer er ein schönes Mädchen sah, machte er ihr den Hof. Er beherrschte die Sprache der Eingeborenen fließend, und es dauerte nicht lange, bis er die Schüchternheit des Mädchens besiegt hatte. Sie verbrachten den Abend mit Singen und Tanzen, und am Ende saß sie neben ihm, und er hatte einen Arm um ihre Taille gelegt. Zufällig musste das Schiff einige Tage im Hafen dieser Insel verweilen, und der Kapitän, der nie viel von Eile gehalten hatte, traf keine Anstalten, diesen Aufenthalt zu verkürzen. Er fühlte sich sehr wohl in diesem netten kleinen Hafen, und das Leben war lang. Morgens schwamm er einmal rund um sein Schiff und am Abend ebenfalls. Am Kai war ein Kramladen, wo die Seeleute auch einen Schluck Whisky bekommen konnten und der Kapitän den größten Teil des Tages verbrachte und mit dem Mischling, dem der Laden gehörte, Karten spielte. Abends gingen er und der Maat zu dem Haus, in dem das schöne Mädchen wohnte, und sie sangen ein paar Lieder und erzählten Geschichten. Der Vater des Mädchens war es schließlich, der vorschlug, er solle sie doch mitnehmen. Sie besprachen die Sache rein freundschaftlich, während das Mädchen sich an ihn lehnte und durch Händedruck und sanfte, lächelnde Blicke dazu ermunterte. Sie gefiel ihm wirklich, und er war ein häuslicher Mensch. Wie oft war es doch langweilig auf See, und es wäre wirklich hübsch, so ein schönes kleines Geschöpf auf dem alten Schiff um sich zu haben. Auch bedachte er die praktische Seite der Sache und fand, es sei sehr von Nutzen, jemandem die Sorge für seine Socken und seine Wäsche anzuvertrauen. Er hatte es satt, seine Sachen von dem Chinesen waschen zu lassen, der alles in Stücke riss. Die Eingeborenen wuschen viel besser, und hie und da, wenn der Kapitän in Honolulu an Land ging, gefiel er sich darin, in einem eleganten Leinenanzug eine gute Figur zu machen. Es handelte sich nur mehr um den Preis. Der Vater verlangte zweihundertfünfzig Dollar, und der Kapitän, der nie ein sparsamer Mensch gewesen war, verfügte im Augenblick nicht über eine so hohe Summe. Doch war er großzügig und wollte, die sanfte Wange des Mädchens an der seinen, nicht handeln. Er bot hundertfünfzig in bar an und weitere hundert in drei Monaten. Es gab noch eine lange Verhandlung, und die beiden Parteien konnten an diesem Abend noch zu keiner Einigung gelangen. Aber der Gedanke hatte bei dem Kapitän eingeschlagen, und er konnte in dieser Nacht nicht so gut schlafen wie üblich. Immer wieder träumte er von dem herrlichen Mädchen und erwachte jedes Mal gerade, wenn sie ihre zarten, sinnlichen Lippen auf die seinen drückte. Am Morgen beschimpfte er sich selbst, weil eine schlechte Pokernacht bei seinem letzten Besuch in Honolulu ihm so wenig Bargeld gelassen hatte. Und wenn er am Abend zuvor in das Mädchen verliebt gewesen war, so war er heute Morgen geradezu versessen auf sie.

»Hör mal, Bananas«, sagte er zu seinem Maat, »ich muss das Mädchen haben. Geh hin und sage dem Vater, ich werde ihm den Zaster heute Abend bringen, und sie soll sich bereithalten. Ich nehme an, wir können in aller Frühe losfahren.«

Ich habe keine Ahnung, warum der Maat unter diesem ungewöhnlichen Namen bekannt war. Er hieß eigentlich Wheeler, aber obgleich er diesen englischen Namen hatte, war kein Tropfen weißen Blutes in ihm. Er war ein großer Mensch, wohlgebaut, wenn auch zur Dicke neigend, aber dunkler als die meisten auf Hawaii und nicht mehr jung. Sein krauses, lockiges, dichtes Haar wurde bereits grau. Seine oberen Schneidezähne hatten Goldhülsen, auf die er sehr stolz war. Er schielte nicht unerheblich, was ihm einen ausschweifenden Zug verlieh. Der Kapitän, der ständig zu scherzen liebte, fand darin eine Quelle der Heiterkeit und zögerte umso weniger, ihn damit aufzuziehen, als er merkte, dass er dabei auf einen wunden Punkt traf. Bananas war im Gegensatz zu den meisten Eingeborenen von schweigsamer Natur, und Kapitän Butler hätte ihn bestimmt verachtet, wenn ein Mann von seiner Gutmütigkeit überhaupt irgendjemanden hätte verachten können. Auf See hatte er gern einen Menschen um sich, mit dem er reden konnte; er war von gesprächiger, geselliger Natur. Selbst ein Missionar müsste zum Säufer werden, wenn er Tag für Tag mit einem Burschen zusammen wäre, der den Mund nicht auftut. Butler versuchte alles, um den Mann aufzuwecken, das heißt, er hänselte ihn gnadenlos. Da es aber keinen Spaß machte, ganz allein darüber zu lachen, kam er zu der Überzeugung, betrunken oder nüchtern sei Bananas keine ausreichende Gesellschaft für einen weißen Mann. Aber dieser Schweiger war ein guter Seefahrer, und Butler hatte genug Verstand, den Wert eines Maats, dem er vertrauen konnte, zu schätzen. Es geschah nicht selten, dass der Kapitän, wenn sie abfuhren, an Bord kam und zu nichts mehr taugte als zum Zubettgehen, und da war es viel wert, zu wissen, dass er dort bleiben und seinen Rausch ausschlafen konnte, während Bananas das Übrige besorgte. Aber er blieb doch ein ungeselliger Teufel, und jemanden an Bord zu bekommen, mit dem man sprechen konnte, hatte daher einen besonderen Reiz. Das Mädchen war genau die richtige Person. Abgesehen von allem anderen, büßten die Trinkgelage an Land ihre Anziehungskraft ein, wenn er ein junges Ding an Bord wusste, das ihn bei der Heimkehr empfing.

Er ging zu seinem Freund, dem Krämer, und bat ihn bei einem Glas Gin um ein Darlehen. Es gab ein paar recht nützliche Dinge, die der Kapitän eines Schiffes für den Lieferanten eines Schiffes tun konnte, und nach einer viertelstündigen Unterhaltung im Flüsterton (es hat keinen Sinn, alle und jeden wissen zu lassen, was für Geschäfte man tätigt) stopfte sich der Kapitän ein Bündel Banknoten in die hintere Hosentasche, und in derselben Nacht, als er wieder auf sein Schiff zurückkehrte, war das Mädchen bei ihm.

Was Kapitän Butler vorausgesehen hatte, als er nach Gründen suchte, mit denen er für sich seinen Entschluss rechtfertigte, traf tatsächlich ein. Er gab das Trinken zwar nicht auf, aber er trank nicht mehr bis zur Bewusstlosigkeit. Ein Abend mit den Jungens, nachdem er sich zwei, drei Wochen auf See befunden hatte, war gewiss etwas Hübsches, aber es war mindestens ebenso hübsch, zu seinem Mädchen zurückzukommen. Er dachte daran, wie sanft sie schlief und wie sie, wenn er in die Kabine kam und sich über sie beugte, langsam die Augen öffnete und die Arme nach ihm ausstreckte; das war mehr wert als alles andere. Und er merkte, dass er dabei Geld sparte. Da er ein großzügiger Mann war, tat er genau das Richtige damit: Er kaufte ihr eine silberne Bürstengarnitur für ihr langes Haar, eine goldene Kette und einen Ring mit einem synthetischen Rubin. Herrgott, das Leben machte Spaß!

Ein Jahr ging dahin, ein volles Jahr, und er war ihrer immer noch nicht müde. Er gehörte nicht zu den Leuten, die ihre Gefühle analysieren, aber dies hier war so überraschend, dass es sogar ihm auffallen musste. Etwas Zauberhaftes musste an diesem Mädchen sein. Er konnte nicht umhin, zuzugeben, dass er von ihr mehr eingenommen war denn je, und manchmal kam ihm sogar der Gedanke, dass es gar nicht so übel wäre, sie zu heiraten.

Dann erschien eines Tages der Maat weder zum Mittagessen noch zum Tee. Butler kümmerte sich bei der ersten Mahlzeit noch nicht darum, bei der zweiten aber fragte er den chinesischen Koch:

»Wo ist der Maat? Kommt er nicht zum Tee?«

»Will keinen Tee«, antwortete der Chinese.

»Er ist doch nicht krank?«

»Weiß nicht.«

Am nächsten Tag erschien Bananas wieder, war aber noch mürrischer als sonst, und nach dem Essen fragte der Kapitän das Mädchen, was mit ihm los sei. Sie lächelte und zuckte die schönen Schultern. Dann erzählte sie dem Kapitän, dass Bananas in sie verliebt und nun gekränkt sei, weil sie ihn abgewiesen habe. Der Kapitän war ein gutmütiger Mensch und keine eifersüchtige Natur; es kam ihm nur unbeschreiblich komisch vor, dass Bananas verliebt sein sollte. Ein Mann, der so inständig schielte, konnte nur wenig Glück haben. Beim Tee zog er ihn fröhlich auf, tat so, als spreche er in die Luft, damit der Maat im Ungewissen bleibe, ob er etwas wisse, versetzte ihm aber dabei ein paar ganz gehörige Schläge. Das Mädchen fand ihn durchaus nicht so komisch und bat den Kapitän später, nicht mehr darauf anzuspielen. Er war verblüfft über ihren Ernst. Doch sie sagte, er kenne ihre Leute nicht. Einmal leidenschaftlich entflammt, seien sie zu allem fähig. Sie war ein wenig verängstigt. Dies fand er so albern, dass er herzlich darüber lachte.

»Wenn er dich wieder belästigt, drohe ihm einfach, mir alles zu erzählen. Das wird ihn zur Vernunft bringen.«

»Entlasse ihn lieber, sage ich dir.«

»Nie im Leben! Ich weiß, was ein guter Seemann wert ist. Aber wenn er dich nicht in Ruhe lässt, werde ich ihm die schönste Tracht Prügel verabreichen, die er je bekommen hat.«

Vielleicht besaß das Mädchen mehr Weisheit als ihre übrigen Geschlechtsgenossinnen. Sie wusste anscheinend, dass es sinnlos ist, mit einem Mann zu diskutieren, wenn er sich einmal etwas in den Kopf gesetzt hat, da dies nur seine Hartnäckigkeit steigert. Deshalb schwieg sie. Und nun vollzog sich auf diesem schäbigen alten Schoner, der zwischen den lieblichen Inseln über das schweigende Meer dahinzog, ein dunkles, spannendes Drama, von dem der dicke, kleine Kapitän überhaupt nichts merkte. Der Widerstand des Mädchens entflammte Bananas derart, dass er aufhörte, ein Mensch zu sein, und nur mehr blindes Verlangen war. Er machte ihr weder liebenswürdig noch heiter den Hof, sondern mit einer schwarzen, wilden Raubgier. Ihre Verachtung hatte sich in Hass verwandelt, und wenn er sie anflehte, begegnete sie ihm mit bitterem, wütendem Hohn. Aber dieser Kampf ging still vor sich, und als der Kapitän sie nach einer Weile fragte, ob Bananas sie immer noch belästige, stritt sie es ab.

Doch eines Nachts, als sie in Honolulu waren, kam er gerade noch in letzter Minute an Bord. Sie sollten bei Morgengrauen absegeln. Bananas war an Land gewesen, hatte einen einheimischen Schnaps zu sich genommen und war betrunken. Der Kapitän, der heranruderte, hörte Laute, die ihn überraschten. Eilig kletterte er die Leiter hinauf und sah Bananas völlig außer sich bei dem Versuch, die Kabinentür einzudrücken. Dabei brüllte er das Mädchen an und schwor, er werde sie umbringen, wenn sie ihn nicht einlasse.

»Was, zum Teufel, machst du da?«, rief Butler.

Der Maat ließ die Klinke los, warf dem Kapitän

einen Blick wilden Hasses zu und wandte sich wortlos zum Gehen.

»Halt! Was hast du an dieser Tür gemacht?«

Der Maat sprach noch immer nicht. Er schaute ihn nur mit finsterer, ohnmächtiger Wut an.

»Dich will ich lehren, mir einen gemeinen Streich zu spielen, du dreckiger, schielender Nigger!«, sagte der Kapitän. Er war um gut einen Fuß kleiner als der Maat und ihm nicht gewachsen, aber gewohnt, mit Eingeborenenmannschaften umzugehen, und er hatte seinen Schlagring griffbereit. Vielleicht war das nicht die Waffe, die ein Gentleman benutzt, aber der Kapitän war ja kein Gentleman, noch hatte er es für gewöhnlich mit Gentlemen zu tun. Ehe Bananas recht wusste, wie ihm geschah, schoss der Kapitän mit seinem rechten Arm nach vorne, und die Faust mit dem Stahlring traf genau auf den Kiefer seines Maats. Bananas schlug hin wie der Ochse unter dem Schlachtbeil.

»Jetzt weiß er Bescheid«, sagte der Kapitän.

Bananas rührte sich nicht. Das Mädchen entriegelte die Kabinentür und kam heraus.

»Ist er tot?«

»Ach was!«

Er rief ein paar von seinen Leuten und befahl ihnen, den Maat in seine Koje zu tragen. Dabei rieb er sich voller Befriedigung die Hände, und seine runden blauen Augen glänzten hinter der Brille. Aber das Mädchen war seltsam still. Sie umarmte ihn plötzlich, als wollte sie ihn vor einer unsichtbaren Gefahr beschirmen.

Es dauerte ein paar Tage, ehe Bananas wieder erschien, und als er aus seiner Kabine kam, war sein Gesicht verkrustet und geschwollen. Durch die dunkle Farbe seiner Haut hindurch sah man blauunterlaufene Stellen. Butler bemerkte ihn, wie er über das Deck schlich, und rief ihn. Der Maat kam wortlos zu ihm.

»Hör mal, Bananas«, sagte er zu ihm und rückte die Brille auf seiner feuchten Nase zurecht, denn es war sehr heiß. »Ich werde dich dieser Sache wegen nicht entlassen, aber du weißt jetzt: Wenn ich zuschlage, schlage ich fest zu. Vergiss das nicht, und mache mir nicht wieder so komische Geschichten.«

Dann streckte er ihm die Hand hin und blitzte ihn mit seinem gutmütigen Lächeln an, das sein größter Charme war. Der Maat ergriff die dargereichte Rechte und verzog die geschwollenen Lippen zu einem teuflischen Grinsen. Für den Kapitän war der Vorfall damit so völlig bereinigt, dass er, als sie bei Tisch saßen, Bananas seines Aussehens wegen aufzog. Der Maat konnte nur mit Schwierigkeiten essen, und sein geschwollenes, schmerzverzerrtes Gesicht sah wirklich abstoßend aus.

Am selben Abend, als der Kapitän auf dem oberen Deck saß und seine Pfeife rauchte, überlief ihn plötzlich ein kalter Schauer.

»Ich weiß nicht, warum mich in einer solchen Nacht fröstelt«, murmelte er. »Vielleicht habe ich Fieber. Schon den ganzen Tag über habe ich mich nicht recht wohl gefühlt.«

Als er zu Bett ging, nahm er Chinin und fühlte sich am nächsten Morgen besser, aber so wackelig, als habe er ein großes Trinkgelage hinter sich.

»Ich glaube, meine Leber ist nicht ganz in Ordnung«, sagte er und schluckte eine Pille.

Den ganzen Tag über hatte er nicht viel Appetit, und gegen Abend fühlte er sich ernstlich krank. Er probierte die nächstbeste ihm bekannte Arznei aus, die darin bestand, drei heiße Whisky zu trinken, doch schien ihm das wenig zu helfen, und als er sich am Morgen im Spiegel betrachtete, war er von dem Anblick nicht sehr erbaut.

»Wenn wir nach Honolulu kommen und ich bis dahin noch nicht wieder in Ordnung bin, will ich Doktor Denby aufsuchen. Er wird mich schon wieder aufmöbeln.«

Er konnte nichts essen, seine sämtlichen Gelenke waren schwer vor Müdigkeit, und wenn er auch ganz gut schlief, so erwachte er doch ohne das Gefühl von Erfrischtsein, sondern verspürte im Gegenteil eine sonderbare Erschöpfung. Und der energische kleine Mann, der den Gedanken, im Bett zu bleiben, sonst nicht ertragen konnte, musste sich mit Mühe dazu zwingen, morgens aus seiner Koje zu kriechen. Nach ein paar Tagen sah er ein, dass er der Schlappheit, die ihn niederdrückte, unmöglich länger trotzen konnte, und entschloss sich, im Bett zu bleiben.

»Bananas kann sich um das Schiff kümmern«, sagte er. »Das hat er früher auch schon getan.«

Er musste still für sich lachen, wenn er daran dachte, wie oft er kraftlos in seiner Koje gelegen hatte nach einer Nacht mit seinen Saufbrüdern, als das Mädchen noch nicht bei ihm lebte. Er lächelte ihr zu und drückte ihre Hände. Sie war ratlos und ängstlich. Er sah, wie sie sich seinetwegen sorgte, und versuchte, sie zu trösten. Es habe ihm sein Lebtag nie etwas gefehlt, und in einer Woche werde er wieder so gesund sein wie ein junger Hund.

»Ich wünschte, du würdest Bananas entlassen«, sagte sie. »Ich habe so ein Gefühl, als stecke er hinter dieser ganzen Sache.«

»Heilfroh bin ich, dass ich ihn nicht entlassen habe. Wer könnte sich sonst um das Schiff kümmern? Ich weiß, was ein guter Seemann wert ist.« Seine blauen, jetzt recht blassen Augen, deren Weißes ganz gelb war, zwinkerten. »Du meinst doch nicht etwa, dass er versucht, mich zu vergiften, Mädel?«

Sie antwortete nicht, doch redete sie eingehend mit dem chinesischen Koch und überwachte die Speisen für den Kapitän aufs Sorgfältigste. Aber er aß ja jetzt so wenig, und sie konnte ihn nur mit Mühe dazu bringen, mehrmals am Tag eine Tasse Suppe zu sich zu nehmen. Es bestand kein Zweifel mehr darüber, dass er schwer krank war; er verlor rasch an Gewicht, und sein pausbäckiges Gesicht sah bleich und erschöpft aus. Zwar hatte er keine Schmerzen, wurde aber von Tag zu Tag schwächer und schlaffer. Er schwand dahin. Die Fahrt dauerte diesmal etwa vier Wochen, und als sie schließlich Honolulu erreichten, war der Kapitän selbst ein wenig ängstlich seines Zustandes wegen. Seit vierzehn Tagen lag er zu Bett und fühlte sich nun tatsächlich so elend, dass er nicht zum Doktor gehen konnte. Er schickte einen seiner Leute hin und bat ihn, an Bord zu kommen. Der Arzt untersuchte ihn, fand aber nichts, was diese Schwäche hätte begründen können. Seine Temperatur war normal.

»Hören Sie, Kapitän«, sagte er, »ich will ganz offen zu Ihnen sein. Ich weiß nicht, was Ihnen fehlt, und wenn ich Sie nur flüchtig hier sehe, habe ich auch keine Möglichkeit, es festzustellen. Kommen Sie ins Krankenhaus, so dass wir Sie richtig beobachten können. Organisch ist bei Ihnen alles in Ordnung, das weiß ich, und ich habe den Eindruck, nach ein paar Wochen Krankenhaus sind Sie wieder völlig munter.«

»Ich werde mein Schiff nicht verlassen.«

Chinesische Schiffsbesitzer seien sonderbare Leute, sagte er; wenn er den Schoner krankheitshalber verlasse, könne es dem Chinesen einfallen, ihn zu feuern, und seine Stellung wolle er nicht aufs Spiel setzen. Solange er auf seinem Posten bleibe, sei er durch den Kontrakt gesichert. Abgesehen davon wolle er auch das Mädchen nicht verlassen. Niemand könne sich eine bessere Pflegerin wünschen; wenn jemand ihn durchbringen werde, dann sei sie es. Übrigens müsse ja jeder einmal sterben, und er wünsche sich nichts anderes, als in Frieden gelassen zu werden. Von den ernsten Vorhaltungen des Arztes wollte er nichts hören, und schließlich gab der Doktor nach.

»Ich werde Ihnen etwas verordnen«, sagte er ohne Zuversicht, »und wir wollen sehen, ob Ihnen das guttut. Auf jeden Fall sollten Sie noch für eine Weile im Bett bleiben.«

»Besteht nicht viel Gefahr, dass ich aufstehe, Doc«, antwortete der Kapitän. »Ich fühle mich so schlapp wie ein Wischlappen.«

Doch glaubte er an das Rezept des Arztes ebenso wenig wie der Arzt selbst und machte sich, als er allein war, den Spaß, seine Zigarre damit anzuzünden. Irgendwie musste er sich ja amüsieren, denn die Zigarre schmeckte nach rein gar nichts, und er rauchte nur, um sich davon zu überzeugen, dass er nicht auch dafür schon zu krank sei. Am selben Abend kamen ein paar Freunde, Kapitäne kleiner Dampfer, die von seiner Krankheit gehört hatten, zu ihm. Sie besprachen seinen Fall über einer Flasche Whisky und einer Schachtel philippinischer Zigarren. Einer von ihnen erzählte, dass einmal ein Maat von ihm auch so seltsam krank geworden sei und kein amerikanischer Arzt ihm habe helfen können. Da habe er in der Zeitung etwas von einer Patentmedizin gelesen und gedacht, schaden könne es ja nichts, wenn er sie versuche. Und nach zwei Flaschen davon sei er wieder so gesund und kräftig geworden wie vorher. Aber durch seine Krankheit war der Kapitän auf seltsame Art hellhörig geworden, und während sie sprachen, konnte er ihre Gedanken lesen. Und er las, dass sie von seinem baldigen Sterben überzeugt waren. Als sie gingen, hatte er Angst.

Das Mädchen sah seine Schwäche. Das war ihre Gelegenheit. Sie hatte ihn schon vorher gedrängt, einen eingeborenen Arzt zu Rate zu ziehen, was er strikt ablehnte. Jetzt bat sie noch einmal darum. Er hörte ihr mit müden Augen zu und kam ins

Zweifeln. Amerikanische Ärzte konnten ihm nicht sagen, was ihm fehlte. Aber er wollte es sie nicht merken lassen, dass er Angst hatte. Wenn er diesen verdammten Nigger kommen und sich von ihm untersuchen ließe, so nur, um sie zu beruhigen. Deshalb sagte er, sie solle tun, was sie wolle.

Der Eingeborenendoktor kam am nächsten Abend. Der Kapitän lag allein und halb schlafend da, und die Kabine war von einer Öllampe nur schwach erleuchtet. Leise öffnete sich die Tür, und das Mädchen trat auf Zehenspitzen herein. Sie hielt die Tür offen, und noch jemand schlüpfte hinter ihr in den Raum. Der Kapitän lächelte über diese Geheimniskrämerei, aber er war so schwach, dass sich dieses Lächeln nur mehr als leichtes Aufglänzen in den Augen zeigte. Der Medizinmann war ein kleines, altes Männchen und ganz verrunzelt, mit völlig kahlem Kopf und einem Gesicht wie ein Affe. Gebeugt und knorrig wie ein alter Baum, sah er kaum mehr menschlich aus. Aber seine Augen blinkten sehr hell und schienen im Halbdunkel rötlich zu glühen. Er trug eine schmutzige, zerfetzte Baumwollhose, sein Oberkörper war nackt. Er hockte sich nieder und schaute den Kapitän volle zehn Minuten lang an. Dann befühlte er die Innenseiten seiner Hände und die Sohlen seiner Füße. Das Mädchen schaute ihm mit erschreckten Augen zu. Kein Wort wurde gesprochen. Dann bat er um einen Gegenstand, den der Kapitän getragen hatte. Das Mädchen reichte ihm den alten Filzhut, den Butler ständig auf dem Kopf zu tragen pflegte. Er nahm ihn, setzte sich wieder auf den Boden und umfasste den Filz fest mit beiden Händen. Sacht vor und zurück schwankend, murmelte er ganz leise irgendein Kauderwelsch.

Schließlich stieß er einen kleinen Seufzer aus, ließ den Hut fallen, zog eine kleine Pfeife aus der Hosentasche und zündete sie an. Das Mädchen trat zu ihm und setzte sich neben ihn. Dann flüsterte er ihr etwas zu, und sie erschrak heftig. Ein paar Minuten lang sprachen sie miteinander in eiligem Geflüster, dann erhoben sie sich. Sie gab ihm Geld und öffnete ihm die Tür. Lautlos schlüpfte er hinaus, wie er gekommen war. Dann trat sie zum Kapitän und beugte sich über ihn, so dass sie in sein Ohr sprechen konnte.

»Ein Feind betet dich zu Tode.«

»Rede keinen Unsinn, Kleine!«, erwiderte er ungeduldig.

»Es ist die Wahrheit, die heilige Wahrheit. Deshalb konnten die amerikanischen Ärzte nichts finden. Unsere Leute sind dazu imstande. Ich habe es schon einmal miterlebt. Doch habe ich gemeint, du wärst sicher davor, weil du ein Weißer bist.«

»Ich habe keinen Feind.«

»Bananas.«

»Weshalb sollte er mich zu Tode beten wollen?«

»Du hättest ihn entlassen sollen, ehe es dazu kommen konnte.«

»Na, wenn es weiter nichts ist als der Hokuspokus von Bananas, dann werde ich wohl in einigen Tagen aufstehen und wieder essen können.«

Sie schwieg eine Weile und schaute ihn nur eindringlich an.

»Weißt du denn nicht, dass du stirbst?«, sagte sie schließlich.

Das war es, was die Kapitäne gedacht, aber nicht ausgesprochen hatten. Ein Schauer ging über Butlers abgezehrtes Gesicht.

»Der Doktor sagt, es fehlt mir nichts Ernstes. Ich muss nur eine Zeitlang liegen bleiben, dann kommt alles in Ordnung.«

Sie drückte die Lippen an sein Ohr, als habe sie Angst, die Luft könne es hören.

»Du stirbst, du stirbst, du stirbst. Du wirst mit dem alten Mond auslöschen.«

»Wie interessant!«

»Du wirst mit dem alten Mond auslöschen, wenn Bananas nicht vorher stirbt.«

Er war kein furchtsamer Mensch und hatte sich bereits von dem Schrecken erholt, in den ihn ihre

Worte und noch mehr ihre eindringliche Art zu schweigen versetzt hatten. Wieder flackerte ein Lächeln in seinen Augen auf.

»Nun, dann werde ich meine Zukunft noch gut ausnützen, Kleine.«

»Es sind nur noch zwölf Tage bis zum Neumond.«

Etwas lag im Ton ihrer Stimme, was ihm zu denken gab.

»Höre, meine Kleine, dies alles ist Blödsinn. Ich glaube kein Wort davon. Aber ich will auf keinen Fall, dass du Bananas irgendeinen Streich spielst. Er ist keine Schönheit, aber ein erstklassiger Maat.«

Er hätte gerne noch viel mehr gesagt, aber er war zu müde dazu. Plötzlich fühlte er sich schwach und elend. Immer um diese Stunde des Tages war es am schlimmsten. Er schloss die Augen. Das Mädchen betrachtete ihn eine Zeitlang, dann schlüpfte sie aus der Kabine. Der fast volle Mond zog einen silbernen Streifen über das dunkle Wasser und strahlte vom wolkenlosen Himmel nieder. Sie schaute ihn voll Schrecken an, denn sie wusste, dass mit seinem Tod auch der Mann, den sie liebte, sterben würde. Sein Leben war in ihrer Hand. Sie konnte ihn retten, sie allein konnte ihn retten. Aber der Feind war schlau, und sie musste noch schlauer sein. Sie spürte, wie jemand sie anschaute, und erkannte, ohne sich umzuwenden, an der plötzlichen Furcht, die sie ergriff, dass aus dem Dunkel die brennenden Augen des Maats auf sie geheftet waren. Sie wusste nicht, was er alles konnte; war er imstande, ihre Gedanken zu lesen, so hatte sie bereits verspielt, und mit einer verzweifelten Anstrengung machte sie ihren Kopf völlig gedankenleer. Sein Tod allein konnte ihren Liebsten retten, und sie konnte ihm den Tod geben. Sie wusste eines: War es möglich, ihn dazu zu bringen, in eine mit Wasser gefüllte Kalebasse so zu schauen, dass sein ganzes Gesicht sich darin spiegelte, und konnte sie diese Spiegelung im selben Augenblick zerstören, indem sie das Wasser schüttelte, so musste er sterben, als hätte der Blitz ihn erschlagen. Denn diese Spiegelung war seine Seele. Aber niemand kannte die Gefahr besser als er selbst, und nur eine List, die auch seinen letzten Argwohn einlullte, konnte ihn verführen hineinzuschauen. Er durfte gar nicht auf den Gedanken kommen, dass hier ein Feind sein könne, der auf seine Vernichtung aus war. Nun wusste sie, was sie zu tun hatte. Aber die Zeit war kurz, entsetzlich kurz. Jetzt spürte sie, dass der Maat fortgegangen war, und sie atmete freier.

Zwei weitere Tage segelten sie dahin, und nun fehlten nur noch zehn Tage bis zum Neumond. Kapitän Butler bot einen schrecklichen Anblick. Er war nichts als Haut und Knochen und konnte sich ohne Hilfe nicht mehr bewegen. Nur mit Mühe vermochte er zu sprechen. Aber sie wagte noch nicht, etwas zu unternehmen; sie wusste, sie musste Geduld haben. Der Maat war ja so arglistig. Sie kamen zu einer der kleineren Inseln der Gruppe und luden Fracht aus; da fehlten nur mehr sieben Tage. Der Augenblick rückte heran. Sie holte aus der Kabine, die sie mit dem Kapitän teilte, einige Sachen und machte daraus ein Bündel. Das Bündel brachte sie in die Deckkabine, wo Bananas und sie die Mahlzeiten einnahmen. Zur Essenszeit, als sie hineinging, wandte er sich rasch um, und sie wusste, dass er es gesehen hatte. Keiner von ihnen sprach darüber, aber sein Argwohn, sie treffe Vorbereitungen, das Schiff zu verlassen, war deutlich. Spöttisch schaute er sie an. Nach und nach, als solle der Kapitän von ihrem Vorhaben nichts merken, brachte sie alles, was ihr gehörte, heraus, dazu noch einige Kleidungsstücke des Kapitäns, und stopfte alles in das Bündel. Endlich konnte Bananas nicht länger schweigend zusehen. Er deutete auf einen Leinenanzug.

»Was willst du damit anfangen?«, fragte er.

Sie zuckte die Schultern.

»Ich kehre auf meine Insel zurück.«

Ein kurzes Lachen verunstaltete sein grimmiges

Gesicht. Der Kapitän sterbe, und sie wolle sich davonmachen mit allem, was ihr in die Finger komme.

»Was machst du, wenn ich sage, du kannst diese Sachen nicht an dich nehmen? Sie gehören dem Kapitän.«

»Dir nützen sie nichts«, erwiderte sie.

Eine Kalebasse hing an der Wand. Es war jene Kalebasse, die ich beim Betreten der Kabine gesehen und über die wir gesprochen hatten. Sie nahm sie herunter. Sie war ganz staubig, deshalb schüttete sie Wasser aus einer Flasche hinein und reinigte sie mit den Fingern.

»Was willst du damit anfangen?«

»Ich kann sie für fünfzig Dollar verkaufen«, sagte sie.

»Wenn du sie haben willst, musst du sie mir abkaufen.«

»Was willst du dafür?«

»Du weißt, was ich will.«

Sie ließ ein flüchtiges Lächeln um ihre Lippen spielen, warf ihm einen raschen Blick zu und wandte sich dann schnell ab. Er stieß einen Laut voller Begierde aus. Sie zuckte ein wenig die Schultern. Mit einem wilden Satz sprang er zu ihr und riss sie in seine Arme. Da lachte sie, schlang die ihren, diese weichen, runden Arme, um seinen Hals und gab sich ihm wollüstig hin.

Als der Morgen kam, weckte sie ihn aus tiefem Schlaf. Die ersten Strahlen der Sonne stahlen sich in die Kabine. Er drückte sie ans Herz. Dann sagte er ihr, der Kapitän habe nur noch ein oder zwei Tage zu leben und der Schiffsbesitzer werde nicht so leicht einen anderen Weißen als Kapitän finden. Wenn er, Bananas, ihm anböte, für weniger Geld den Posten zu übernehmen, würde er ihn bekommen, und das Mädchen könne bei ihm bleiben. Er schaute sie mit liebeskranken Blicken an. Sie schmiegte sich an ihn, küsste ihn auf die fremde Art, die sie vom Kapitän gelernt hatte, und versprach dazubleiben. Bananas war trunken vor Glück.

Nun galt es: jetzt oder nie.

Sie stand auf und trat zum Tisch, um sich zu frisieren. Es gab keinen Spiegel, und sie schaute in die Kalebasse, spiegelte sich darin und richtete ihr herrliches Haar. Dann winkte sie Bananas, er solle herkommen. Sie zeigte auf die Kalebasse.

»Da ist etwas drinnen, unten auf dem Boden«, sagte sie.

Ohne den geringsten Argwohn schaute Bananas voll ins Wasser. Sein Gesicht spiegelte sich darin. Wie der Blitz schlug sie mit beiden Händen gegen die Kalebasse, so dass das Wasser herausspritzte. Die Spiegelung war in tausend Stücke zerbrochen. Mit einem heiseren Schrei schrak Bananas zurück und starrte das Mädchen an. Sie stand da, und ein Ausdruck triumphierenden Hasses lag auf ihrem Gesicht. Entsetzen trat in seine Augen. Seine schweren Züge verzerrten sich vor Schmerz, und mit einem dumpfen Laut, als habe er ein tödliches Gift genommen, fiel er zu Boden. Ein furchtbares Zittern ging durch seinen Körper, dann lag er unbeweglich da. Gefühllos beugte sie sich über ihn. Sie legte ihm die Hand aufs Herz und drückte ihm die Augen zu. Er war tot.

Sie ging in die Kabine, in der Kapitän Butler lag. Ein wenig Farbe war in seinen Wangen, und er schaute sie mit erschrockenen Augen an.

»Was ist geschehen?«, flüsterte er.

Das waren die ersten Worte, die er seit achtundvierzig Stunden gesprochen hatte.

»Gar nichts«, antwortete sie.

»Ich fühle mich ganz sonderbar.«

Dann schlossen sich seine Augen, und er schlief ein. Er schlief den ganzen Tag und die folgende Nacht durch, und als er erwachte, verlangte er etwas zu essen. Zwei Wochen später hatte er seine Gesundheit wiedererlangt.

Es war nach Mitternacht, als Winter und ich an Land ruderten. Wir hatten unzählige Whiskys getrunken.

»Was halten Sie von alledem?«, fragte Winter.

»Was für eine Frage! Wenn Sie glauben, ich hätte eine Erklärung dafür, so irren Sie sich.«

»Der Kapitän glaubt jedes Wort davon.«

»Das ist klar. Aber wissen Sie, mich interessiert nicht in erster Linie, ob es wahr ist oder nicht und was dies alles bedeutet. Was mich am meisten interessiert, ist die Frage: Warum geschehen solche Dinge solchen Menschen? Ich zerbreche mir den Kopf, was dieser alltägliche kleine Mann an sich hat, eine so große Leidenschaft in einem so herrlichen Geschöpf zu erregen. Während er seine Geschichte erzählte, habe ich sie beobachtet, wie sie schlafend dalag, und mir kamen fantastische Gedanken über die Macht der Liebe, die Wunder bewirkt.«

»Aber das ist nicht dasselbe Mädchen«, sagte Winter.

»Was meinen Sie damit?«

»Haben Sie den Koch nicht bemerkt?«

»O doch, natürlich. Er ist der hässlichste Mensch, den ich je gesehen habe.«

»Genau aus diesem Grund hat Butler ihn genommen. Das Mädchen ist ihm voriges Jahr mit dem chinesischen Koch durchgebrannt. Diese hier ist eine Neue. Er hat sie erst seit zwei Monaten.«

»Was? Hol's der Kuckuck …«

»Er meint, bei diesem Koch ist er sicher. Ich an

seiner Stelle würde aber nicht allzu fest darauf bauen. Chinesen haben etwas an sich, und wenn sie es darauf anlegen, einem Mädchen zu gefallen, dann können diese ihnen nicht widerstehen.«

René Goscinny

Bei uns entscheidet Papa

Jedes Jahr – das heißt letztes Jahr und das Jahr davor, denn früher, das ist zu lange her und das weiß ich nicht mehr –, also jedes Jahr streiten sich Papa und Mama wie wild, wohin wir im Urlaub fahren sollen, und dann fängt Mama an zu weinen und sagt, sie geht zurück zu ihrer Mutter, und ich muss auch weinen: Ich habe meine Oma sehr lieb, aber bei ihr gibt es keinen Strand. Schließlich fahren wir aber doch dahin, wo Mama hinwill, und nicht zur Oma.

Gestern nach dem Abendbrot hat Papa uns ganz streng angeschaut, und er hat gesagt: »Nun hört mal gut zu! In diesem Jahr gibt es keine Diskussionen – ich entscheide! Wir fahren ans Mittelmeer. Ich habe die Anschrift einer Villa in Plage les Pins, die vermietet wird. Drei Zimmer, fließendes Wasser, Elektrizität. Kommt mir ja nicht mit euren Hotels und mit dem schauderhaften Hotelessen…«

»Sehr schön, mein Lieber«, hat Mama gesagt. »Ich glaube, das ist eine gute Idee.«

»Prima!«, habe ich gerufen, und ich bin immer rund um den Tisch gelaufen, nämlich, wenn man sich freut, dann ist es unheimlich schwer, brav auf seinem Platz sitzen zu bleiben. Papa, der hat große Augen gemacht, so als ob er sich wundert, und er hat gesagt: »Ach ja? Na gut!« Mama hat den Tisch abgeräumt und inzwischen hat Papa im Wandschrank seine Taucherbrille gesucht.

»Du wirst sehen, Nick«, hat Papa zu mir gesagt, »wir werden unwahrscheinliche Unterwasserjagden veranstalten, wir beide.«

Ich habe ein bisschen Angst gehabt, nämlich, ich kann noch nicht so sehr gut schwimmen – wenn jemand mich richtig aufs Wasser legt, kann ich den toten Mann machen –, aber Papa hat gesagt, ich soll mir keine Sorgen machen, er bringt mir das Schwimmen bei, er ist Bezirksmeister im Fahrtenschwimmen gewesen, damals, als er noch jung war, und er könnte auch heute noch Rekorde brechen, wenn er nur die Zeit zum Trainieren hätte.

»Papa nimmt mich mit auf Unterwasserjagd«, habe ich gerufen, als Mama wieder aus der Küche kam.

»Sehr schön, mein Kleiner«, hat Mama gesagt. »Ich glaube allerdings, im Mittelmeer sind nicht mehr so viel Fische. Da sind zu viel Angler und Unterwasserjäger.«

»Das ist nicht wahr«, hat Papa gesagt, und Mama hat gesagt, er soll ihr nicht widersprechen in Anwesenheit des Jungen, und sie weiß, was sie sagt, weil sie es in einer Illustrierten gelesen hat, und dann hat sie ihr Strickzeug genommen – ich weiß nicht, was es ist, aber sie strickt schon seit vielen Tagen daran.

»Mann, da sehen wir ja ganz schön blöd aus, in voller Ausrüstung unter Wasser und kein Fisch da!«, habe ich zu Papa gesagt.

Papa ist gegangen und hat seine Taucherbrille wieder in den Wandschrank gelegt, ohne was zu sagen. Ich war ein bisschen sauer, nämlich das stimmt: Ich geh so oft mit Papa zum Angeln, aber nie fangen wir was. Papa ist wiedergekommen und hat seine Zeitung genommen.

»Ja, aber –«, habe ich gesagt. »Wo gibt's denn dann eigentlich Fische für die Unterwasserjagd?«

»Frag deine Mutter«, hat Papa geantwortet, »die große Expertin.«

»In der Nordsee, da gibt's welche, mein Kleiner«, hat Mama gesagt.

Ich habe gefragt, ob die Nordsee weit weg ist von der Stelle, wo wir hinfahren, aber Papa hat gesagt, wenn du in der Schule ein bisschen besser aufgepasst hättest, dann würdest du nicht so dumme Fragen stellen. Und das ist ganz ungerecht, denn wir haben keinen Unterricht in Unterwasserjagd.

Aber ich habe nichts gesagt, ich habe schon gesehen, Papa hat keine Lust zu diskutieren.

»Wir sollten eine Liste vorbereiten und die Sachen aufschreiben, die wir mitnehmen müssen«, hat Mama gesagt.

»Kommt überhaupt nicht in Frage«, hat Papa gerufen. »Ich fahr nicht wieder so in Urlaub wie voriges Jahr – der reinste Möbelwagen! – Badehosen, Shorts, einfache Kleidung, ein paar Wollsachen ...«

»... und die Töpfe, die elektrische Kaffeemaschine, die rote Decke und etwas Geschirr ...«, hat Mama gesagt.

Papa, der ist aufgesprungen, ganz wütend, er hat den Mund auf- und zugemacht, aber er hat nichts mehr sagen können, das hat Mama schon getan.

»Du weißt noch gut«, hat Mama gesagt, »was die Bleders uns erzählt haben – von der Villa, die sie gemietet haben im vorigen Jahr. Das ganze Geschirr bestand aus drei angeschlagenen Tellern, in der Küche gab es nur zwei kleine Töpfe und einer davon hatte auch noch ein Loch. Sie haben alles, was sie nötig hatten, noch mal kaufen müssen – natürlich zu Wucherpreisen.«

»Ach, Bleder – der hat keine Ahnung«, hat Papa gesagt und er hat sich wieder hingesetzt.

»Kann sein«, hat Mama gesagt, »aber wenn du mal eine Fischsuppe möchtest, die kann ich nicht in einem Topf kochen, der ein Loch hat – ich meine, für den Fall, dass wir tatsächlich mal Fische zu sehen kriegen …«

Na, da hab ich ein bisschen weinen müssen, ist ja auch wahr, wozu geht man denn ans Meer, wenn's da keine Fische gibt, und ganz in der Nähe ist die Nordsee, wo es nur so wimmelt von Fischen. Mama hat ihr Strickzeug fallen lassen, sie hat mich auf den Arm genommen und sie hat gesagt, ich soll nicht traurig sein wegen der dummen Fische, und sie hat gesagt, du wirst sehen, wie schön das ist, wenn du am Morgen aufwachst in deinem hübschen Zimmer und du schaust aus dem Fenster und da ist das Meer.

»Na ja«, hat Papa erklärt, »das Meer … von der Villa aus kann man das Meer nicht sehen, aber es ist nicht weit – nur zwei Kilometer. Es war eben das letzte Sommerhaus, das in Plage les Pins noch frei war.«

»Aber natürlich, mein Lieber, gewiss«, hat Mama gesagt. Dann hat sie mir einen Kuss gegeben, und ich habe auf dem Teppich gespielt mit den beiden Glaskugeln, die ich dem Franz in der Schule abgewonnen habe.

»Und der Strand?«, hat Mama gefragt. »Steinstrand, wie?«

»Nein, meine Gnädigste, durchaus nicht«, hat

Papa ganz stolz gerufen. »Sandstrand – feiner weißer Sand! Und kein einziger Stein, so weit man sehen kann!«

»Na, umso besser«, hat Mama gesagt, »dann kann Nick wenigstens keine Steine übers Wasser flitschen lassen und kann stattdessen was Vernünftiges tun. Seit du ihm das beigebracht hast, ist er wie verrückt danach.«

Ich habe wieder angefangen zu heulen, nämlich, das stimmt, ich lasse gern Steine übers Wasser flitschen und das ist ganz prima; manchmal springen sie schon viermal, und es ist ganz gemein, mit mir in eine Villa zu fahren, wo die Töpfe Löcher haben, weit weg vom Meer, wo es keine Steine gibt und keine Fische.

»Ich geh zur Oma!«, hab ich geschrien, und mit dem Fuß hab ich eine von den Glaskugeln von Franz weggestoßen.

Mama hat mich wieder auf den Arm genommen und sie hat gesagt, ich soll nicht weinen, Papa ist eben derjenige in der Familie, der die Ferien am nötigsten braucht, und wenn es da auch nicht so schön ist, wo er hinwill, müssen wir eben mitfahren und so tun, als ob es uns auch gefällt.

»Aber …, aber …, aber …«, hat Papa gesagt.

»Und ich will Steine flitschen lassen!«, habe ich gerufen.

»Nächstes Jahr vielleicht«, hat Mama gesagt, »wenn Papa sich für Vlieland entscheidet.«

»Für was?«, hat Papa gefragt und hat den Mund aufgemacht.

»Vlieland – vor Holland, wo die Nordsee ist, wo es viele Fische gibt und ein hübsches kleines Hotel, direkt am Strand... Sand- und Steinstrand!«

»Ich will nach Vlieland!«, habe ich gerufen. »Ich will nach Vlieland!«

»Du musst vernünftig sein, mein Kleiner«, hat Mama gesagt. »Hier entscheidet Papa, weißt du!«

»Aha – schon gut, ich habe verstanden«, hat Papa gesagt. »Und wie heißt es, dein hübsches kleines Hotel?«

»Strandblick, mein Lieber«, hat Mama gesagt.

Papa hat gesagt, in Ordnung, er schreibt hin und fragt, ob noch Zimmer frei sind.

»Nicht nötig, mein Lieber«, hat Mama gesagt. »Ist schon alles erledigt. Wir haben das Zimmer Nr. 29, mit Bad und Blick aufs Meer.«

Und Mama hat gesagt, Papa soll ganz still sitzen bleiben, denn sie muss sehen, ob der Pullover, den sie für ihn strickt, in der Länge schon passt. Ich glaube, es wird ziemlich kühl abends auf Vlieland.

Martin Suter

Hunold, Manager und Familienvater

Hunold kann auch abschalten und nur für die Familie da sein. In der Regel Ende Juli. Dann lässt er die Firma Firma sein und geht in die Sommerferien. Zwar nicht vier Wochen wie Linda und die Kinder, aber immerhin zehn Tage. Es kommt ja nicht in erster Linie auf die Länge an, die Intensität ist es, die zählt. Und in puncto Intensität ist Hunold stark. Er kommt so Mitte der zweiten Woche und meidet damit die gehässigen ersten Tage. Bei seiner Ankunft sind die Sonnenschutzfaktoren schon runter auf zehn, und Annina (7) und Terry (9) wissen, wo es die beste Pizza gibt und was »ein Magnum mit Mandelsplitter« in der Landessprache heißt. Linda ist braun genug für die neue Feriengarderobe und bewegt sich mit der Nonchalance einer erschöpften Mutter von zwei kleinen Kindern nach zehn Tagen Kampf gegen Ultraviolett, Quallen, Hitze und unterschiedliche Auffassungen in fast allen Fragen des täglichen Lebens. Wenn Hunold ankommt, ist die Familie bereit für ihn.

Den Abend nach seiner Ankunft *widmet* er Linda. Sobald sie die Kinder ins Bett gebracht hat, besitzt sie seine ungeteilte Aufmerksamkeit. Dann kann sie ihm einmal all das erzählen, wofür ihm sonst seine Managementaufgaben (letztlich ja seine Aufgaben als Ernährer) keine Zeit lassen. Das ist der Moment, wo er *zuhört*, wo er alles wissen will über die kleinen Sorgen und Sensatiönchen des Alltags einer Mutter zweier Kinder und Frau eines Executive Vice President der Schweizer Niederlassung eines internationalen Markenartiklers. Wenn es nicht zu spät wird oder einer seiner praktischen Ratschläge zu Haushaltführung oder Kindererziehung zu einer Verstimmung geführt hat, intensiviert er nach dem Zubettgehen die Beziehung auch noch über das rein Geistige hinaus.

Der Tag gehört dann der ganzen Familie. Er beginnt mit dem *gemeinsamen* Frühstück. Sich hinsetzen, sich *zuwenden.* »Wie würdest du Qualle schreiben, Annina?« – »Wie heißt das Land, wo wir sind, und wie seine Hauptstadt, Terry?« Kinder sind ja so wissensdurstig.

Das Programm des ersten Tages sieht keinen Strandbesuch vor. Das hat vor allem pädagogische Gründe. Hunold will mit dieser unpopulären Maßnahme seine natürliche Autorität von Anfang an wiederherstellen, Kinder brauchen Führung, sie wollen, dass ihnen jemand sagt, wo es langgeht. Natürlich ist das im Normalfall Linda, aber kann eine Mutter auf die Länge den Vater ersetzen? Ein Tag ohne die Ablenkung des Strandlebens verbessert die Intensität des Zusammenseins. Und auch die persönliche Erreichbarkeit am ersten Tag seiner Firmenabwesenheit. Hunold *beschäftigt* sich also rückhaltlos mit seinen Kindern. Was sind das für kleine Menschlein, die er hier führt, für die er sorgt, die zu ihm *aufschauen,* die ihm *vertrauen*? Welche seiner Bewegungen, Züge, Charaktereigenschaften, Talente *entdeckt* er in ihnen wieder? Wie kann er *wecken, motivieren, fördern*?

Er versucht ihnen die Landessprache des Ferienortes näherzubringen, denn Kinder lernen Sprachen ja so leicht. Er bemüht sich, ihren Ekel vor Fisch zu überwinden, denn Kinder brauchen Phosphor und Magnesium. Er erzählt ihnen ausführlich über seine Tätigkeit als Executive Vice President, denn Kinder wollen wissen: Was ist das für ein Mensch, mein Papi? Was tut er, wenn er am Morgen früh weggeht und am Abend spät zurückkommt?

Im Bett nach dem ersten gemeinsamen Ferientag fragt Annina ihre Mutter: »Wievielmal schlafen, bis Papi wieder arbeiten muss?«

»Acht mal«, antwortete Linda Hunold ohne nachzurechnen.

John Irving

Eine denkwürdige Ankunft

Es hatte einigen Ärger mit Nancys Visum gegeben, und sie machte sich Sorgen, ob sie auch alle erforderlichen Impfungen bekommen hatte. Da sie die deutschen Bezeichnungen dafür nicht kannte, wusste sie nicht genau, wogegen sie geimpft worden war. Sie war überzeugt, dass sie zu viele Malariatabletten einnahm, aber Dieter konnte ihr auch nicht sagen, wie viele sie brauchte. Krankheiten gegenüber schien er gleichgültig zu sein. Er machte sich mehr Gedanken darum, dass ein indischer Zollbeamter den Dildo konfiszieren könnte – aber nur, wenn Nancy sich Mühe gab, ihn zu verstecken, meinte er. Dieter bestand darauf, dass sie ihn ganz selbstverständlich zu ihren Toilettensachen tat, ins Handgepäck. Aber das Ding war riesengroß. Schlimmer noch, es war schauerlich rosafarben, wie imitiertes Fleisch, und die Spitze, die einem beschnittenen Penis nachgebildet war, hatte eine bläuliche Färbung – Nancy kam es vor wie ein Glied, das man in der Kälte draußen gelassen hatte.

Und wo sich die falsche Vorhaut einrollte, hatte sich ein Rest von dem Gleitmittel festgesetzt, der sich nie ganz wegwischen ließ. Nancy steckte den Dildo in eine alte weiße Sportsocke – eines dieser langen Dinger, die bis zur Wade reichen. Sie hoffte inständig, die indischen Zollbeamten würden ihm irgendeinen unsäglichen medizinischen Zweck zuschreiben – bloß nicht den offensichtlichen Zweck, dem er diente. Verständlicherweise wollte sie, dass Dieter ihn mitnahm, aber er machte ihr klar, dass ihn die Zollbeamten dann für einen Homosexuellen halten würden; und eigentlich müsste sie wissen, dass Homosexuelle, egal in welches Land sie einreisten, grundsätzlich schlecht behandelt würden. Dieter erzählte Nancy auch, dass er verbotenerweise eine Unmenge deutsches Geld bei sich haben würde und sie nur deshalb nicht gemeinsam flogen, weil er verhindern wollte, dass sie in die Sache hineingezogen würde, falls man ihn erwischte.

Nancy war noch nie im Osten gewesen und machte die erste Bekanntschaft damit am Flughafen von Bombay, ungefähr um zwei Uhr nachts. Sie hatte noch nie Menschen erlebt, die durch ständigen Lärm und eigene exzessive Geschäftigkeit so geschädigt und so verändert worden waren; ihr unablässiger Bewegungsdrang und ihre aggressive Neugier erinnerten sie an hin und her huschende

Ratten. Viele von ihnen waren auch noch barfuß. Nancy versuchte sich auf den Zollinspektor zu konzentrieren, dem zwei Polizisten zur Hand gingen. Diese Polizisten – Wachtmeister in blauen Hemden und kurzen, weiten blauen Hosen – waren zwar nicht barfuß, trugen aber die absurdesten Stulpen an den Beinen, die Nancy je gesehen hatte, zumal in Anbetracht der Hitze. Und Nehru-Kappen hatte sie auch noch nie an Polizisten gesehen.

Aber natürlich war da noch der Dildo, der unangetastet in der langen Sportsocke lag, während die Polizisten und der Zollinspektor die Kleidung in ihrem Rucksack durchwühlten und die Tasche mit dem Handgepäck ausleerten, bei der es sich im Grunde nur um einen überdimensionalen Kunstlederbeutel handelte. Ein Polizeibeamter nahm das lädierte Taschenbuchexemplar von Lawrence Durrells *Clea* in die Hand, den vierten Roman der Alexandria-Tetralogie, von der Dieter nur den ersten gelesen hatte, nämlich *Justine*. Nancy hatte gar keinen gelesen; aber der Roman hatte ein Eselsohr an der Stelle, an der die letzte Leserin vermutlich mit der Lektüre aufgehört hatte, und an dieser eingemerkten Seite schlug der Polizist das Buch auf und fand auch gleich den Abschnitt, den Dieter mit Bleistift für genau diesen Zweck angestrichen hatte. Tatsächlich hatte dieses Exemplar von *Clea* die Reise nach Indien und zurück bereits mit zweien von Dieters Frauen gemacht, von denen keine den Roman oder auch nur die gekennzeichnete Passage gelesen hatte. Dieter hatte diesen Abschnitt eigens ausgesucht, weil er die Leserin in den Augen jeder internationalen Zollbehörde zweifellos als harmlose Närrin erscheinen lassen würde.

Der Polizist war von diesem Abschnitt so mattgesetzt, dass er das Buch seinem Kollegen reichte, der ein betroffenes Gesicht machte, als hätte man ihn aufgefordert, einen nicht dechiffrierbaren Code zu knacken; auch er reichte das Buch weiter. Schließlich las der Zollinspektor den Abschnitt. Nancy beobachtete, wie der Mann unbeholfen und ohne es zu wollen die Lippen bewegte, als würde er Olivenkerne abknabbern. Nach und nach kamen die Worte oder etwas Ähnliches laut aus seinem Mund; Nancy erschienen sie unverständlich. Sie konnte sich nicht vorstellen, welchen Reim sich der Zollinspektor und die Polizisten darauf machten.

»›Das ganze Viertel lag dösend im schattenspendenden Violett der hereinbrechenden Nacht‹«, las der Zollinspektor. »›Ein Himmel aus bebendem Velours, in den das grelle Leuchten von tausend elektrischen Glühbirnen schnitt. Er lag in jener Nacht über der Tatwig Street wie eine samtene Kruste.‹« Der Zollinspektor hörte zu lesen auf und machte ein Gesicht, als hätte er gerade etwas Absonderliches gegessen. Der eine Polizist warf einen wütenden Blick auf das Buch, als fühlte er sich verpflichtet, es zu beschlagnahmen oder auf der Stelle zu vernichten. Der andere zappelte herum wie ein gelangweiltes Kind; er nahm die Sportsocke mit dem Dildo und zog den gewaltigen Penis heraus wie ein Schwert aus der Scheide. Die Socke hing schlaff in seiner linken Hand, während die rechte den gewaltigen Schwanz an der Wurzel packte, an den steinharten, nachgemachten Eiern.

Als er schlagartig erkannte, was er da in der Hand hielt, streckte er den Dildo rasch seinem Kollegen hin, der das Ding an der zusammengerollten Vorhaut packte, bevor er den gewaltigen Penis erkannte und ihn auf der Stelle dem Zollinspektor aushändigte. Dieser packte den Dildo am Hodensack, während er *Clea* noch immer in der linken Hand hielt; dann ließ er das Buch fallen und riss dem mit offenem Mund dastehenden ersten Polizisten die Socke aus der Hand. Aber der eindrucksvolle Penis ließ sich schwerer in seine Hülle zurückstecken als herausholen, und vor lauter Eile schob der Zollinspektor das Ding falsch herum hinein. Auf diese Weise wurden die sperrigen Eier in die Ferse der Socke gezwängt, wo sie steckenblieben und sich nicht weiter hineinschieben lassen wollten, während das bläuliche Ende (die beschnittene Spitze) oben aus der Socke herausragte. Das Loch am Ende des gewaltigen Penis schien die Polizisten und den Zollinspektor mit dem sprichwörtlichen bösen Blick anzustarren.

»Wo wohnen Sie?«, erkundigte sich der eine Polizist bei Nancy. Er wischte sich die Hand heftig an einer Stulpe ab – vielleicht um eine Spur des Gleitmittels loszuwerden.

»Behalten Sie Ihre Tasche immer bei sich«, riet ihr der zweite Polizist.

»Einigen Sie sich mit dem Taxifahrer auf den Preis, bevor Sie einsteigen«, sagte der erste Polizist.

Der Zollinspektor vermied es, Nancy anzusehen. Sie hatte mit Schlimmerem gerechnet, hatte befürchtet, der Dildo würde bestimmt lüsternes Grinsen hervorrufen – zumindest unverschämtes oder anzügliches Gelächter. Aber sie war im Land des *linga* – glaubte sie zumindest. Wurde der Phallus hier nicht als Symbol verehrt? Nancy meinte gelesen zu haben, dass der Penis ein Symbol des Gottes Shiva war. Vielleicht hatten diese Männer noch nie ein so realistisches (wenn auch übertriebenes) *linga* gesehen wie das, das Nancy in ihrer Tasche hatte. Vielleicht hatte sie dieses Symbol für unheilige Zwecke benutzt. Wollten diese Männer etwa deshalb nichts mit ihr zu tun haben? Aber die Polizisten und der Zollinspektor dachten nicht an *lingas* oder an den Gott Shiva; sie waren schlichtweg entsetzt über den tragbaren Penis.

Die arme Nancy musste ganz allein den Weg zum Ausgang finden, wo sie von den schrillen Schreien der Taxifahrer empfangen wurde. Eine unendliche Taxischlange erstreckte sich in die höllische Schwärze dieses Außenbezirks von Bombay; mit Ausnahme der hellen Fläche des Flughafens gab es in Santa Cruz keine Lichter – den Flugplatz Sahar gab es 1969 noch nicht. Inzwischen war es drei Uhr morgens.

Nancy musste mit ihrem Taxifahrer um den Fahrpreis ins Zentrum von Bombay feilschen. Nachdem sie den Betrag ausgehandelt und im Voraus bezahlt hatte, gab es trotzdem noch Schwierigkeiten. Der Fahrer war ein Tamile, offenbar erst seit kurzem in Bombay und behauptete, weder Hindi noch Marathi zu verstehen. Nancy hörte, wie er in gebrochenem Englisch andere Taxifahrer nach dem Weg ins Taj Mahal fragte.

»Lady, Sie sollten nicht mit ihm fahren«, erklärte ihr ein anderer Taxifahrer, aber sie hatte bereits bezahlt und saß auf dem Rücksitz des Taxis.

Als sie in Richtung Stadt fuhren, führte der Tamile ein ausführliches Gespräch mit einem anderen tamilischen Taxifahrer, der gefährlich dicht neben ihrem Taxi herfuhr; mehrere Meilen fuhren sie Tür an Tür – durch die grenzenlose Dunkelheit vor der Dämmerung, vorbei an den unbeleuchteten Slums, deren Bewohner anhand des Gestanks ihrer Exkremente und ihrer erloschenen oder verlöschenden Feuer auszumachen waren. (Was verbrannten sie eigentlich? Abfälle?) Als am Stadtrand von Bombay, wo es noch immer keine elektrische Beleuchtung gab, die ersten Gehsteige auftauchten, rasten die beiden Tamilen noch immer Seite an Seite – selbst durch die wüstesten Kreisverkehre –, wobei sich ihr Gespräch von einem Wortwechsel über ein Wettgeschrei zu wilden Drohungen steigerte, die sich (selbst auf tamilisch) für Nancy ziemlich schrecklich anhörten. Bei den anscheinend unbekümmerten Fahrgästen im Taxi des anderen Tamilen handelte es sich um ein gutgekleidetes britisches Ehepaar Mitte Vierzig. Nancy vermutete, dass sie ebenfalls das Taj Mahal ansteuerten und dass dieser Zufall die Ursache für den Streit zwischen den beiden Tamilen war. (Dieter hatte sie vor dieser durchaus üblichen Unsitte gewarnt: Wenn zwei Fahrer mit verschiedenen Fuhren dasselbe Ziel ansteuerten, versuchte natürlich der eine, den anderen zu überreden, seine Fahrgäste auch noch mitzunehmen.)

An einer Ampel wurden die beiden haltenden Taxis plötzlich von bellenden Hunden umringt –

ausgehungerten Kötern, die sich gegenseitig wegbissen –, und Nancy überlegte, dass sie, falls einer sie durch das offene Fenster anspringen sollte, mit dem Dildo auf ihn einschlagen könnte. Dieser flüchtige Gedanke bereitete sie vielleicht schon auf das vor, was an der nächsten Kreuzung passierte, wo die Ampel sie erneut zum Halten zwang. Während sie diesmal warteten, kamen statt der Hunde schlurfende Bettler auf sie zu. Die schreienden Tamilen hatten ein paar Obdachlose angelockt, deren Körper sich unter der hellen Kleidung als schwach erkennbare Hügel von den in Dunkelheit gehüllten Straßen und Gebäuden abhoben. Als Erster streckte ein Mann mit einem zerschlissenen, dreckigen *dhoti* einen Arm durch Nancys Fenster. Nancy bemerkte, dass das ordentliche britische Ehepaar – nicht aus Furcht, sondern aus purer Hartnäckigkeit – die Fenster trotz der feuchten Hitze hochgekurbelt hatte. Nancy hätte Angst gehabt zu ersticken, wenn sie ihres zumachte.

Dafür herrschte sie ihren Fahrer an, endlich weiterzufahren! Schließlich hatte die Ampel umgeschaltet. Aber die beiden Tamilen waren zu sehr in ihre Auseinandersetzung vertieft, um auf die Ampel zu achten. Der Fahrer ignorierte sie, und zu ihrem großen Ärger zwang der andere Tamile jetzt seine britischen Fahrgäste, auszusteigen und zu

Nancy ins Taxi zu klettern, genau wie Dieter es vorausgesagt hatte.

Nancy schrie ihren Fahrer an, der sich achselzuckend zu ihr umdrehte. Sie schrie aus dem Fenster den anderen Tamilen an, der schrie zurück. Dem britischen Ehepaar schrie sie zu, sie sollten sich nicht so übers Ohr hauen lassen, sondern von ihrem Fahrer verlangen, dass er sie an das zuvor vereinbarte, im Voraus bezahlte Ziel brachte.

»Lassen Sie sich von diesem Bastard bloß nicht aufs Kreuz legen!«, schrie Nancy. Erst da merkte sie, dass sie den Dildo schwenkte; natürlich befand er sich noch in der Socke, und die beiden konnten ja nicht wissen, dass es ein Dildo war. Wahrscheinlich hielten sie sie einfach für eine hysterische junge Frau, die ihnen mit einer Socke drohte.

Nancy blieb nichts anderes übrig, als das britische Ehepaar einsteigen zu lassen. Sie rutschte auf die andere Seite des Rücksitzes und sagte: »Bitte, steigen Sie ein«, doch als sie die Tür aufmachten, protestierte Nancys Fahrer. Er ließ das Auto sogar ein Stück vorwärts rucken. Nancy klopfte ihm mit dem Dildo – nach wie vor in der Socke – auf die Schulter. Er machte ein unbeteiligtes Gesicht. Sein Kollege stopfte bereits das Gepäck des britischen Ehepaars in den Kofferraum, während sich die beiden auf den Sitz neben Nancy zwängten.

Vor ihnen stützten zwei junge Männer einen betrunkenen oder mit Drogen vollgepumpten Kameraden. Sie blieben beim Überqueren der Straße stehen, als wären sie nicht sicher, ob das Taxi auch angehalten hatte. Aber das Taxi stand, und Nancy war wütend, dass ihr Fahrer und der andere Tamile noch immer stritten. Sie beugte sich nach vorn und ließ den Dildo auf den Nacken des Fahrers heruntersausen. In dem Augenblick flog die Socke davon. Als sich der Fahrer zu ihr umdrehte, schlug sie ihm den riesigen Penis mitten auf die Nase.

»Fahr weiter!«, brüllte sie den Tamilen an. Entsprechend beeindruckt von dem gigantischen Penis, gab er Gas und fuhr über die Ampel, die jetzt wieder auf Rot stand. Zum Glück waren sonst keine Autos auf der Straße. Doch unglücklicherweise standen die zwei jungen Männer mit ihrem zusammengesackten Kameraden dem Taxi direkt im Weg. Erst kam es Nancy so vor, als wären alle drei getroffen worden. Später erinnerte sie sich deutlich daran, dass zwei von ihnen weggelaufen waren, obwohl sie nicht behaupten konnte, dass sie den Aufprall wirklich gesehen hatte; bestimmt hatte sie die Augen geschlossen.

Während der Engländer dem Fahrer half, den leblosen Körper auf den Beifahrersitz zu hieven, wurde Nancy bewusst, dass es sich bei dem angefahrenen jungen Mann um denselben handelte, der anscheinend betrunken war oder unter Drogen stand. Es kam ihr gar nicht in den Sinn, dass er möglicherweise schon tot gewesen war, als ihn das Auto umstieß. Aber genau darum ging es in der Unterhaltung zwischen dem Engländer und dem tamilischen Fahrer: War der junge Mann absichtlich vor das Taxi gestoßen worden und war er überhaupt bei Bewusstsein gewesen, bevor ihn das Taxi traf?

»Er hat tot ausgesehen«, sagte der Engländer immer wieder.

»Ja, er schon tot!«, schrie der Tamile. »Ich nicht totgemacht!«

»Ist er jetzt tot?«, fragte Nancy leise.

»Aber sicher«, antwortete der Engländer. Wie der Zollinspektor vermied er es, sie anzusehen; doch seine Frau starrte Nancy an, die noch immer den Dildo umklammert hielt. Der Engländer reichte ihr, nach wie vor ohne sie anzusehen, die Socke. Sie hüllte die Waffe ein und steckte sie wieder in ihren großen Beutel.

»Ist das Ihr erster Besuch in Indien?«, fragte die Engländerin, während der verrückte Tamile immer schneller durch die zunehmend mit elektrischer Beleuchtung gesegneten Straßen fuhr. Überall auf den Gehsteigen waren die bunten Hügel schlafender Menschen zu erkennen. »In Bombay schläft die halbe Bevölkerung auf der Straße, aber eigentlich ist es hier ziemlich ungefährlich«, meinte die Engländerin. Nancys gerümpfte Nase verriet dem britischen Ehepaar, dass sie ein Neuling in dieser Stadt mit ihren Gerüchen war.

Dem Körper auf dem Beifahrersitz war anzumerken, dass er tot war. Der Kopf des jungen Mannes schaukelte leblos hin und her, die Schultern hingen völlig schlaff herunter. Wenn der Taxifahrer bremste oder eine Kurve fuhr, reagierte der Körper schwerfällig wie ein Sandsack. Nancy war dankbar, dass sie das Gesicht des jungen Mannes nicht sehen konnte, das dumpf an die Windschutzscheibe schlug und platt dort kleben blieb, bis der Tamile wieder eine Kurve fuhr und dann beschleunigte.

Noch immer ohne Nancy anzusehen, sagte der Engländer. »Er spürt es nicht mehr, meine Liebe.« Es war unklar, ob er mit Nancy oder mit seiner Frau gesprochen hatte.

»Mich stört er nicht«, antwortete seine Frau.

Über dem Marine Drive hing dichter Smog, so warm wie ein wollenes Leichentuch. Das Arabische Meer verschwand hinter einem Schleier, aber die Engländerin deutete dorthin, wo das Meer hätte sein sollen. »Da draußen ist der Ozean«, erklärte sie Nancy, die zu würgen begann. Nicht einmal die

Werbeplakate an den Laternenmasten über ihren Köpfen waren vor lauter Smog zu sehen. Die Lampen, die den Marine Drive säumten, waren damals keine Nebellampen; sie waren weiß, nicht gelb.

In dem schwankenden Taxi deutete der Engländer durchs Fenster auf den Smogschleier. »Das ist das Halsband der Königin«, erklärte er Nancy. Während das Taxi weiterraste, fügte er – mehr um sich selbst und seine Frau zu beruhigen, als um Nancy zu trösten – hinzu: »Wir sind bald da.«

»Ich muss mich gleich übergeben«, sagte Nancy.

»Wenn Sie nicht daran denken, dass Ihnen schlecht ist, wird Ihnen auch nicht schlecht, meine Liebe«, sagte die Engländerin.

Man hörte Trillerpfeifen, laut und durchdringend. Sie gehörten den großen Sikh-Portiers, die den Verkehr vor dem Taj Mahal dirigierten, aber Nancy hielt Ausschau nach irgendeinem Hinweis auf die Anwesenheit von Polizei. In der Nähe, am hoch aufragenden Gateway of India, glaubte Nancy Polizisten bemerkt zu haben; da waren Lichter, hysterisches Geschrei, irgendein Tumult. Zunächst hieß es, ein paar bettelnde Bengel seien der Grund. Angeblich war es ihnen nicht gelungen, von einem jungen schwedischen Paar, das das Gateway of India unter demonstrativer und professioneller Verwendung grellweißer Scheinwerfer und Reflektoren fotografiert hatte, auch nur eine einzige Rupie zu erbetteln. Daraufhin hatten die Bengel das Gateway of India angepinkelt, um die Aufnahme zu verderben, und als es ihnen nicht gelang, die Fremden entsprechend auf sich aufmerksam zu machen – angeblich fanden die Schweden diese demonstrative Geste symbolisch interessant –, versuchten die Kerle, auf die Fotoausrüstung zu pinkeln, und das sei der Grund für die Aufregung gewesen. Doch weitere Nachforschungen sollten ergeben, dass die Schweden die Betteljungen dafür bezahlt hatten, dass sie an das Gateway of India pissten, was wenig Wirkung hatte – das Wahrzeichen Bombays war bereits ziemlich verdreckt. Die Burschen hatten keineswegs versucht, auf die Fotoausrüstung der Schweden zu pinkeln – so dreist wären sie nie gewesen; sie hatten sich lediglich beschwert, dass sie nicht genug für das Anpinkeln des Gateway of India bekommen hatten. Das war der wahre Grund für die Aufregung.

Unterdessen musste der tote junge Mann im Taxi warten. In der Auffahrt des Taj Mahal wurde der tamilische Fahrer hysterisch; man hatte ihm einen toten Mann vor sein Auto geworfen, das offenbar eine Delle abbekommen hatte. Das britische Ehepaar vertraute einem Polizisten an, dass der Tamile eine rote Ampel überfahren hatte (nachdem er einen

Schlag mit einem Dildo erhalten hatte). Es handelte sich um denselben verwirrten Wachtmeister, der sich das Delikt mit dem bepinkelten Gateway of India endlich vom Hals geschafft hatte. Nancy war nicht ganz sicher, ob das britische Ehepaar ihr die Schuld an dem Unfall gab, sofern es überhaupt ein Unfall gewesen war. Schließlich einigten sich der Tamile und der Engländer darauf, dass der Junge tot ausgesehen hatte, bevor ihn das Taxi angefahren hatte. Mit Sicherheit wusste Nancy allerdings, dass der Polizist nicht wusste, was ein »Dildo« war.

»Ein Penis, ein ziemlich großer«, erklärte der Engländer dem Polizisten.

»Sie?«, fragte der Polizist und zeigte auf Nancy. »Mit was hat sie den Taxifahrer geschlagen?«

»Sie werden es ihm zeigen müssen, meine Liebe«, sagte die Engländerin zu Nancy.

»Gar nichts werde ich ihm zeigen«, entgegnete Nancy.

Doris Dörrie

Auf dem Inkapfad

Sie kamen in Lima an, und schon als Antonia todmüde vom langen Flug die Gangway hinuntertaumelte, wusste sie, dass sie diese Stadt hassen würde. Sie hatte eine gleißend helle Sonne erwartet, und salzigen Meeresgeruch, stattdessen war der Himmel düstergrau, es nieselte, und die Luft stank nach Benzin.

In einem Sammeltaxi, in dem sie dichtgedrängt mit zwei Mädchen aus Freiburg mit riesigen Rucksäcken und einem älteren Ehepaar aus Kalifornien saßen, die, kaum hatten sie Platz genommen, bereits den Reiseführer aufklappten, fuhren sie ins Zentrum, vorbei an düsteren Betonwänden, die mit roten Sternen und politischen Parolen bemalt waren, armseligen Hütten aus Wellblech und Pappe, Schutt und Abfall, Menschen in Lumpen, nackten Kindern, bettelnden Krüppeln. Antonia, die so etwas noch nie gesehen hatte, glaubte, sie sei entsetzt, aber im Grunde genommen waren ihr diese Bilder durch das Fernsehen viel zu vertraut, als dass sie wirklich etwas empfunden hätte. Sie sah ähnlich bemüht mitleidsvoll durch das Autofenster wie sonst auf die Mattscheibe, wenn ihr die gleichen Bilder ins Zimmer wehten und sie Skrupel hatte, sofort umzuschalten. Sie drehte sich nach Johnny um, der ungerührt und recht fröhlich aussah, und griff nach seiner Hand. Nach schier endloser Fahrt lud sie das Taxi schließlich an der grauen, verkehrsumtobten Plaza de Armas im Zentrum ab, und wie von einem anderen Planeten gefallen, standen Johnny, Antonia und die beiden Mädchen aus Freiburg mit ihren bunten Rucksäcken da und rührten sich erst einmal nicht vom Fleck. Das amerikanische Ehepaar wünschte allen freundlich einen schönen Aufenthalt in Peru und stieg in das nächste Taxi, um sich zu seinem Hotel fahren zu lassen, das sie natürlich im Voraus gebucht hatten. Sosehr Antonia Hotelzimmer inzwischen eigentlich hasste, in diesem Augenblick beneidete sie die beiden glühend um ihren sicheren Ort in diesem Chaos. Die Freiburgerinnen, die jetzt schon so schmuddelig aussahen, als seien sie schon seit Wochen unterwegs, die Haare strähnig und fettig, die T-Shirts über ihren freibaumelnden Brüsten fleckig, die Füße in ihren Birkenstock-Sandalen grau, hoben die Hand zum Gruß und latschten langsam davon. Johnny rührte sich nicht von der Stelle. Antonia hatte Durst, sie war müde, sie fror, sie sehnte sich nach einer Dusche. Nichts davon wagte sie Johnny zu sagen, der ruhig und entspannt einfach so dastand und sich umsah. »Was machen wir jetzt?«, fragte sie vorsichtig.

»Entspann dich, Baby«, sagte er, »guck dich erst mal um. Du bist doch noch gar nicht richtig gelandet.«

Antonia ging ein paar Schritte auf einen Straßenhändler zu, der Säfte in schillernden Farben feilbot, kaufte einen Plastikbecher mit einer kritzegelben Flüssigkeit, drückte ihm irgendeine Münze in die Hand, die er dankbar annahm, also war es wohl viel zu viel, egal, sie stürzte den Saft, der angenehm nach Ananas schmeckte, hinunter und wollte sich schon einen zweiten holen, da sagte Johnny: »Bist du sicher, dass du das verträgst?« Also setzte sich Antonia wieder auf ihren Rucksack, und während Johnny weiter dem Menschen- und Verkehrschaos um sie herum interessiert zusah, starrte Antonia stumpfsinnig vor sich hin und versuchte ihrer immer stärker werdenden Sehnsucht nach einer Dusche und einem Bett Herr zu werden, als ihr plötzlich heiß und kalt, übel und schwindlig zugleich wurde. Sie schlotterte am ganzen Körper, ihre Zähne schlugen aufeinander, Schweiß tropfte von ihrer Stirn. Johnny ließ sich erweichen, diese Nacht im Nobelhotel Bolivar, direkt gegenüber an der Plaza de Armas, zu verbringen. Nur diese eine Nacht, versprach Antonia dankbar, morgen geht es mir wieder besser, bestimmt!

Und so lag sie also später neben ihm in einem riesigen Bett mit weißer, gestärkter Spitzenwäsche, und Johnny war ihr mit einem Mal fremd. Es war lang nach Mitternacht, und draußen tobte immer noch der Verkehr, aber nichts war mehr zu hören von den Rufen der Demonstranten wenige Stunden zuvor. Anfangs hatte man sie in dem allgemeinen Verkehrslärm gar nicht ausmachen können, aber dann hörte Antonia Schüsse, oder Fehlzündungen eines Autos, wie sie erst einmal annahm, als Johnny schon ans Fenster stürzte. Auf dem Platz unter ihnen waren Tausende von Menschen versammelt, die Fahnen schwenkten und irgendetwas riefen, das sie nicht verstanden, Schüsse knallten, Polizei und Militär riegelten den Platz ab, die Menschenmenge wogte ein paar Mal hin und her wie unter starken Windböen, und dann rannten alle auseinander, und innerhalb von wenigen Minuten war der Platz menschenleer, nur die Autos fuhren weiter um ihn herum wie aufgezogene Spielzeugautos. Johnny wandte sich enttäuscht vom Fenster ab.

Er wäre am liebsten sofort hinuntergelaufen und hätte sich unter die Menschen gemischt, das sah

Antonia ihm an, nur ihretwegen hatte er darauf verzichtet, da hatte er sich was Schönes eingebrockt, mit einer verwöhnten Pute von Fotomodell nach Südamerika zu fahren und sie dazu zu bringen, den Kosmetikkoffer gegen den Rucksack einzutauschen. Das denkt er doch jetzt, dachte Antonia, er wünscht, er wäre allein. Als sich Johnny wieder neben sie legte, rutschte sie ganz dicht an ihn heran, und dabei stellte sie fest, dass er sich nicht so anfühlte wie sonst. Es war, als hätten sich ihm vor Widerwillen alle Härchen seines Körpers aufgestellt, und sie spürte sie wie tausend Stacheln. Sie ertrug diese Fremdheit nicht, also schlug sie vor, etwas essen zu gehen, das täte ihrem aufgebrachten Magen sicherlich gut. Johnny warf wortlos die Beine vom Bett und zog seine Schuhe an.

Im Speisesaal warteten genau zehn Kellner auf sie, die, die Servietten über dem leicht abgewinkelten Arm, mit halbgeschlossenen Augen regungslos wie schlafende Pferde an den Flügeltüren zur Küche standen. Johnny und Antonia schienen die einzigen Gäste zu sein und sie eher zu stören. Einer der zehn Kellner setzte sich schließlich in Zeitlupentempo in Bewegung, nahm ihre Bestellung mit unbewegter Miene auf und schlurfte damit zurück in die Küche, an den anderen Kellnern vorbei, die sich keinen Zentimeter von der Stelle rührten. Ausdruckslos starrten sie Johnny und Antonia an. Es war totenstill im Saal. Antonia rutschte ungeduldig auf ihrem Stuhl herum.

»Ha!«, sagte Johnny laut in den leeren Saal, »wir sind also in Peru.« Antonia senkte schuldbewusst den Kopf.

»Mir geht es ja schon besser«, sagte sie leise, »morgen bin ich wieder fit.« Johnny sah sie mit schräggelegtem Kopf prüfend an.

»Meinst du, das war eine gute Idee?«, fragte er, und Antonia wusste sofort, was er meinte. Sie zögerte einen Moment, dann sagte sie: »Doch. Ganz bestimmt«, und nahm seine Hand, die sich anfühlte wie die Hand von irgendjemandem, aber nicht wie die Hand von Johnny. Nein, dachte sie verzweifelt, es war keine gute Idee.

»Dein Rucksack ist zu schwer«, sagte er und entzog ihr seine Hand, »du wirst auf irgendetwas verzichten müssen. Ich schleppe ihn auf jeden Fall nicht.«

Es stimmte, ihr Rucksack wog fast doppelt so viel wie seiner, aber er konnte ja auch leichten Herzens auf Haarshampoo verzichten, ihn machten fettige Haare bestimmt nicht nervös, er brauchte keine Tages- und Nachtcreme, aber es gab nun mal keine Creme, die für die Nacht fettig genug und gleichzeitig nicht fettend für den Tag war, Foundation, nur eine ganz ganz klitzekleine Flasche, Rouge, sie wollte nicht immer aussehen wie ausgespuckt, Lidschatten, aber wirklich nur einen einzigen in Graubraun, ein bisschen Puder, ein Deodorant, sie hasste Schweißgeruch und fand ihn auch bei Johnny nicht gerade anziehend, ein Duschgel, Seife, ein Handtuch wenigstens. Das war weniger als die Grundausstattung, die sie sonst mit sich herumschleppte. Und die war bescheiden im Vergleich zu den meisten anderen Models. Für die Reise kamen natürlich noch drei verschiedene Sonnenschutzmittel dazu, eins fürs Anfangsstadium, eins für später und eine After Sun Lotion (mit Absicht hatte sie keine Präparate der Firma gekauft, die ihr vor einiger Zeit den Exklusivvertrag angeboten hatte), diese drei Tuben wogen nun wirklich nicht viel. Schwer dagegen waren die vier großen Flaschen Kontaktlinsenflüssigkeit, die sie in Peru bestimmt nicht bekam. Sollte sie deshalb vielleicht blind durch die Gegend laufen? Dafür hatte sie nur vier T-Shirts, zwei Hosen, einen Rock, ein Kleid eingepackt (man konnte doch nie wissen – wenn Johnny allerdings von den Pumps erfuhr, die sie ganz unten im Rucksack versteckt hatte…), zwei Pullover, allerdings achtundzwanzig Wegwerf-Slips, für jeden Tag ihrer Reise einen. Die nahmen aber nun wirklich kaum Platz weg. Der Gedanke, in schmutziger Unterwäsche herumlaufen zu müssen, war ihr einfach zuwider.

Der missmutige Kellner stieß die Flügeltüren auf und balancierte zwei Tabletts, darauf riesige Silberhauben. Als er sie vor sie hinstellte, bemerkte Antonia, dass sie beide verbeult waren. Mit einer nonchalanten Geste lüpfte er die Hauben, und es kam darunter eine Consommé mit riesigen Fettaugen für Antonia und ein mickriges Stück Fleisch mit einer winzigen Kartoffel für Johnny zutage.

»Ich fühle mich beschissen feudal«, sagte Johnny, als der Kellner sich entfernt und wieder in die Reihe seiner neun dösenden Kollegen eingereiht hatte.

»Der Kellner lebt aber von uns«, erwiderte Antonia leise, »und von unserem Trinkgeld kann er seine Familie eher ernähren, als wenn wir seiner Großmutter auf der Straße ein Kaugummi abkaufen.«

»Ach, Quatsch«, sagte Johnny und bleckte die Zähne, »so perpetuieren wir nur die herrschenden Verhältnisse.« Mach beim Essen den Mund zu, dachte Antonia.

Das ältere amerikanische Ehepaar, mit dem sie im Taxi gesessen hatten, betrat den Speisesaal. Sie nickten Johnny und Antonia höflich zu und setzten sich dann ganz auf die andere Seite des Raums. Ein anderer aus der Reihe der schlafenden Kellner machte sich erst nach Minuten langsam auf den Weg. Antonia beobachtete das Ehepaar. Sie sahen fröhlich und gelassen aus. Beide trugen Strickwesten und hatten fast denselben helmartigen Haarschnitt. Seine Haare waren eine Spur grauer als ihre. Sie sprachen leise miteinander, und es hörte sich freundlich an.

»Sie hassen uns«, sagte Johnny und wies auf die Kellner, »das heißt, ich hoffe, sie hassen uns. Kapitalistische Stinker, die wir sind.«

Antonia nickte mit dem Kopf. Werde ich jemals einen Mann haben, mit dem ich in fünfzig Jahren friedlich am Tisch sitzen kann?, dachte sie. Als der Kellner mit den Silberhauben für das Ehepaar aus der Küche kam, beobachtete sie, wie er auf dem Weg blitzschnell unter eine der Hauben griff und sich etwas in den Mund schob. Sie hoffte, Johnny habe es nicht gesehen, aber da sagte er schon: »Sie haben Hunger. Das, was sie uns servieren, können sie sich selbst niemals leisten.«

Antonia verlangte nach der Rechnung. Der Kellner sah sie irritiert an, und erst als Johnny wiederholte, sie würden gern bezahlen, setzte er sich in Bewegung und kam mit einer kleinen schwarzen Schachtel auf einem Tablett zurück, das er vor Johnny hinstellte. Johnny sah Antonia unruhig an.

»Macho-Land«, sagte er schulterzuckend. Sie begriff und reichte Johnny unter dem Tisch Geld, das er in die Schachtel legte. Der Kellner wusste aber nur zu genau, wie hier die Verhältnisse waren, denn als er die Schachtel wieder an sich nahm, bedachte er Johnny mit einem abfälligen Lächeln. Antonia hätte ihm allzu gern das üppige Trinkgeld wieder weggenommen.

Zurück im Zimmer warf Johnny sich aufs Bett und rauchte wortlos ein paar Zigaretten. Sie schleppte ihren Rucksack ins Badezimmer und warf schließlich nach gründlicher Überlegung einen schweren Tiegel mit einer Reinigungsmaske aus Tonerde in den Papierkorb. Dann fiel ihr ein, dass vielleicht das Zimmermädchen etwas damit anfangen könnte, und sie holte ihn wieder aus dem Abfallkorb und stellte ihn auf den Badewannenrand. Aber weil sie befürchtete, Johnny könne ihn dort entdecken und sich über sie lustig machen, packte sie ihn schließlich wieder in den Rucksack.

Als sie aus dem Badezimmer kam, war er eingeschlafen. Er sah so schön aus, wie er dort auf dem Bett ausgestreckt lag und hinter ihm die weißen Vorhänge ins Zimmer wehten wie in einem Hollywoodfilm. Ganz vorsichtig setzte Antonia sich zu ihm auf die Bettkante. Sie hätte ihre Liebe zu Johnny gern in diesem Bild versiegelt, wie ein Insekt in Bernstein, für immer und ewig ihrs, ohne dass er es zerstören könnte. Er konnte dran rütteln, es schütteln, es würde nichts daran ändern, ihre Liebe zu ihm bliebe unveränderlich. Sie wusste, dass sie sich bereits verändert hatte, heute, hier in Lima, und dass das Schlimmste an der Liebe war, dass sie so plötzlich und völlig unvorhersehbar ausbleiben konnte.

Immer, wenn sie sich später an diese Reise erinnerte – und das tat sie nicht gern –, kam es ihr vor, als sei das Hotelzimmer in Lima der letzte sichere Ort gewesen, an dem sie sich aufgehalten hatte, bevor alles vor ihren Augen verschwamm.

Sie erinnerte sich an endlose Fahrten in überfüllten Bussen, in denen sie Platzangst bekam, an stundenlange Warterei auf staubigen, leeren Straßen und öden Busbahnhöfen, in verdreckten cantinas, in denen sie sich kaum traute, aus der Kaffeetasse zu trinken, weil sie fürchtete, davon sterbenskrank zu werden; Reis mit kleinen, grünen Bananen war das Einzige, was sie aß, weil es ihr halbwegs sicher erschien, und überall die bettelnden Kinder, die sie anfangs zu Tränen rührten, von denen sie sich dann aber bald belästigt fühlte, sie erinnerte sich an schäbige Hotelzimmer mit harten Strohsäcken und kratzigen Decken und immer ohne fließend Wasser, an einen glücklichen Johnny, eine unglückliche Antonia und die Farbe Grün. Dickblättrige, grüne Pflanzen überall, wie mit grünem Pelz überzogene Berge, die den ganzen Tag an ihr vorüberzogen, und abends grün gestrichene Kneipen, in denen sie stumm neben dem Pisco trinkenden Johnny saß, der bereits nach zwei Tagen im Bus anfing so zu stinken, dass sie ihn kaum noch küssen mochte.

Niemals hätte sie gedacht, dass sie ohne ihre morgendliche Dusche kaum leben konnte, dass sie den ganzen Tag unter ihrem eigenen Schweißgeruch litt wie unter einer Wunde, dass sie mit ungewaschenen Haaren überhaupt kein Selbstvertrauen mehr besaß, dass ihre gesamte Person abhängig war von Wasser, Seife und Spiegel wie ein Junkie von der Nadel. Die ganze Reise über, so kam es ihr im Nachhinein vor, hatte sie auf ihre Hände gestarrt, die dreckigen Fingernägel, die schmutzverschmierten Innenflächen, und versucht, sich an den Gedanken zu gewöhnen, dass sie nun mal so aussahen, wie sie aussahen, und dass daran auch nichts zu ändern war, dass es trotzdem weiterhin ihre Hände waren, dass sie überhaupt dieselbe Person war, nur mit ein bisschen Dreck dran. Es gelang ihr nicht. Sie fühlte sich unsicher, hässlich, lebensunfähig. Während sie im Bus, eingeklemmt zwischen streng riechenden Indiomüttern und ihren rotznasigen Kindern, Tag für Tag durch die Anden schaukelte, träumte sie sehnsüchtig von schneeweiß gekachelten Badezimmern, von makellos sauberen Toiletten, strömenden Duschen, duftenden Seifen, Vollbädern, flauschigen Frotteehandtüchern. Sie schämte sich dafür und bemühte sich, Johnny dankbar zu sein, dass er sie, seiner Meinung nach, so luxuriös reisen ließ und sie, seit ihrer Nacht in Coca, nicht mehr zwang, im Freien zu übernachten.

Sie kamen in dem kleinen Dorf Coca an, als die Sonne unterging. Innerhalb von wenigen Minuten wurde es pechschwarz um sie herum. Nach dem LKW, mit dem sie gekommen waren, kam kein einziges Auto mehr an ihnen vorbei. Aus den bescheidenen Lehmbauten von Coca drang nirgends Licht. Der Ort wirkte vollkommen ausgestorben. Sie stolperten mit ihren Rucksäcken die steinige Landstraße entlang, streunende Hunde schnüffelten an ihnen und rieben sich an ihren Beinen. Antonia griff angsterfüllt nach Johnnys Hand. Sie konnte sein Gesicht kaum sehen, so dunkel war es. »Hm«, sagte Johnny, »das Nachtleben von Coca tost ja nur so.« Antonia wagte nicht, ihn zu fragen, wie er sich denn vorstellte, die Nacht zu verbringen. Sie hockten sich auf eine Mauer und aßen Brot, eine Orange und ein Stück scharfe Salami. Die Hunde sprangen an der Mauer hoch und schnappten nach der

Wurst. Als sie alles aufgegessen hatten, gingen sie, gefolgt von den Hunden, weiter bis ans Ende vom Dorf, ohne ein einziges Licht zu sehen, dann drehten sie um und gingen denselben Weg wieder zurück.

Dieses Mal sahen sie den schwachen Widerschein eines Feuers hinter einer halb zerfallenen Hauswand. Neben dem kleinen Feuer, das nur noch vor sich hinglühte, lag ein Haufen Lumpen. Sie traten näher an das Feuer, da bewegte sich der Haufen. Eine in Decken eingewickelte uralte Frau mit einem Gesicht wie eine Krokoledertasche richtete sich auf und zischte sie an, so wie eine Gans zischt, wenn sie angreift, »chchchchchch«, machte die Frau. Antonia schrie auf, wandte sich um und rannte die Dorfstraße entlang, stolperte, fiel mit ihrem Rucksack auf den Rücken wie ein Käfer, rappelte sich wieder auf, lief weiter. Die Hunde sprangen an ihr hoch, leckten ihr übers Gesicht. Schließlich blieb sie atemlos stehen. Es dauerte lange, bis Johnny sie erreicht hatte. Antonia spürte seinen Widerwillen in der Dunkelheit wie eine kühle, undurchdringliche Luftmasse, die ihn umgab. Er sagte kein Wort, nahm sie fest an der Hand und zog sie auf die Ladefläche eines geparkten LKW. Die Hunde sprangen eine Weile an dem Wagen hoch, dann gaben sie auf und trollten sich. Im Schein von

Johnnys Feuerzeug krochen sie in ihre Schlafsäcke. Johnny schlief nur wenige Minuten später.

Antonia lauschte mit bangem Herzen auf die fremden Geräusche um sie herum. Ein viel zu großer Himmel mit viel zu vielen Sternen stand über ihr. Er verwirrte sie, so groß war er. Sie stellte sich vor, von ihm aufgesaugt zu werden, sich mit Lichtgeschwindigkeit als winziger Punkt im Kosmos zu verlieren. Schlotternd vor Angst presste sie sich eng an Johnny, der ruhig weiterschlief. Mit vor Panik wild klopfendem Herzen zählte Antonia die endlosen Stunden, die sie vom Tag trennten. Die Zeit fühlte sich so zäh an wie schwarzer Teer. Bis irgendwann, mitten in der Nacht, in der Entfernung plötzlich rote Lichter ansprangen, wie eine Jahrmarktsbeleuchtung so bunt. Antonia richtete sich mit einem Ruck auf. CINE, stand dort plötzlich in rotem Neon am schwarzen Himmel. KINO. Im Kino von Coca war aus unerfindlichen Gründen das Licht angegangen. Bis zum Morgen starrte Antonia auf diese Leuchtschrift, und nur mit Hilfe dieser vier Buchstaben, so kam es ihr vor, überlebte sie diese Nacht.

Ohne dass sie weiter darüber sprachen oder dass Antonia Johnny von ihrer Angst in dieser Nacht erzählt hätte, übernachteten sie von da in kleinen Pensionen, billigen Hotels. Antonia war dankbar, aber sie sah Verachtung in seinem Blick, wenn er sich jeden Abend wieder nur ihretwegen auf die Suche nach einer Unterkunft machte, wenn er sie stumm dabei beobachtete, wie sie sich mit kostbarem Trinkwasser (das sie sowieso niemals getrunken hätte!) das Gesicht wusch, sich die Kontaktlinsen herausnahm und sich dann mit ihrer Nachtcreme einrieb. Aber darauf konnte sie nicht verzichten, das war für sie ein überlebenswichtiges Ritual, das ihr ein klein bisschen von ihrer Selbstachtung zurückgab, die sie jeden Tag aufs Neue verlor.

Niemals hätte sie geglaubt, dass ein bisschen Dreck und Gestank ihre Sympathie für sich selbst so vollkommen ruinieren könnte. Johnny dagegen blühte zusehends auf. Er genoss es, sich treiben zu lassen, alles dem Zufall zu überlassen. Antonias Reiseführer warf er schon am dritten Tag lachend aus dem Busfenster. »Lass dich einfach fallen. Von jetzt ab darfst du einfach nur sein«, sagte er großspurig. Fallenlassen! Wie soll ich mich fallen lassen, dachte Antonia bitter, in einem klapprigen Bus, der jeden Moment über die Klippen stürzen kann, mit Wanzen im Zimmer, widerlichen Bakterien im Essen, verdreckt, stinkend und müde. Wie soll ich dich weiter lieben, und wenn du mich dazu zwingst, mich zu hassen. Wenn du all das kannst, was ich nicht kann? Sie sah ihm neidisch zu, wie er vergnügt mit den Leuten schwatzte, obwohl er kaum Spanisch und natürlich kein Wort Quechua sprach, während sie aus einem Taschenwörterbuch überlebensnotwendige Vokabeln wie baño, Toilette, und papel higiénico, Klopapier, auswendig lernte. Er bewegte sich in der fremden Welt mit einer spielerischen Neugier wie ein junger Hund, er konnte alles essen, alles trinken, ohne dass er krank wurde, er hielt die Hitze, die dünne Luft aus wie ein Einheimischer, den Staub, die Fliegen, konnte überall schlafen, kein Bett war ihm zu hart, kein Insekt zu widerlich. Morgens spülte er sich mit einem Schluck abgestandenem Bier den Mund aus, fuhr sich mit den Fingern durch die Haare, stieg in seine Jeans, die steif waren vor Dreck, und fühlte sich dabei wohl. Er hatte vor nichts und niemandem Angst, er war immer gut gelaunt, Erschöpfung schien er nicht zu kennen, genauso wenig wie Hunger oder Durst. Neben ihm fühlte sich Antonia wie ein quengelndes Kleinkind, und je länger sie unterwegs waren, umso glücklicher erschien er ihr, und umso mehr wuchs ihr eigenes Unglück.

Obwohl sie jeden Tag dicht aneinandergedrückt im Bus saßen, sich bibbernd in den eiskalten Bergnächten zusammendrängten, manchmal, nur um sich zu wärmen, auch miteinander schliefen, wurde die Entfernung zwischen ihnen immer größer. Er schien sie zu seinem Glück überhaupt nicht zu brauchen, und sie sehnte sich eigentlich mehr nach einer Dusche als nach ihm. Wenn sie sich nur endlich wieder waschen könnte, sagte sie sich, wäre sie wieder sie selbst, und dann könnte sie ihn auch wieder lieben wie zuvor. Es kam ihr vor, als sei sie gar nicht wirklich anwesend, als könnte sie alles erst dann richtig erleben, wenn sie es in ihrer gewohnten Verfassung tun dürfte, sauber, duftend, mit frisch gewaschenen Haaren, so wie in einer missglückten Fotosession, in der man einfach noch mal von vorn anfing. Sie sah sich deutlich vor sich, wie sie hätte sein sollen, hübsch, selbstsicher, strahlend, wie auf Hochglanzfotos, vor den überwältigenden Adobebauten von Chan Chan, in den weißen Straßen von Arequipa, auf den bunten Märkten Cuzcos und vor den gigantischen Ruinen von Machu Picchu. Aber in Wirklichkeit latschte sie gleichgültig hinter Johnny her, sie bemühte sich, von dem, was sie sah, beeindruckt zu sein, und verabscheute sich dafür, dass sie es nicht war, dass ihr Körper ihr wichtiger war als die imposantesten Sehenswürdigkeiten Südamerikas. Jede verhärmte, abgearbeitete Indiofrau erschien ihr attraktiver als sie selbst, und was noch viel schlimmer war, jede verschlampte deutsche Rucksackkuh, wie sie sie nannte, in ihrer Selbstverständlichkeit auch. Erstaunt beobachtete

Antonia diese Mädchen, die alle so waren wie Johnny: anspruchslos, fröhlich, dreckig.

Auf dem Inkapfad, der sie in fünftägiger Wanderung zum Machu Picchu bringen sollte (warum konnten sie nicht den Zug nehmen wie andere Touristen auch?), stießen sie immer wieder auf ganze Gruppen dieser Frauen, und Johnny rauchte Joints mit ihnen und quatschte und flirtete, während Antonia sie stumm und abweisend beobachtete. Keine schien unter ihrem Rucksack fast zusammenzubrechen wie sie, keine wurde von Insekten dermaßen belästigt, keine fror so wie sie, keine schwitzte so wie sie, keine schien so todmüde. Sie sprühten allesamt vor Begeisterung, nur sie, Antonia, war der ewige Spielverderber, ein blasses, unattraktives Häufchen Elend. Antonia glühte vor Hass auf diese Frauen, aber das schien keine zu bemerken. Überhaupt bemerkte sie kaum noch jemand, dachte sie wütend, während sie keuchend vor Anstrengung hinter Johnny hertrottete, sie war völlig uninteressant geworden, es war nur noch eine Frage der Zeit, wann Johnny sie einfach irgendwo zurücklassen würde wie eine leere Coladose. Er sah sich kaum noch nach ihr um, immer größer wurde der Abstand zwischen ihnen, und mit jedem Meter, den er wuchs, hasste sie ihn mehr, während sie sich gleichzeitig danach sehnte, dass er sich umdrehen möge und sie in die Arme nehmen, ihr ins Ohr flüstern möge: Du hast die Prüfung bestanden, ich werde dich ewig lieben, wir kehren um und gehen in ein Fünf-Sterne-Hotel, drei Tage bleiben wir nur im Bett, es hat kühle, seidene Laken, und das Bad ist aus weißem Marmor.

Und da drehte er sich tatsächlich um, kam auf sie zu und sah sie kopfschüttelnd an. »Wenn du so weiterschleichst, schaffen wir es nie«, sagte er freundlich. Sie sah zu Boden. Er hatte ihr mehrmals angeboten, die Rucksäcke zu tauschen, aber ihr letzter Rest Stolz hatte ihr bisher verboten, das Angebot anzunehmen. Wütend spürte sie, wie ihr die Tränen über das Gesicht liefen. »O Gott«, sagte Johnny, »jetzt fang nicht auch noch an zu heulen. Gib mir deinen Rucksack.« Sie schüttelte den Kopf und starrte weiter zu Boden. Er zog die Schultergurte ihres Rucksacks herunter und hievte ihn von ihrem Rücken, während sie bewegungslos mit gesenktem Kopf weiter dastand wie ein Maulesel und beobachtete, wie ihre Tränen zu Boden tropften. Johnny öffnete ihren Rucksack, wühlte darin herum, holte als Erstes ihre gut versteckten Pumps heraus, dann ihre restlichen siebzehn Wegwerfunterhosen, dann schleuderte er der Reihe nach ihre sämtlichen Kosmetika in hohem Bogen in das undurchdringliche Gebüsch rechts und links des Pfades, während er dabei amüsiert die Namen der Tuben und Tiegel vorlas: »Pure Nature Factor 100«, kicherte er, »Future Perfect«, »Moisture Splash«, »Biological Age Control«, wieherte er, »Sun Repair Complex«, »Styling Gel«, »Crème Réparatrice de Nuit«, »Base de Vie«, »Glanz und Fülle«, »Eternity«... Er wollte sich ausschütten vor Lachen. Sie wandte den Kopf ab und sah in das undurchdringliche Grün, in dem jetzt Kosmetika im Wert von mehreren hundert Mark vor sich hinschimmeln würden. Johnny verstummte, packte ihre Pumps und Unterhosen kopfschüttelnd wieder ein, verschnürte den Rucksack und hob ihn auf Antonias Rücken. Sie gab es nicht gern zu, aber der Rucksack fühlte sich deutlich leichter an. Johnny nahm ihren Kopf in seine Hände. »Sei mir nicht böse, Moskito, aber ich konnte das nicht länger mitansehen.« Sie weigerte sich, ihn anzublicken, aber als er seine Hände von ihrem Gesicht nahm, fürchtete sie plötzlich, er könnte sie verlassen.

»Du liebst mich nicht mehr, stimmt's?«, fragte sie leise.

»Ach, Blödsinn«, sagte er und zuckte die Achseln. Sie schwiegen. Ein Vogel kreischte, ein anderer antwortete ihm.

»Ich liebe dich nämlich mehr, als ich dir sagen kann«, flüsterte sie, und ihr Gesicht schwamm in Tränen.

»Na ja«, sagte er, »dann ist ja gut. Ich dich auch.« Er nahm sie bei der Hand, und sie gingen weiter.

Es stimmt doch, dachte sie, ich liebe ihn wirklich, das stimmt doch. Er ließ ihre Hand los, weil der Pfad sich verengte, und ging voraus. Bald schon vergrößerte sich der Abstand wieder zwischen ihnen, er sah sich nicht mehr nach ihr um, und sie stolperte wieder hinter ihm her, der Rucksack schien jetzt genauso schwer zu sein wie zuvor, er drückte sie erbarmungslos nieder, du Schwein, dachte sie, Johnny, du bist ein Arschloch, warum tust du mir das an? Rhythmisch dachte sie bei jedem Schritt: ich hasse dich, ich hasse dich, ich hasse dich, bis der Satz seine Bedeutung verlor, bis nichts mehr in ihrem Gehirn war als Müdigkeit und Erschöpfung.

Zwei Nächte verbrachten sie noch im Freien unter den Plastikplanen, die Johnny extra in Cuzco gekauft hatte und von denen er wohl glaubte, sie ersetzten Antonia hinreichend ein Dach über dem Kopf. Als Abendessen kauten sie an feuchten Keksen herum und tranken modrig schmeckende Cola dazu. Wieder schlief Antonia keine Sekunde. Sie hörte förmlich die Lianen wachsen, die Insekten über den Boden laufen, die Schlangen sich winden. Sie konnte sich nicht erinnern, sich jemals einsamer gefühlt zu haben als in diesen Nächten unter dem Himmel von Peru, mit einem schnarchenden Johnny an der Seite, der sich weigerte, ihre Angst zu teilen. Immer wieder war sie kurz davor, ihn zu wecken, aber letzten Endes fürchtete sie sich mehr vor seinem ironischen Gekicher als vor den Gefahren des Urwalds. Im Morgengrauen, als die Vögel einen Krach machten wie eine Schulklasse in einer Badeanstalt, wachte er endlich auf. Er gähnte, sprang auf, streckte sich wohlig, als habe er die angenehmste Nacht seines Lebens verbracht, und wischte sich mit einem großen, taufeuchten Blatt durchs Gesicht. Antonia beobachtete ihn dabei. Er wird immer mehr zum Tier, dachte sie neidisch, er hat es nicht nötig wie ich, dass ihm bei seinem Leben jemand zuschaut. Johnny drehte sich um, lächelte Antonia abwesend zu, half ihr dabei, den Schlafsack zusammenzurollen und zu verstauen, den Rucksack auf den Rücken zu hieven, alles ohne ein einziges Wort, und dann liefen sie stumm weiter.

Antonia sehnte sich nach ihrem Spiegel, aber den hatte Johnny ebenso ins Gebüsch geworfen wie alles andere. Ohne den Spiegel hatte sie Mühe, ihre Kontaktlinsen einzusetzen. Aus Angst, sie zu verlieren, ließ sie sie in der Schachtel und sah von nun an alles unscharf, aber das war ihr sogar ganz recht so, ihr Elend verlor dadurch seine scharfen Konturen, wurde ein bisschen verschwommener, weicher, erträglicher. Sie sah nicht mehr nach rechts und links, nur noch auf Johnnys Rücken, stumpf und halbblind stapfte sie hinter ihm her, über Bergpässe, durch Täler, vorbei an halbüberwucherten Ruinen und aufgegebenen Terrassenplantagen, und als sie endlich, endlich den Machu Picchu erreichten und Johnny sie mit großer Geste strahlend einlud zu dem großartigen Anblick, glotzte sie dumpf auf einen hohen, grünen Felsen und verschwommene, graue Ruinen zu seinen Füßen. Sie bedauerte es vage, keine Begeisterung aufbringen zu können, aber der Gedanke, der wirklich ihr Gehirn beschäftigte, war, dass es hier bestimmt Toiletten gab wegen all der Touristen. Das stimmte auch. Sie stanken zwar bestialisch und waren entsetzlich verdreckt, aber es gab im Vorraum einen rostigen Wasserhahn, aus dem ein dünnes Rinnsal eiskalten Wassers lief, ein kleines Stück harter Seife und einen winzigen Spiegel. Antonia brachte es fertig, sich mit dem bisschen Seife und Wasser das Gesicht, den Hals, unter den Achseln und auch noch irgendwie die Haare zu waschen, während gutgekleidete Touristinnen mit gerümpften Nasen und angehaltenem Atem an ihr vorbei auf die Toiletten marschierten.

»Da haben die so viel Kultur hier, und nirgends

gibt's anständige Klos«, hörte sie eine dicke Dame im Seidenkleid in breitem Kölsch sagen.

»Entschuldigen Sie«, wandte sich Antonia an sie, »haben Sie vielleicht einen Kamm bei sich?«

Die dicke Dame musterte Antonia von oben bis unten, dann kramte sie zögernd in ihrer Handtasche und zog einen Stielkamm heraus. »Aber nur, wenn Sie keine Läuse haben«, sagte sie, ohne zu lächeln. Antonia kämmte sich die nassen Haare, setzte ihre Kontaktlinsen ein, und als sie dann aus der Toilette kam, fühlte sie sich nicht nur fast wieder wie die alte Antonia, sie war jetzt auch ehrlich beeindruckt von der Szenerie. Seltsam, wie wenig man sich freuen kann, wenn man nach Schweiß stinkt, dachte sie und atmete tief die klare Bergluft ein. Vor ihr lag, hoch über den Tälern und dem tosenden Fluss Urubamba, die sagenumwobene, verschollene Stadt, deren Namen keiner mehr kennt. Vom Tal aus ist sie nicht zu sehen, und so hatten hier 4000 Inkas jahrhundertelang unentdeckt von den Spaniern leben können, das erzählten die Reiseleiter in verschiedenen Sprachen ihren jeweiligen Gruppen, und Antonia schnappte Fetzen davon auf, während sie zwischen den Ruinen herumwanderte und Ausschau nach Johnny hielt. Sie hörte eine Frau mit einer Frisur wie Liz Taylor begeistert ausrufen: »It looks just like China!«

Warum nur, dachte sie, macht es den Menschen so einen Spaß, festzustellen, dass das Unbekannte gar nicht so anders ist als das, was sie schon kennen? Vielleicht will man gar nichts wirklich Neues erleben. Sie fand Johnny schließlich auf der anderen Seite der Stadtanlage, direkt gegenüber dem Huayna Picchu, dem Zuckerhutberg, der über der Stadt thront wie eine große grüne Mütze. Irgendwo hatte Johnny ein paar Sandwiches aufgetrieben und zwei Flaschen Bier, die Schlafsäcke hatte er ausgebreitet und alles wie zu einem Picknick arrangiert. »Ist das nicht der totale Wahnsinn?«, rief er und sah sich stolz um, als hätte er allein den Machu Picchu entdeckt.

Ja, es war der Wahnsinn, ganz toll, und wirklich überwältigend, dachte Antonia, ich bin auch beeindruckt, aber es berührt mich nicht. Warum nicht? Sie setzte sich neben Johnny und beobachtete die Touristen, die in großen Herden über das Gelände getrieben wurden und es, so emsig wie Schafe nach Futter, nach Erlebnissen abgrasten. Ich bin so wie die, dachte Antonia, sie sehen alles und sehen nichts, sie sind hier und in Gedanken schon wieder im Hotel, im gemütlichen Bett.

»Ich könnte wochenlang hier einfach so sitzen bleiben«, sagte Johnny. Antonia, die fest angenommen hatte, sie würden nachmittags mit dem Zug nach Cuzco zurückfahren wie alle anderen Touristen auch, die sich die ganzen Tage schon überlegt hatte, wie sie Johnny eine Nacht in einem teuren Hotel würde schmackhaft machen können, die sich mit dem Gedanken an diese Belohnung für all die Strapazen auf ihrer schrecklichen Wanderung immer wieder getröstet hatte, bekam es mit der Angst. Und tatsächlich schlug Johnny vor, hier zu übernachten. Das sei zwar verboten, aber man könne sich ja bis Sonnenuntergang etwas unterhalb der Stadt verstecken und dann wieder hinaufsteigen, das sei überhaupt kein Problem. »Denn, was meinst du, was heute Nacht passiert? Vollmond! Vollmond!«, schrie er ihr begeistert ins Ohr. Antonia sank das Herz. Sie wusste, dass sie um nichts in der Welt Johnny von diesem Schauspiel würde wegzerren können in ein komfortables Zimmer mit einem richtigen Bett und einem sauberen Klo, vielleicht sogar mit fließend Wasser und einer Badewanne. Alle Vollmonde ihres Lebens hätte sie dafür gegeben. Mit Tränen in den Augen sah sie zu, wie sich die Ruinenstadt gegen Sonnenuntergang langsam leerte, die klimatisierten Reisebusse vom Parkplatz rollten, die anderen sich zur Bahnstation aufmachten, die Wächter die letzten ermahnten, sich zu beeilen.

Johnny rollte die Schlafsäcke zusammen und

führte Antonia, als die Wächter damit beschäftigt waren, die Eingangstore auf der anderen Seite zu schließen, einen halsbrecherisch steilen Pfad entlang den Felsen nach unten, und schon nach wenigen Metern war die Stadt aus ihrem Gesichtsfeld verschwunden. Der Pfad war so schmal, dass man sich nirgends hinsetzen konnte, auf der einen Seite eine fast spiegelglatte Felswand, auf der anderen die Schlucht, und tief, tief unten der tobende Fluss. Antonia hatte das Gefühl, jede Sekunde das Gleichgewicht zu verlieren und von ihrem Rucksack in die Tiefe gezogen zu werden. Zitternd klammerte sie sich an Johnny, der sie an die Felswand drückte und sie beschwor, nicht hysterisch zu werden. »In spätestens einer Stunde ist es dunkel«, sagte er.

»Und bis dahin sollen wir hier so stehen bleiben oder was?«, schrie sie angsterfüllt. Er lehnte sich schwer gegen sie und flüsterte ihr beruhigend ins Ohr. »Ho, ho«, sagte er, wie zu einem Pferd, »ganz ruhig, ho, ho.« Irgendwann beruhigte sie das tatsächlich, sie sah und hörte nur noch ihn, sie grub ihren Kopf in seine Jacke und fühlte sich zum ersten Mal seit langer Zeit wieder aufgehoben und gemocht. Aber sie traute ihrem Glück nicht recht. »Johnny, darf ich dich was fragen?« Er brummte etwas, was wie eine Zustimmung klang, aber das war eigentlich auch egal, denn sie würde in jedem Fall sagen, was sie sagen wollte.

»Ich bin nicht so, wie du dir vorgestellt hast, nicht?«

»Hm«, sagte er.

»Bitte sag mir, was du von mir denkst. Bitte.«

»Ach«, seufzte er, »wozu soll das denn gut sein?«

»Ich habe dich enttäuscht, nicht?«, fragte sie.

»Hm.«

»Also ja«, sagte sie.

»Na ja«, sagte er.

»Du hast gedacht, dass ich freier bin, unverklemmter, lockerer, stimmt's?«

»Ach, ich denke heute das und morgen etwas anderes. Das ist doch alles nicht wichtig«, sagte er und drückte sie ein bisschen.

»Ich hasse mich«, sagte sie.

»Ja«, sagte er, »das ist es, was mich stört. Genau das.«

Du Idiot, dachte sie, daran bist nur du schuld. Ich habe mich vorher nie gehasst. Und eigentlich hasse ich mich auch jetzt nicht, wenn ich so sein dürfte, wie ich bin.

»Wie müsste ich sein, damit du mich liebst?«, fragte sie.

»Was ist denn das für eine bescheuerte Frage«, stöhnte er.

»Ich möchte ja anders sein«, sagte sie, »so wie du.«

»Dann könnte ich dich nicht lieben«, sagte er und lachte ein bisschen.

»Ach«, sagte sie, »so wie ich bin, willst du mich nicht, und du sagst mir nicht, wie ich sein sollte, damit du mich willst. So fühle ich mich immer falsch. Alles an mir ist falsch.«

»Vielleicht solltest du nicht so viel darüber nachdenken, was alles an dir falsch sein könnte«, schlug er vor, und seine Stimme klang jetzt hart.

Und du, dachte Antonia böse, du könntest zur Abwechslung mal drüber nachdenken, was an dir vielleicht nicht richtig ist. Wie ist das gekommen, dass ich mich am Anfang so schön gefühlt habe mit dir, dass ich das Gefühl hatte, du erlöst mich von mir selbst, du machst mich leicht und fröhlich, und jetzt machst du mich nur noch hässlich, traurig und schwer? Wie konnte das geschehen? Ich will den Anfang wiederhaben, dachte sie trotzig.

»Warum ist es nicht mehr so wie früher?«, fragte sie ihn zärtlich.

»Warum ist heute Dienstag und nicht Montag?«, erwiderte er.

Sie fühlte, wie er sich von ihr entfernte, und so drückte sie sich umso enger an ihn, aber er reagierte nicht mehr darauf, sein Körper blieb unverbindlich. Das erboste sie so sehr, dass sie sagte: »Ich glaube, du wirst mich verlassen.«

»Ja, rede nur immer wieder darüber«, sagte er und klang jetzt wütend, »immer wieder, so lange, bis ich endlich tue, was du schon immer gewusst hast. Dann hast du Recht behalten, und es geht dir vielleicht besser als jetzt, wo wir ja, verdammt noch mal, zusammen sind, oder?«

»Glaubst du, es geht mir nur darum, Recht zu behalten?«, fragte sie.

»Ach, Scheiße«, sagte er, »es ist mir, ehrlich gesagt, ziemlich egal, was du glaubst, was ich glaube. Ich will nur meine Ruhe haben und ab und zu ein hübsches Mädchen vögeln.«

Ich dumme Kuh, ich habe es wieder geschafft, dachte Antonia. Ich habe es geschafft, dass er das Messer zückt und es mir zwischen die Rippen sticht. Johnny, du bist ein Schwein. Warum tust du das?

Vor Schmerz fing sie an zu weinen. Sie spürte, wie zuwider Johnny jetzt ihr enger körperlicher Kontakt war, aber er konnte auf dem schmalen Pfad noch nicht einmal einen Meter von ihr zurücktreten, ohne in die Schlucht zu stürzen, und so spannte er nur die Muskeln an, atmete ein und entfernte sich etwa einen Zentimeter von ihr. Es reichte, um Antonia in tief empfundene Verzweiflung zu stürzen. Sie schwor sich, nie wieder ein einziges Wort über ihre Lippen kommen zu lassen.

Eine Minute später fragte sie: »Findest du eigentlich meinen Busen schön?«

»Ja.«

»Das hast du nie zu mir gesagt.«

»Nein.«

»Warum nicht?«

Er schwieg. Es war nichts zu machen. Eine Frage wühlte in ihren Eingeweiden wie eine Ratte. Ich werde ihn nicht fragen, o nein, ich werde ihn niemals wieder fragen, niemals, niemals, dachte sie. Und noch während sie das dachte, hörte sie sich fragen: »Liebst du mich?« Er ließ sich Zeit mit der Antwort. Jede Sekunde, die verstrich, dröhnte in Antonias Kopf wie ein Paukenschlag.

»Ich weiß es nicht«, sagte er dann.

Im ersten Moment fühlte sie gar nichts. Aha, dachte sie, so ist das also. Und dann plötzlich schnatterte sie mit den Zähnen, sie schlugen völlig unkontrolliert aufeinander, ihr Magen fühlte sich an wie aufgerissen, ihre Knie zitterten. Johnny hielt sie fest in den Armen, sonst wäre sie in den Abgrund gestürzt. Sie schluchzte ihm den Parka voll.

»Du wolltest ja unbedingt die Wahrheit hören«, sagte er hilflos.

Als es dunkel geworden war, kletterten sie zurück in das abgesperrte Gelände. Ihre Beine fühlten sich weich an wie gänzlich ohne Knochen, und sie strauchelte mehrmals. Johnny hielt sie mit eisernem Griff am Handgelenk fest. Als sie oben ankamen, stand der Vollmond wie ein großer weißer Teller neben dem Zuckerhutberg und tauchte die Ruinen in ein graues, hartes Licht. Zum ersten Mal in ihrem Leben fand Antonia den Mond kalt und abweisend. Kein Mensch war weit und breit zu sehen. Johnny suchte eine Stelle aus, von der sie den Sonnenaufgang würden sehen können. Er rollte die Schlafsäcke aus und legte sie nebeneinander. Wortlos standen sie da und starrten in die Gegend. Antonias Augen schmerzten vom Heulen. Johnny nahm ihre Hand, hielt sie einen Moment unschlüssig und ließ sie dann wieder los. »Nimm's nicht so schwer«, sagte er. Er bot ihr einen Joint an, den sie ablehnte. Sie beobachtete ihn, wie er an einem der gewaltigen Felsquader lehnte und rauchte. Er sah so schön aus, so ruhig und zufrieden. Antonia spielte mit dem Gedanken, sich direkt vor seinen Augen vom Machu Picchu zu stürzen. Damit dieser entsetzliche Schmerz aufhört, dachte sie, damit endlich einfach alles aufhört. Sie kletterte in ihren Schlafsack und schloss die Augen. Ich möchte an etwas Schönes denken, nahm sie sich vor, an einen

Mann, der mich immer liebt. Aber ihre Gedanken gingen immer wieder zurück zu Johnny, wie ein Hund, der, obwohl er von seinem Herren geprügelt wurde, ihm winselnd zu Füßen kriecht.

Denk an etwas anderes, befahl sie sich, denk an das schöne Fotomodell mit dem großen Busen, denk an all die Fotografen, die dich angemacht haben, an all die Männer, die dich wollten. Vielleicht verschwand Johnny gerade heimlich, ließ sie einfach hier zurück?

Sie riss die Augen auf. Er stand immer noch da wie zuvor, bewegungslos an den Felsen gelehnt. Wenn er nur nicht so schrecklich gut aussähe, dachte Antonia wütend. Sie schälte sich aus dem Schlafsack und ging zu ihm. Er sah sie gleichgültig an, und sie traute sich nicht, ihn zu berühren. Es kam ihr vor, als wollte ihr Herz aus der Brust springen und sich ihm zu Füßen legen. Sie wandte sich abrupt von ihm ab und ging langsam ein paar Schritte von ihm fort. Als er sich nicht nach ihr umdrehte, ging sie weiter und weiter. Immer wieder sah sie sich nach ihm um, aber er machte keinerlei Anstalten, ihr zu folgen oder sie zu rufen, sie kletterte durch die engen Ruinengassen, bis sie ihn nicht mehr sehen konnte. Dann hockte sie sich in eine Ecke innerhalb der Grundmauern eines verfallenen Hauses, und während sie mit wild klopfen dem Herzen darauf wartete, dass er sie suchen möge, zählte sie laut alle Lippenstiftfarben auf, an die sie sich erinnern konnte:

Laque de Chine
Rose Red
Abstract Rose
Azalee
Fire Engine Red
Simply Pink
Nearly Rose
Wild Fuchsia
Foxy Fire
Dusty Rose
Indian Red
Persian Red
Jazzy Red
Vesuvio
Hibiscus
Allure
Rose Folie.

Du Schwein, warum kommst du nicht? Bitte, bitte komm und hol mich zurück.

Alfred Andersch

Ein Vormittag am Meer

Sie hatten sich vorgenommen, im Urlaub früh aufzustehen, schon morgens am Strand zu sein, wenn noch niemand am Strand war, aber stattdessen schliefen sie lange und frühstückten spät. Die Kinder waren schon vor ihnen auf, und sie hörten im Halbschlaf, wie sie in dem Garten hinter dem Haus spielten. Der Garten war weiter nichts als ein Stück gerodeter Waldboden mit ein paar Büschen darauf, von Maschendraht umzäunt.

Nach dem Frühstück ging seine Frau mit den Kindern, zwei kleinen Mädchen von vier und fünf Jahren, zum Strand. Er sah ihr zu, wie sie die große rote Badetasche packte. Sie trug ein kurzes blaues Kleid und Leinenschuhe in der Farbe ihrer Haare, einem verschossenen ausgebleichten Blond. Ihre Arme und Beine waren braungebrannt.

Die Place Gambetta, an der das Haus stand, das sie gemietet hatten, war gar kein Platz, sondern bloß eine weite sandige Fläche, von Kiefern bestanden, unter denen seine Frau und die Kinder davongingen, auf die Düne zu. Die Kiefern warfen lichte Schatten auf sie. Die Kinder drehten sich manchmal nach ihm um und schrien ihm irgendetwas zu. Auch seine Frau wandte sich einmal zu ihm zurück und winkte. Sie trug eine große dunkle Sonnenbrille, die ihr braungebranntes Gesicht noch kleiner und fester machte, als es ohnehin schon war.

Er ging ins Haus, um sich sein Buch zu holen. Das Haus war geschmacklos möbliert, mit neuen, falsch geschwungenen Eisenstühlen und billigen polierten Furnieren. Es kostete für drei Wochen 1500 Francs. Seine Frau hatte es für viel zu teuer gehalten, aber er hatte ihr nachgewiesen, dass sie es sich leisten konnten. Er war Tiefbauingenieur, Angestellter am Bauamt in Dortmund. Alles in allem verbrauchte er für diese Reise an die Atlantikküste, seinen Jahresurlaub, nur wenig mehr als ein Monatsgehalt.

Er ließ sich in einem Liegestuhl vor dem Haus nieder, nachdem er den Sonnenschirm so gestellt hatte, dass er ihm Schatten gab. Er hätte seinen Urlaub lieber nicht in einem Seebad verbracht. Seiner sehr empfindlichen Haut wegen konnte er nicht den ganzen Tag am Strand verbringen. Außerdem langweilte er sich dort, auf einem Badetuch im Sand liegend. Er veränderte immer wieder seine Lage; von Sandkörnern oder der Sonne gepeinigt, sprang er stets von Neuem auf, um kurze nutzlose Gänge zu machen. Nur das Baden selbst befriedigte ihn. Aber seine Frau liebte Seebäder, das Meer, und für die beiden kleinen Mädchen war es das Beste.

Ehe er zu lesen begann, beobachtete er die Franzosen, die über den Platz zum Strand gingen. Sie erschienen in geschlossenen Familien oder in Kameraderien. Es gab keine Einzelgänger, fast keine einzelnen Ehepaare. In ihrem Auftreten, ihren Stimmen waren sie schärfer, selbstbewusster als die Deutschen. Sie waren eine Nation. Er war froh darüber, dass ihm nur selten der Gedanke kam, einer Nation anzugehören. Die französischen Kinder aus den Ferienlagern im Wald zogen in geordneten Scharen, Lieder singend, über die Place Gambetta.

Er las ein Buch über die Katharer. Das Thema des Katharismus interessierte ihn, seitdem er vor einiger Zeit im Fernsehen einen Kulturfilm über katharische Kultstätten in Südfrankreich gesehen hatte. Die Katharer gaben eine Erklärung für die Existenz des Bösen: sie glaubten, oder vielmehr sie hatten geglaubt, denn sie waren vollständig ausgerottet worden, die Schöpfung sei nicht das Werk Gottes, sondern des Teufels. Er dachte: Wenn ich religiös wäre, wäre ich Katharer. Er hatte das Buch mitgenommen, weil er festgestellt hatte, dass das Seebad, in das sie fuhren, in einem Gebiet lag, in dem der katharische Glaube geherrscht hatte; aber auf seinen Spazierfahrten in das Hinterland hatte er nichts gefunden, was an diese Vergangenheit erinnerte. Vielleicht hätte er sich an einen Heimatforscher wenden müssen, aber dafür sprachen er und seine Frau zu wenig Französisch.

Er las nur wenige Seiten, konnte sich nicht auf die Lektüre konzentrieren. Der Himmel über den Kiefernwipfeln war zu grell, zu hellblau, zu flach. Auch die Badegäste, die Jugendlichen auf ihren Fahrrädern, die Autos passten nicht zu dem Thema. Er ging in das Haus, trank ein Glas Mineralwasser, obwohl er keinen Durst hatte. Er setzte sich an den Esstisch, zog seine Reiseschreibmaschine über die Platte aus billigem poliertem Furnierholz heran und schrieb einen Brief an seine Bank. Er war vor der Abreise nicht mehr dazu gekommen, seine Zahlungen zu erledigen. Folgende Zahlungen waren zu leisten: DM 231.50 für Licht und Strom im zweiten Vierteljahr 1970, DM 4880.– für Hypothekenzinsen plus Amortisation seines Hauses in einer Dortmunder Stadtrandsiedlung, DM 115.20 für die Inspektion seines Autos (VW 1500 bei Kilometerstand 25000), DM 72.80 für Telefon, einige kleinere Ratenzahlungen. Am längsten dachte er über die Zahlung für sein Haus nach. Er hatte, um es erwerben zu können, eine Hypothek von 80000

Mark aufnehmen müssen, zu 8 Prozent, so dass er also halbjährlich 3200 Mark zu zahlen hatte, zuzüglich 2000 Mark Amortisation für jedes Halbjahr. (Der Betrag verringerte sich also mit der Zeit, wenn auch unbeträchtlich.) Seine Frau hatte ihm vor drei Jahren, als er den Entschluss fasste, das Haus zu kaufen, davon abgeraten, doch er hatte ihr vorgerechnet, dass sie – wenn man die Zinsen als Miete betrachtete – monatlich nur DM 533.– bezahlten, nach zwei Jahren Kapitalabzahlung beispielsweise nur noch DM 480.–. Ja, aber, hatte sie gesagt, du zahlst an Zinsen insgesamt mehr als den Betrag der Hypothek, das Haus kostet dich also mindestens das Doppelte von dem, was sein Bau wirklich gekostet hat. Seine Frau war vor ihrer Heirat Sekretärin gewesen.

Er schrieb die Aufstellung, adressierte den Umschlag, schloss den Brief. Er war stolz darauf, dass er alle seine Zahlungen regelmäßig von den Rücklagen aus seinem Gehalt bestreiten konnte. Er war überhaupt stolz auf sich, auf die vollkommen geordneten, klaren Verhältnisse, in denen er sich befand. Obwohl er nur die Ingenieurschule besucht hatte, nicht die Technische Hochschule, war es ihm gelungen, einen nicht subalternen Posten am Stadtbauamt zu bekommen. Er würde eines Tages ins Beamtenverhältnis übernommen werden. Nach den

Examen hatte er ein paar Jahre für private Baufirmen gearbeitet, aber ihre Profitgier widerte ihn an, und er strebte instinktiv nach Sicherheit. Er war der Ansicht, das gesamte Bauwesen, zu dem er auch die Hypothekenbanken rechnete, müsse, nach Art der Bahn oder Post, in eine große staatliche Behörde verwandelt werden. Aus diesem Grunde war er auch Mitglied der Sozialdemokratischen Partei; obwohl die Pläne der Partei nichts dergleichen vorsahen, fühlte er sich mit seinen Gedanken doch bei ihr aufgehoben.

Er streifte seine Hose ab, zog die Badehose an, dann die Hose wieder darüber. Er schloss das Haus ab und ging, Sandalen an den Füßen, zum Strand. Von der Höhe der Düne aus stellte er, wie jeden Tag, befriedigt fest, dass der Stand zu riesig war, als dass die Badegäste, selbst in der Hochsaison, ihn bedecken konnten. Sie bildeten da und dort Kolonien, lockere, sich ständig verändernde Aggregatzustände aus Körpern und Sonnenschirmen, aber zwischen ihnen blieb die gelbe und weiße Fläche leer; leer verlor sie sich nach Süden und Norden in Horizonte aus hellgrauem Wasserstaub. Das Meer gliederte seinen Saum heute in einige lange, in weiten Abständen sich nähernde Wogen, deren weißschäumende Kammhöhe er von hier oben aus nicht schätzen konnte; offenbar waren sie nicht gefährlich, denn die Strandwächter hatten am Mast neben ihrer Hütte den grünen Wimpel gesetzt, der das Baden freigab. Er schob einen Augenblick lang seine Sonnenbrille auf die Stirne, um die wirkliche Farbe des Ozeans festzustellen: er war eine einzige stählerne Masse, eigentlich farblos, unter einem Himmel aus Milchglas, so leer und bedeutungslos wie die Kinderschreie, die vom Strand zu ihm heraufdrangen.

Er fand seine Frau und die Kinder an der gleichen Stelle wie immer vor, unter dem blauen Sonnenschirm, den sie gemietet hatten. Die beiden kleinen Mädchen sprangen erfreut auf, als er kam, und er ging mit ihnen eine halbe Stunde lang am Strand spazieren, half ihnen, Muscheln zu finden. Als sie zurückkehrten, hatte seine Frau sich in die Sonne gelegt. Er zog sich aus und setzte sich in den Schatten des Sonnenschirms. Sie unterhielten sich halblaut über die Kinder und über die Badegäste, die in ihrer Nähe saßen oder lagen. Er war fünfunddreißig Jahre alt und im Jahre 1935 geboren. Er kannte seine Frau seit sieben Jahren, also seit 1963, geheiratet hatten sie vor fünf Jahren, sie war jetzt dreißig. Sie war noch immer schlank, und die Farbe ihrer Haare hatte sich nicht verändert; zu einem ›Pferdeschwanz‹ zusammengefasst, lagen sie in einem verschossenen, ausgebleichten Blond auf ihrem braunen Rücken. Irgendwo hatte er einmal gelesen, eine Frau mit solchen Haaren werde auf Französisch eine *fille aux cheveux de lin* genannt, und etwas später hatte er im Radio ein Klavierstück von Debussy gehört, das diesen Titel trug. Er hatte eine Plattenaufnahme davon besorgt, und eine Zeitlang hatten sie sich das Stück häufig zusammen angehört. Er nahm sich vor, die Platte herauszusuchen und sie ihr wieder einmal vorzuspielen, nach dieser Reise.

Sie hatte schon gebadet, so dass er ohne sie zum Wasser ging, nur die beiden kleinen Mädchen liefen hinter ihm her. Er kam an den beiden Strandwächtern vorbei, Polizisten aus Toulouse, die einen Kurs in Rettungsschwimmen gemacht hatten. Sie standen wie immer bewegungslos mit verschränkten Armen und blickten aufs Meer, Götterbilder ohne Hirn. Einer von ihnen sagte zu ihm: »Attention, monsieur!« Er wandte sich um und bemerkte, dass inzwischen der gelbe Wimpel gesetzt worden war, der den Badenden Vorsicht empfahl. Er nickte. Die beiden kleinen Mädchen blieben vor den ersten Schaumgirlanden zurück.

Er sah, dass die erste – oder die letzte! – Woge sich weit draußen und riesengroß brach. Entschlossen ging er auf sie zu; er wollte heute unbedingt schwimmen. Wenn der gelbe Wimpel flatterte, war es eigentlich verboten, zu schwimmen. Er hatte bereits Erfahrungen mit diesen Wellen gemacht und wusste, dass man sie untertauchen musste, um sie zu überwinden. Eine Weile beobachtete er sie, wie sie hoch über ihm stand. Dann, als ihre inneren Massen sich wieder einmal erhoben, stieß er sich waagrecht in ihre grüne Basis hinein, fühlte eine Sekunde lang die Schwere ihres Sogs, kam aber sofort frei. Er bereitete sich sogleich auf die zweite dieser Wogen vor, durchstieß auch sie und befand sich danach auf dem hohen Ozean, der keine weiteren Schwierigkeiten bot. Sorgfältig schwimmend ließ er sich aus tiefen Tälern auf die Höhen des Wassers tragen. Er wusste, dass er sich, wenn er sich wieder dem Strand zuwandte, in Gefahr begab. Um diesen Augenblick hinauszuzögern, schwamm er immer weiter nach Westen. Er versuchte zu überlegen, wie er bei der Rückkehr mit dem Gegensog der vom Strand zurückflutenden Wassermassen fertig werden könne, kam aber zu keinem Schluss.

Draußen verwandelten sich die Wogen in eine Dünung, von deren Höhe aus er den Strand als schmalen Strich erblickte, eine dünne zitternde Horizontale aus Schirmen und Schatten, sehr weit weg. Er entschloss sich umzukehren. Er war sehr überrascht, als ihn noch auf offener See, noch lange vor der Zone der Brandungswellen, eine Sturzsee im Rücken traf und ihn in den Katarakt ihres Zusammenbruchs schleuderte. Er schluckte Wasser. Er kam frei, aber nur, um zu erkennen, dass bereits die nächste der großen Wände über ihm war. Sie drückte ihn zu ihrem Grund hinab, wo er voller Entsetzen wahrnahm, wie sein Körper sich zu drehen begann. Er verlor die Richtung, einmal spürte er den Sand des Meerbodens, dann war nur noch Wasser um ihn, eine fließende Schwere, seine Augen füllten sich mit der Farbe Grün.

T. C. Boyle

Mexiko

Viel wusste er im Grunde nicht über Mexiko, außer dass er gelegentlich mal Margaritas bestellte und sich vor zwanzig Jahren im Alkoholdunst, aber fest entschlossen, durch die Seiten von *Unter dem Vulkan* gequält hatte, doch da entstieg er nun bleich und schwerfällig der eleganten Leichtmetallhülle des Flugzeugs, mitten hinein in die feuchtwarme Umarmung von Puerto Escondido. Das alles hier – der glühende Asphalt, der Bogen des Strandes in weiter Ferne, die Hitze, der Duft nach Blumen und Kerosin und die schwache Erinnerung an ein Fischgericht vom Vortag – war Zufall. Ein glücklicher Zufall. Eine Wohltätigkeitslotterie in der Firma – fünf Dollar pro Los zugunsten des Hauses für misshandelte Frauen, Hauptgewinn eine Reise für zwei in die Perle von Oaxaca. Und die hatte er gewonnen. Um das Gesicht zu wahren und dummen Fragen zuvorzukommen, hatte er allen erzählt, er nehme seine Freundin mit, für zwei Wochen R&R – Ruhe und Romantik. Sogar einen Namen hatte er sich für sie ausgedacht – Yolanda –, und, ja genau, sie sei mütterlicherseits Mexikanerin, vom Vater habe sie die grauen Augen, eine Haut wie poliertes Kupfer, und im Bett sei sie eine Wucht…

Am Flughafen gab es keinerlei Formalitäten – das hatten sie alles in Mexiko City mit einer Reihe ungeduldiger Gesten und unverständlicher Kommandos erledigt –, daher ging er mit seiner Reisetasche schnurstracks durch die schwere Glastür hinaus und schwang sich in das erste Taxi, das er sah. Der Fahrer begrüßte ihn auf Englisch und wirbelte eilfertig herum, um mit einem verblichenen rosa Taschentuch ein imaginäres Staubkörnchen vom Sitz zu wischen. Dabei hielt er eine kleine Rede – der Lester nicht ganz folgen konnte, denn der Mann schleuderte jedes Wort einzeln hervor, als wäre es ein straff vernähter Lederball, den es hoch über einen Zaun zu schlagen galt –, ließ sich dann in seinen Sitz sinken und fragte mit dünnerem Stimmchen: »Wohin?« Lester nannte den Namen seines Hotels – des besten am Ort – und lehnte sich zurück, um den köstlichen Fahrtwind über sein Gesicht streichen zu lassen. Er schwitzte. Schwitzte, weil er sich in der dampfenden Schwüle einer tropischen Gegend befand und weil er übergewichtig war, und zwar krass übergewichtig, denn er schleppte gut zwanzig Kilo zu viel mit sich herum, die allesamt in seiner mächtigen Wampe konzentriert waren. Er hatte auch vor, etwas dagegen zu unternehmen, sobald er wieder in San Francisco war – einem Fitnessclub beitreten, mit dem Joggen anfangen, irgendwas –, jetzt aber war er einfach nur ein großer schwitzender fetter Mann mit bleichen nackten Beinen, die sich wie Stützpfeiler in den Boden des Taxis rammten, und einem Bauch, der bereits die Vorderfront seines am Hals offenen Baumwoll-Viskose-Hemds mit den fröhlich herumhüpfenden blauen und gelben Papageien darauf durchgeschwitzt hatte. Und da war auch der Strand, weiße Wellenbögen, die neben dem Wagen herjagten, samt Palmen und einer Verheißung von Meereskühle, und ehe seine Uhr zehn Minuten weitergetickt hatte, war er im Hotel und bezahlte den Fahrer aus einem Bündel abgegriffener samtweicher Scheine, die ihm irgendwie nicht real vorkamen. Der Fahrer hatte aber kein Problem damit – mit den Banknoten – und nahm auch gerne ein saftiges samtweiches Trinkgeld entgegen, und siebeneinhalb Minuten später saß Lester in einem kühlen gefliesten Speisesaal, der auf der einen Seite zum Meer hin offen war, auf der anderen ging es zum Pool, hatte den Zimmerschlüssel in der Tasche und in der verschwitzten Hand seinen ersten mexikanischen Cocktail.

Diesen Cocktail hatte er mit den vagen Restbeständen seines fast vergessenen Highschool-Spanisch ausgehandelt – *juiss naranja, Soda Cluub* und einen großen Wodka, mit Eis – *hielo*, genau, *hielo* –, und mit einem reichen Repertoire an Gebärdensprache, von dem er gar nicht wusste, dass er darüber verfügte. Was er eigentlich wollte, war ein Greyhound, aber er kannte das spanische Wort für Grapefruit nicht, also war er auf Orangensaft und Wodka ausgewichen, obwohl es auch hier ein gewisses Durcheinander bezüglich der Bedeutung des ehrwürdigen russischen Begriffs für das klare Destillat gegeben hatte, bis er auf die geniale Idee verfallen war, stattdessen eine Marke zu nennen: Smirnoff. Die Kellnerin grinste und nickte, hielt sich dabei in ihrem gestärkten weißen Bauernkleidchen vollkommen aufrecht, wiederholte den Markennamen in einem quietschenden Singsang und zog los, um ihm seinen Drink zu besorgen. Kaum hatte sie ihn vor ihn hingestellt, hatte er ihn natürlich schon zur Hälfte ausgetrunken und orderte sofort den nächsten, und dann den nächsten, so dass er in den ersten zwanzig Minuten Kellnerin und Barkeeper in perfekter Synchronisation auf Trab hielt, um seinen Durst sowie alle sonstigen echten oder eingebildeten Qualen zu besänftigen, die er während der langen Reise erlitten haben mochte.

Nach dem fünften Drink fühlte er sich ansatzweise geborgen, alle Reiseangst löste sich auf im süßen Strom von Alkohol und O-Saft. Er war mit sich selbst sehr zufrieden. Da saß er in einem fremden Land, bestellte seine Cocktails wie ein Einheimischer und überlegte, ob er mal einen Happen essen sollte – vielleicht Nachos mit Guacamole? –, und danach vielleicht ein Spaziergang am Strand und ein Schläfchen vor dem Abendessen. Er schwitzte jetzt auch nicht mehr. Die Kellnerin war für ihn der liebste Mensch auf der Welt, und danach kam gleich der Barkeeper.

Er hatte gerade wieder sein Glas geleert und wollte die Kellnerin herbeiwinken – einen Drink noch, dachte er, und dann vielleicht diese Nachos –, da bemerkte er, dass an dem Tisch ganz hinten an der Veranda jemand saß. Während er aufs Meer hinausgestarrt hatte, war eine Frau ins Restaurant gekommen, und jetzt sah sie ihn über den Tisch hinweg an, nackte Beine, in einem rostroten Bikini und einem losen schwarzen Überwurf. Sie schien um die Dreißig zu sein, schlank, muskulös, straffe Brüste und luftig leichtes Haar, das ihre geröteten Augen und den prallen Bogen ihres Mundes gut zur Geltung brachte. Vor ihr dampfte ein Teller mit irgendwelchem Essen – Fisch, danach sah es aus, die Spezialität des Hauses: paniert, gegrillt, gefüllt, gebacken, gebraten oder sautiert, mit Peperoni, Zwiebeln und Koriander –, und sie trank eine Margarita on the rocks. Er beobachtete sie eine Zeitlang fasziniert – in halb beduselter Faszination –, bis sie mit vollem Mund aufblickte, worauf er sich abwandte und über das Wasser hinausstarrte, als würde er einfach nur die Aussicht genießen, ruhig und gefasst wie jeder andere Tourist. Vorübergehend verlor er diese Fassung, als ihn die Kellnerin anscheinend fragte, ob er noch einen Drink wolle, doch er ließ den Alkohol in seinen Adern singen und antwortete: »Wieso nicht?« – *»¿Porqué no?«* Die Kellnerin kicherte und ging davon, wobei ihr zunehmend bewundernswertes Hinterteil in der Mitte des langen weißen Kleides wackelte. Als Lester wieder zu der Frau in der Ecke hinüberblickte, sah sie noch immer in seine Richtung. Er grinste. Sie grinste zurück. Er sah wieder weg und ließ sich Zeit, aber als sein Drink eintraf, warf er etwas Geld auf den Tisch, erhob sich schwerfällig aus seinem Stuhl und wankte durch den Saal.

»Hallo«, sagte er, als er vor der kauenden Frau stand, den Drink mit der rechten Hand gepackt, die Zähne zu einem aufgetauten Lächeln gefletscht. »Ich meine: *buenos tardes*. Oder *noches*?«

Er suchte in ihrer Miene nach einer Reaktion, aber sie starrte ihn nur an.

»Äh, *¿Cómo está Usted?* Oder *tú*. *¿Cómo estás tú?*«

»Setz dich einfach, ja?«, sagte sie mit einer Stimme, die so amerikanisch klang wie die von Hillary Clinton. »Mach dir's gemütlich.«

Plötzlich wurde ihm schwindlig. Der Drink in seiner Hand hatte sich irgendwie verdichtet, so dass er sich schwer wie ein Meteorit anfühlte. Er zog einen Stuhl heran und ließ sich krachend nieder. »Ich dachte... ich dachte, du wärst...«

»Ich bin Italienerin«, sagte sie. »Geboren in Buffalo. Aber alle meine vier Großeltern sind aus der Toskana. Daher mein exotisches Latina-Aussehen.« Sie stieß ein kurzes bellendes Lachen aus, spießte ein Stück Fisch mit der Gabel auf und begann heftig zu kauen, dabei musterte sie ihn unentwegt mit Blicken, die ihn an Skalpelle denken ließen.

Er leerte seinen Drink auf einen gewaltigen Zug und äugelte über die Schulter nach der Kellnerin. »Willst du noch einen?«, fragte er, obwohl er sah, dass sie ihr erstes Glas erst halb getrunken hatte.

Immer noch kauend, lächelte sie ihm zu. »Klar doch.«

Als die Transaktion erledigt war und die Kellnerin ihnen ihre zwei frischen Drinks serviert hatte, fiel ihm ein, sie nach ihrem Namen zu fragen, aber die Stille hatte schon zu lange gedauert, und als sie beide zugleich zu reden begannen, ließ er ihr den Vortritt. »Und, was machst du so?«, fragte sie.

»Biotechnik. Ich arbeite für eine Firma in der East Bay – in Oakland, genauer gesagt.«

Sie runzelte die Stirn. »Wirklich? Geht's da darum, Kartoffeln zu züchten, die in der Küche herumkugeln und sich selbständig schälen? Um geklonte Schafe? Hunde mit zwei Köpfen?«

Lester lachte. Er fühlte sich gut. Besser als gut. »Nicht ganz.«

»Ich bin Gina«, sagte sie und streckte die Hand aus, »aber vielleicht kennst du mich auch als die Gepardin. Gina ›die Gepardin‹ Caramella.«

Er ergriff ihre Hand, die trocken und klein war und sich fast in seiner verlor. Er war besoffen, herrlich besoffen, und bis jetzt war er weder von der *Federales* abgelinkt, vom Dünnschiss geplagt, von Malariamücken oder Vampir-Fledermäusen ausgesaugt noch von einem der anderen unzähligen Schrecken heimgesucht worden, vor denen man ihn gewarnt hatte, und das verlieh ihm beinahe das Gefühl von Unverwundbarkeit. »Wie meinst du das? Bist du Schauspielerin?«

Sie lachte knapp. »Schön wär's.« Sie senkte den Kopf und jagte das letzte Fischstück mit der Gabel und dem linken Zeigefinger über den Teller. »Nein«, sagte sie. »Ich boxe.«

Der Alkohol sickerte langsam ein. Er wollte loslachen, unterdrückte den Impuls aber. »Boxen tust du? Du meinst doch nicht richtiges *Boxen*, oder? Sprich: Faustkampf? Haken und Schwinger und so?«

»Ja, ja, wie in ›Acht, neun, zehn und aus‹«, sagte sie. Sie nahm einen Schluck von ihrem Drink. Ihre Augen glänzten. »Momentan leck ich mir hier nämlich die Wunden, nach meiner Niederlage vor zwei Wochen im Shrine Auditorium gegen DeeDee DeCarlo, das ist eine der Spitzentussis in der Branche, und mein Manager fand, ich sollte ruhig mal eine Zeitlang ausspannen, verstehst du?«

Er war wie elektrisiert. Eine Boxerin hatte er noch nie getroffen – er wusste nicht mal, dass es so etwas wie Frauenboxen gab. Schlamm-Catchen, okay, das kannte er – und seit dem Tod seiner Frau war er sogar ein echter Fan geworden, jeden Dienstagabend und manchmal auch freitags –, aber Boxen? Das war doch kein Sport für Frauen. Er hob den alkoholisierten Blick und betrachtete ihr Gesicht, und es war ein nettes, hübsches Gesicht, bis auf ihren Nasenrücken, der zeigte allerdings eine verräterische Delle, eine kaum merkliche Schräge – ja klar, natürlich, wie hatte ihm das entgehen können? »Aber tut das nicht weh? Ich meine, wenn man einen Schlag in die ... also, ich meine Körpertreffer.«

»In die Titten?«

Er nickte nur.

»Sicher tut das weh, was glaubst du denn? Aber ich trage einen gepolsterten BH, der drückt sie mir platt gegen die Rippen, so dass die Gegnerin kein richtiges Ziel bekommt, aber in Wahrheit sind es die Schläge in den Unterleib, die einem zu schaffen machen«, und hier verdeutlichte sie die Stellen mit den Händen, wies auf die nackte Linie ihres Bauchs, den Schlitz des Nabels, alles straff und fest, aber nicht so wie bei diesen monströsen Bodybuilding-Frauen, die sie einem im Sportfernsehen vorsetzten, hübsche Bauchmuskeln, hübscher Nabel, hübsch, hübsch, hübsch.

»Hast du heute am Abend was vor? Lust auf essen gehen?«, hörte er sich fragen.

Sie blickte auf ihren leeren Teller hinab, nichts mehr übrig außer dem Salat, keinen Salat, niemals Salat essen, nicht in Mexiko. Sie zuckte die Achseln. »Wieso nicht? Ja, wieso nicht? In zwei Stunden oder so?«

Er hob seinen massigen Arm und sah mit angestrengtem Stirnrunzeln auf die Uhr. »Um neun dann?«

Wieder ein Achselzucken. »Klar.«

»Übrigens«, sagte er. »Ich bin Lester.«

April war jetzt seit zwei Jahren tot. Ein Auto hatte sie überfahren, einen Block von ihrer Wohnung entfernt, und obwohl der Fahrer ein blutjunger Bursche war, im Kombiwagen seines Vaters starr vor Schreck hinter dem Steuer, traf ihn nicht allein die Schuld. Erstens war April unvermittelt vor ihm auf die Fahrbahn getreten, etliche Meter hinter einem Zebrastreifen, und als wäre das nicht schlimm genug, hatte sie auch noch die Augen verbunden. So ertastete sie sich ihren Weg mit Hilfe eines dieser flexiblen Glasfaserstöcke, mit denen Blinde die Welt zu ihren Füßen erspüren. Es war im Rahmen einer Psychologieübung passiert, die sie an der San Francisco State University belegt hatte: »Strategien von Sehbehinderten«. Ihr Dozent hatte zwei Freiwillige gesucht, die eine Woche lang mit verbundenen Augen leben sollten, sogar nachts, sogar im Bett, ohne Schummeln, und April hatte sich gleich als Erste gemeldet. Sie und Lester waren damals seit zwei Jahren verheiratet – seine erste, ihre zweite Ehe –, und inzwischen war sie seit zwei Jahren tot.

Lester hatte immer getrunken, und nach Aprils Tod schien er den Alkohol weniger gern zu mögen, dafür aber mehr zu brauchen. Er wusste das und kämpfte dagegen an. Trotzdem, als er in sein Zimmer zurückkam, selig segelnd auf dem Hochgefühl seiner Zufallsbekanntschaft mit Gina – Gina der Gepardin –, musste er einfach die Flasche Tequila Herradura herauskramen, die er im Dutyfree gekauft hatte, und einen ordentlich läuternden Schluck davon nehmen.

Es gab keinen Fernseher im Zimmer, aber die Klimaanlage funktionierte hervorragend, und er stellte sich eine Zeitlang vor das Gebläse, ehe er das durchgeschwitzte Hemd auszog und in die Dusche stieg. Das Wasser war lauwarm, tat aber gut. Er rasierte sich, putzte die Zähne und postierte sich erneut vor der Klimaanlage. Als er die Flasche auf dem Nachttisch stehen sah, beschloss er, sich einen Schluck zu genehmigen – nur einen noch, denn er wollte ja nicht völlig hinübersein, wenn er Gina die Gepardin zum Abendessen ausführte. Doch dann blickte er auf die Uhr und sah, dass es erst zwanzig nach sieben war, also dachte er, was zum Teufel sind schon zwei, drei Drinks, schließlich wollte er nur ein bisschen Spaß. Zu aufgedreht zum Schlafen, warf er sich aufs Bett wie ein großer tropfnasser Fisch und fing an, in der vergilbten Taschenbuchausgabe von *Unter dem Vulkan* zu schmökern. Er hatte das Buch mitgenommen, weil er der offenkundigen Symmetrie einfach nicht widerstehen konnte. Was sollte er sonst lesen in Mexiko – Proust vielleicht?

»No se puede vivir sin amar«, las er, »man kann nicht leben, ohne zu lieben«, dabei sah er April, wie

sie mit ihrem lächerlichen Blindenstöckchen zwischen den Autos hervortrat, die schwarze Schlafmaske fest über die Augen gezogen. Aber das Bild gefiel ihm nicht, ganz und gar nicht, deshalb goss er sich noch einen Drink ein und dachte an Gina. Er hatte seit sechs Monaten nichts mehr mit einer Frau gehabt, und er war bereit. Unmöglich war nichts. Alles konnte passieren. Besonders im Urlaub. Besonders hier unten. Er goss sich aus der Flasche ein, dann blätterte er ans Ende des Buches, wo der Konsul, hoffnungslos abgetakelt und ausgenommen, den Abhang hinunterkollert und sie ihm noch den aufgedunsenen Kadaver eines Hundes hinterherwerfen.

Als Lester es zum ersten Mal gelesen hatte, kam ihm das irgendwie komisch vor, auf eine gewisse gruslige Art. Diesmal war er nicht mehr so sicher.

Gina erwartete ihn an der Bar, als er um Viertel vor neun die Stufen hinabstieg. Der Raum wurde von Papierlampions erleuchtet, die an der Decke aus geflochtenen Palmwedeln aufgehängt waren, vom Meer blies der Hauch einer Brise heran, dazu das Brausen der Brandung und ein Duft nach Zitrusfrüchten und Jasmin. Alle Tische waren besetzt, die Leute beugten sich im Kerzenschein über ihre Fischgerichte und Margaritas und murmelten miteinander auf Spanisch, Französisch, Deutsch. Es war gut. Es war perfekt. Doch als Lester die zehn Stufen vom Hotelhof hinunter und durch den Speisesaal in Richtung der Bar ging, fühlten sich seine Beine auf einmal wie tot an, als hätte man sie unter ihm weggeschossen und dann wie durch Zauber wieder befestigt, alles in ein und demselben Augenblick. Essen. Er musste etwas essen. Nur einen Happen, das war alles. Fürs Gleichgewicht.

»Hallo«, sagte er und streifte Gina dabei leicht mit der Schulter.

»Hallo«, sagte sie und strahlte ihn an. Sie trug Shorts und hochhackige Schuhe und ein ärmelloses blaues Oberteil, an dem kleine blaue Perlen funkelten.

Er staunte darüber, wie schmächtig sie war – sie konnte kaum mehr als fünfundvierzig Kilo wiegen. Aprils Größe. Genau Aprils Größe.

Er bestellte sich einen Herradura mit Tonic und legte die Unterarme auf den Tresen wie Ziegelsteine. »Du hast mich vorhin nicht verarscht?«, fragte er und wandte sich ihr zu. »Wegen des Boxens, meine ich. Nimm's mir nicht übel, aber du bist… na ja, so klein. Ich hab bloß gerade nachgedacht, weißt du?«

Sie sah ihn längere Zeit an, als überlegte sie sich etwas. »Ich bin ein Fliegengewicht, Les«, sagte sie schließlich. »Ich kämpfe mit anderen Fliegengewichten, da gibt's Gewichtsklassen, genau wie bei den Männern. Ich bin so groß, wie Gott mich geschaffen hat, aber du kannst mir gerne mal bei einem Fight zusehen, dann wirst du merken, dass ich noch allemal groß genug bin.«

Sie lächelte nicht dabei, und irgendwo an der freischwebenden Peripherie seines Verstandes wurde ihm bewusst, dass er ins Fettnäpfchen getreten war. »Aha«, sagte er. »Natürlich. Natürlich bist du das. Hör zu, ich wollte dir nicht – aber wieso gerade Boxen? Von all den vielen Dingen, die Frauen so tun können?«

»Was? Glaubst du, Männer haben die Aggression gepachtet? Oder die Großartigkeit?« Sie ließ den Blick durch den Saal schweifen, es war ein harter, zorniger Blick, dann lag er wieder auf ihm. »Sag mal, hast du Hunger oder was?«

Lester ließ das Eis in seinem Drink kreisen. Es war Zeit, die Situation zu entschärfen, und zwar pronto. »Na ja«, sagte er und grinste, was das Zeug hielt, »ich würde dir jetzt gerne erzählen, dass ich gerade Diät mache, aber erstens esse ich dafür viel zu gern – und außerdem hab ich noch keinen Bissen zwischen die Zähne gekriegt seit dem Dreck, den sie uns im Flugzeug serviert haben, dehydriertes Hühnerfleisch mit Reis, das hat geschmeckt wie ein Abfallprodukt beim Gummivulkanisieren. Und deshalb: ja klar, essen wir was.«

»Es gibt da ein Restaurant ein Stück den Strand rauf«, sagte sie, »im Ort. Es soll ziemlich gut sein, heißt ›Los Crotos‹. Hast du Lust?«

»Sicher«, sagte er, doch zugleich kroch das taube Gefühl in seine Beine zurück. Den Strand rauf? Im Ort? Da draußen war es dunkel, und er konnte die Sprache nicht.

Sie beobachtete ihn. »Wenn du nicht willst, ist das auch nicht schlimm«, sagte sie, leerte ihren Drink und stellte das Glas mit einem Klirren der Eiswürfel ab, das nach nichts so sehr klang wie nach losen Zähnen, die jemand in einen Becher spuckte. »Wir können auch einfach hierbleiben. Die Sache ist nur: ich war jetzt schon zwei Tage hier essen, und die Speisekarte langweilt mich allmählich – du weißt ja: Fisch, Fisch und nochmals Fisch. Ich dachte mir, ein Steak oder so wäre auch mal wieder nett.«

»Klar«, sagte er. »Klar doch, kein Problem.«

Und dann gingen sie den Strand entlang, Gina barfuß neben ihm, die Stöckelschuhe an einer Hand baumelnd, die Handtasche an der anderen. Die Nacht war dicht und beschirmend, alle Lichter wirkten gedämpft, Palmen schwankten sachte im Wind, entlang der Hochwassermarke reihten sich leere *palapas* wie verlassene Wohnstätten eines vergessenen Volkes. Mit Füßen so massig wie Schneeschuhe schlurfte Lester schwerfällig durch den tiefen Sand, während Kinder und Hunde einander den Strand auf und ab jagten, verschwommene Schatten vor dem weißen Gekräusel der Wellenlinie. In den dunkleren Schatten der Palmen standen Grüppchen von Menschen herum, die redeten und lachten, bis ihre halblaute Unterhaltung in der nächsten Serie von Brechern unterging, die gegen die Küste brandete. Lester wollte eigentlich etwas sagen, irgendetwas, aber sein Hirn war wie zugeklebt, und ihm fiel einfach nichts ein, also wanderten sie schweigend dahin und nahmen das alles in sich auf.

Als sie das Restaurant erreichten – ein paar Tische im Freien neben einer flachen Lagune, die kräftig nach Seetang und Moder roch –, wurde er langsam wieder locker. Die Tische hatten weiße Decken, der Kellner war eilfertig und gravitätisch zugleich und nahm Lesters malträtiertes Spanisch mit Gleichmut hin. Drinks wurden gebracht. Lester war in seinem Element. »Also«, begann er, beugte sich über den Tisch vor und versuchte so nebenbei wie möglich zu klingen, während Gina sich eine Limonenspalte in ihren Drink presste und den Schuh an ihrem schmalen, schlanken Fuß herabbaumeln ließ, »du bist nicht verheiratet, oder? Ich meine, weil ich keinen Ring oder so sehe…«

Gina zog die Schultern ein, nahm ein Schlückchen von ihrem Drink – sie hatten beide Margaritas bestellt, mit Tequila von ganz oben im Regal gemixt – und starrte auf den dunklen Strand hinaus. »Ich war's mal, mit einem richtigen Vollidioten«, sagte sie, »aber das ist lange her. Mein Manager, Gery O'Connell – der ist Ire, weißt du? –, also er und ich hatten eine Zeitlang was miteinander, aber inzwischen ist das eingeschlafen. Irgendwie.« Sie hob den Blick zu ihm. »Und was ist mir dir?«

Er sagte ihr, er sei verwitwet, und sah, wie ihr Blick daraufhin abrupt Haltung annahm. Frauen hörten das nur allzu gern – es ließ bei ihnen lauter kleine Räder und Walzen losklickern –, denn es bedeutete, dass er kein Scheidungskrüppel war wie die vielen anderen Kretins mit Haaren auf der Brust, sondern ein tragischer Fall, einfach tragisch. Sie fragte, wie es passiert war, troff geradezu vor Mitgefühl und morbider weiblicher Neugier, und er erzählte ihr die Geschichte von dem Jungen im Kombiwagen und der nassen Fahrbahn und dass diese Freiwilligen eigentlich immer einen anderen Studenten als Begleiter dabeihaben sollten, aber das war nichts für April, sie hatte abgewinkt – sie wollte ein authentisches Erlebnis, und das hatte sie ja dann auch gekriegt. Seine Kehle schnürte sich ein wenig zu, als er an diese Stelle kam, an die Ironie des Schicksals dabei, und die kumulative Wucht der Cocktails, der Gestank der Lagune, die Fremdheit des Ortes – Mexiko, es war sein erster Tag in Mexiko –, alles zusammen ließ ihn fast zusammenbrechen. »Ich war nicht bei ihr«, sagte er. »Darauf läuft es hinaus. Ich war nicht da.«

Gina drückte seine Hand. »Du musst sie sehr geliebt haben.«

»Ja«, sagte er. »Hab ich.« Und er hatte sie wirklich geliebt, da war er sicher, auch wenn er jetzt Schwierigkeiten hatte, sie sich vorzustellen, ihr Bild trieb in seinem Bewusstsein davon, wie von einem steifen Wind weggeblasen.

Eine weitere Runde Drinks wurde gebracht. Sie bestellten etwas zu essen, eine Atempause nach all dieser Intensität, mit der er seine Sache vorgetragen hatte, und dann erzählte ihm Gina ihre leidvolle Lebensgeschichte, von der Mutter, die Alkoholikerin war, und dem Bruder, dem man ins Gesicht geschossen hatte, weil ihn irgendwer irrtümlich für ein Bandenmitglied hielt, und davon, wie sie in der Highschool immer im Sport geglänzt hatte, aber nie etwas damit anfangen konnte, dann kamen zwei Jahre Provinz-College und eine Reihe geistabtötender Jobs, bis sie Gerry O'Connell aus der Anonymität gepflückt und in eine Kämpferin verwandelt hatte. »Ich will die Beste sein«, sagte sie. »Nummer eins – darunter geb ich's nicht.«

»Du bist schön«, sagte er.

Sie sah ihn an. Ihr Drink war halb leer. »Ich weiß«, sagte sie.

Als sie mit dem Essen fertig waren und noch ein paar After-Dinner-Drinks hinter sich hatten, fühlte er sich wieder unschlagbar. Es war Viertel nach elf, und der eilfertige Kellner wollte allmählich nach Hause. Lester auch – er wollte Gina auf sein Zimmer abschleppen und alles entdecken, was es an ihr zu entdecken gab. Unvermittelt wuchtete er sich in den Stand und warf eine Handvoll Geldscheine auf den Tisch. »Wollen wir gehen?«, stieß er hervor, und die Worte klebten ihm am Gaumen.

Sie erhob sich schwankend von ihrem Stuhl und hielt sich an ihm fest, während sie den Riemen ihres rechten Stöckelschuhs justierte. »Meinst du nicht, wir sollten lieber ein Taxi nehmen?«, fragte sie.

»Ein Taxi? Aber wir wohnen doch gleich dahinten über den Strand.«

Sie starrte zu ihm auf, klein wie ein Kind, den Kopf in den Nacken geworfen, um seine Massigkeit in voller Größe aufnehmen zu können. »Hast du denn nicht dieses Schild in deinem Zimmer gelesen – auf der Badezimmertür? Ich meine, es klingt beinahe wie ein Scherz, so wie sie es formulieren, aber trotzdem ...«

»Schild? Was für ein Schild?«

Sie wühlte in ihrer Handtasche, bis sie einen gefalteten Zettel hervorzauberte. »Hier«, sagte sie. »Ich hab's mir sogar aufgeschrieben, weil es so skurril klingt: ›Die Hotelverwaltung bedauert, Ihnen mitteilen zu müssen, dass der Strandbereich nach Einbruch der Dunkelheit wegen gewisser krimineller Elemente nicht sicher ist, welche die lokalen Behörden bedauerlicherweise nicht zu beherrschen imstande sind, und legt daher allen Gästen nahe, ein Taxi zu benutzen, um abends aus dem Ort ins Hotel heimzukehren.‹«

»Machst du Witze? Kriminelle Elemente? Das hier ist ein verschlafenes kleines Kaff mitten im Nirgendwo – wenn die kriminelle Elemente sehen wollen, sollten sie's mal im Tenderloin District von San Francisco probieren. Und außerdem, außerdem« – hier verlor er den Faden –, »außerdem ...«

»Ja?«

»Außerdem gibt's im ganzen Land keinen Menschen, der größer als eins sechzig ist, soweit ich gesehen hab.« Er lachte. Er konnte nichts dagegen tun. *»Kriminelle Elemente!«* Er schüttelte immer noch den Kopf, während sie in die Nacht hinaustraten.

Man könnte es Hybris nennen.

Sie waren keine zweihundert Meter weit gekommen, die Nacht wurde immer finsterer, in den Hügeln heulten die Hunde, und jeder Stern folgte brav seiner Bahn, als sie überfallen wurden. Es war überhaupt nicht so, wie sich Lester das öfter vorstellte, wenn er nach Hause wankte, nachdem die Kneipen auf der 24th Street zugemacht hatten, und halb darauf hoffte, irgendein armes Schwein ginge auf ihn los, so dass er es kaputtschlagen konnte. Es lief ohne Worte, ohne Vorwarnung ab, kein: »Her mit der Brieftasche!« oder: »Ich hab 'ne Knarre«, oder: »Das ist ein Überfall!« Eben noch stapfte er besoffen durch den Sand, den Arm hoffnungsfroh um Ginas Schultern geschlungen, kurz darauf lag er auf dem Boden, und zwei Stiefelpaare traten methodisch auf sein Gesicht und seine Rippen ein, während rings um ihn wilde flatternde Aktivität losbrach, als flöge ein ganzer Vogelschwarm in Panik auf. Er hörte Stöhnen und Fluchen, das unverkennbare Knacken von Knochen und Knorpel, und es war Gina, Gina die Gepardin, die da mit beiden Fäusten auf die Schatten eindrosch, während er mühsam aus dem Sand hochkam und die Stiefel unvermittelt mit dem Treten aufhörten und davonhasteten.

»Alles in Ordnung?«, fragte sie, und er spürte ihren harten, ruhigen Atem durch die hämmernden Wellen.

Er fluchte in die Nacht hinein – »Ihr Dreckschweine! Arschlöcher! Ich bring euch um!« –, doch es war alles nur Protzerei, und das wusste er. Schlimmer noch: sie wusste es auch.

»Ja«, sagte er schließlich, und seine Brust hob sich heftig, Schnaps und Adrenalin pulsierten in seinen Schläfen, bis sich die Blutgefäße dort anfühlten wie dicke grüne Gartenschläuche, die seinen Kopf zu beiden Seiten einspannten. »Ja, alles in Ordnung … Vielleicht hab ich ein paar Tritte ins Gesicht abgekriegt … Und ich glaube – ich glaube, sie haben meine Brieftasche …«

»Aha«, sagte sie, und ihre Stimme klang seltsam gefasst, »bist du sicher?« Und dann kniete sie auf der Erde, tastete mit gespreizten Fingern im Sand herum.

Er gesellte sich dazu, war froh, auf Händen und Knien zu sein und sich nicht mehr aufrecht halten zu müssen. Seine Brieftasche? Die war ihm im Augenblick scheißegal. Der Sand war kühl, und das stete Donnern der Wellen übermittelte sich ihm auf höchst unmittelbare, spürbare Weise.

»Les?« Sie stand jetzt über ihm, verdunkelte die Sterne. Er konnte ihr Gesicht nicht erkennen. »Bist du sicher, dass du in Ordnung bist?«

Aus weiter, flimmernder Ferne hörte er sich sagen: »Ja, alles klar mit mir.«

Ihre Stimme war drängend, die Stimme einer Vertrauten, einer Partnerin, einer Geliebten. »Komm jetzt, Les, steh auf. Du kannst nicht hierbleiben. Es ist nicht sicher.«

»Okay«, sagte er. »Klar doch. Lass mir nur eine Minute.«

Dann war es auf einmal hell, ein brennendheißes, grelles Licht loderte in den Schlitzen der Jalousie, er erwachte und fand sich in seinem Bett wieder – seinem mexikanischen Bett, in seinem mexikanischen Hotel, in Mexiko. Allein. Das heißt, ohne Gina. Als Erstes blickte er auf die Uhr. Das Ding umklammerte sein Gelenk wie eine Handschelle, trennte den nackten Unterarm von der wulstigen bleichen Hand ab und zeigte teilnahmslos die Zeit an: 14.32. Na schön. Er wuchtete sich in sitzende Position, leerte die Plastikflasche mit Wasser, die er auf dem Nachttisch hinter dem Tequila entdeckte, und nahm sich einen Moment, um die Lage zu überdenken.

Er spürte einen undeutlich rumorenden Schmerz in den Rippen, wo sich, wie ihm langsam bewusst wurde, in den frühen Morgenstunden der vergangenen Nacht zwei Paar spitze Stiefel mehrmals hineingebohrt hatten, aber das war noch gar nichts gegen sein Gesicht. Dort tat es ihm überall weh, von der Stirn bis zum Kinn. Er griff sich an die Backe, spürte dort eine höchst empfindliche Stelle, und bewegte dann den Unterkiefer, bis der Schmerz unerträglich wurde. Sein rechtes Auge war zugeschwollen, ihm brummte der Schädel, und eine vage Übelkeit kroch ihm die Kehle hinauf. Zu alledem fehlte ihm die Brieftasche.

Also musste er wohl anrufen und seine Kreditkarten sperren lassen, wirklich, ein Blödmann war er und ein Idiot, und er verfluchte sich mehrmals dafür, aber es war ja nicht das Ende der Welt – er hatte immer noch zehn knisternd frische Hunderter in seiner Reisetasche versteckt, genauer gesagt im Waschbeutel, wo niemand danach suchen würde. Es könnte schlimmer sein, dachte er, aber viel weiter kam er nicht. Wie hatte er sich nach dieser Nacht hierhergeschleppt? Oder hatte etwa Gina ihn geschleppt? Allein der Gedanke trieb ihm die Schamröte ins Gesicht.

Er duschte, setzte eine blitzende Spiegelsonnenbrille auf, um die Entwürdigung seines Auges zu maskieren, und humpelte ins Restaurant hinunter. Sie war nicht da, und das war einstweilen auch ganz in Ordnung so – er brauchte etwas Zeit, um sich zusammenzureißen, bevor er ihr gegenübertreten konnte. Immerhin war die Kellnerin da, aufmerksam für seine Wünsche, wie gewohnt. Sie trug wieder ein knöchellanges Bauernkleid, diesmal in einem kaum wahrnehmbaren Hellblau. Sie lächelte und trällerte, und er bestellte sich zwei große Smirnoff-mit-*naranja* und ein *Soda Cluub*, dazu drei Spiegeleier mit Tortillas und einer feurigen Chilisauce, die ihm die Atemwege freiblies, keine Frage. Er aß und trank begierig, und als er den Blick auf das Meer hob, das sich hinter der Veranda erstreckte, sah er nichts als eine Wüste aus Wasser. Er bestellte sich einen dritten Cocktail fürs Gleichgewicht, dann ging er zur Rezeption hinüber und fragte das Mädchen dort, ob sie ihm sagen könnte, in welchem Zimmer Gina wohnte.

»Gina?«, echote sie und sah ihn ausdruckslos an. »Wie lautet der Familienname, bitte?«

Er hatte keine Ahnung. Sie hatte ihn genannt, aber er war verschollen, ausgelöscht von Wodka, Tequila und einem halben Dutzend Tritte gegen den Kopf. Das Einzige, was ihm einfiel, war ihr Künstlername: »Die Gepardin«, sagte er. »Gina die Gepardin.«

Die Frau hatte das Haar zu einem Knoten geschlungen, die Bluse bis zum Hals zugeknöpft. Sie musterte ihn lange. »Tut mir leid«, sagte sie dann. »Ich kann Ihnen nicht helfen.«

»Gina«, wiederholte er, und seine Stimme überschlug sich ein wenig. »Wie viele Ginas können Sie denn hier im Hotel haben, verdammt noch mal!«

Als sie diesmal antwortete, sagte sie etwas auf Spanisch, dann wandte sie sich ab.

Er begann das Hotel methodisch zu durchsuchen, vom Pool zur Bar und wieder zurück, und verspürte dabei jähe Verzweiflung. Er musste Gina den vergangenen Abend erklären, sich darüber hinwegwitzeln, rationalisieren, eine Entschuldigung finden, Scheiße in Gold verwandeln; sie musste begreifen, dass er betrunken und sein Urteilsvermögen eingeschränkt gewesen war und dass er unter andersgearteten Umständen mit diesen Drecksäcken den Strand aufgewischt hätte, das hätte er. Erschrockene Mienen starrten aus den Liegestühlen rings um den Pool zu ihm auf, Dienstmädchen in blassgrünen Uniformen pressten sich gegen die Wand. Dann war er draußen in der grellen Mittagssonne, durchkämmte die Palmstrohdächer am Strand, Hunderte dieser *palapas* standen dort, und praktisch unter jeder einzelnen rekelte sich ein sonnenverbrannter Tourist. Bald hatte er auch einen Sonnenbrand, der Schweiß rann ihm in Strömen, und er atmete schwer, deshalb riss er sich das Hemd herunter, warf sich in die Wellen und watete triefnass zur nächsten freien *palapa*, wo er ein mageres kleines Mädchen losschickte, um ihm ein pissewarmes Bier zu besorgen.

Mehrere pissewarme Biere später fühlte er sich allmählich wieder wie er selbst – was tat es schon, dass er sein Hemd irgendwo in der Brandung verloren hatte? Er war in Mexiko, er war angetütert, und er würde Gina finden und es bei ihr wiedergutmachen, sie zum Abendessen ausführen, ein Taxi nehmen – ach was, eine ganze Taxiflotte – und ihr so viel Steak und Hummer bestellen, wie sie verspeisen konnte. Er trank einen Tequila mit Limonenspalten und ein paar richtige, kalte Biere an einer Touristenbar, und als die Schatten langsam länger wurden, beschloss er, weiter oben am Strand nachzusehen, ob sie vielleicht eines der Wassertaxis nach Puerto Angelito oder Carizalillo genommen hatte und jetzt erst zurückkam.

Die Sonne baumelte knapp über dem Horizont von einer Schnur, rosa und gespenstisch, und die Touristen packten geschäftig Sonnenöl, Handtücher und Taschenbücher ein, während das dunkle Volk – die Leute, die das ganze Jahr hindurch hier lebten und nicht wussten, was Urlaub war – allmählich samt Kindern und Hunden aus den Bäumen hervorhuschte, um sein Territorium zurückzuerobern. Er ging immer weiter, konzentrierte sich darauf, wie seine Zehen den Sand packten und wieder freiließen, und er war schon fast bei den Fischerbooten, als er merkte, dass er seine Sonnenbrille irgendwo liegengelassen hatte. Egal. Er blieb nicht einmal stehen. Sie bedeutete ihm nichts, nur ein weiteres Objekt, ein Ding mehr, das er abwerfen konnte wie eine nutzlose Haut, wie Aprils Schreibtisch und ihre Kleider und die Strohkörbe und Töpferwaren, mit denen sie die Wohnung geschmückt hatte. Außerdem blendeten die Reflexe auf dem Wasser jetzt kaum noch, und diese Leute, diese kupferbraunen grimassierenden kleinen Indios, die überall am Strand wie die Pilze hervorschossen, sobald die Sonne Feierabend machte, die sollten ihn ruhig sehen, mit seinem flammendroten Bauch, dem verschorften Unterkiefer und dem zugeschwollenen Auge, denn das hatten ihm ihre kriminellen Elemente angetan, und den Beweis dafür trug er wie ein Abzeichen. »Scheiß auf euch«, murmelte er halblaut vor sich hin. »Scheiß auf euch alle!»

Irgendwann blickte Lester auf, um sich zu orientieren, und stellte fest, dass er genau gegenüber von dem Restaurant vom vorigen Abend stand. Da lag es, geduckt unter den Bäumen, seine Lichter spiegelten sich im Wasser der Lagune. Ein warmer Schein erhellte den Raum, den er verschwommen hinter den Fenstern wahrnahm, ein paar Gestalten, Bewegung: Cocktailstunde. Er hatte die plötzliche Ahnung, dass Gina da drin war, den dunklen Schopf über einen Tisch weiter hinten gesenkt, es war eine alkoholgeschwängerte Ahnung, die keinerlei Wert besaß, aber er ging ihr dennoch nach, schlurfte in Sandalen und Shorts quer durch die stinkende Lagune, stieg die drei Stufen vom Strand hinauf und ging über die quietschenden Dielen auf die Bar zu.

Es war nicht Gina, die an dem Tisch saß, sondern eine einheimische Frau, zweifellos die Besitzerin, da sie Ziffern in ein Kassenbuch eintrug; als er das Restaurant betrat, hob sie den Kopf, sah aber mitten durch ihn hindurch. An der Bar standen drei Männer, irgendwelche Polizisten in schwarzen Hemden und Hosen, einer davon trug eine dunkle Sonnenbrille, obwohl es um diese Zeit keinen vernünftigen Grund dafür gab. Sie beachteten ihn nicht und palaverten zigarettenrauchend leise weiter. Ein Zwei-Liter-Plastikgefäß voll Tequila stand vor ihnen auf dem Tresen, zwischen mehreren benutzten Tellern und drei halbvollen Wassergläsern mit der silbrigen Flüssigkeit. Lester wandte sich an den Barkeeper. »Margarita on the rocks«, sagte er. »*Con* Eis.«

Er nahm einen Schluck und war nun gründlich betrunken, aber betrunken aus gutem Grund. Aus zwei Gründen. Oder drei. Einmal galt es, einen Schmerz zu betäuben, körperlichen Schmerz, und zweitens war er im Urlaub, und wenn man sich nicht mal im Urlaub rechtschaffen zuknallen durfte, wann denn dann? Der dritte Grund war Gina. Er war so dicht dran gewesen, und dann hatte er es versiebt. *Kriminelle Elemente.* Er blickte zu den Polizisten auf, aus einer unbegründeten Neugier heraus, die fast im selben Moment in Bitterkeit umschlug: Wo waren sie gewesen, als er sie gebraucht hatte?

Und dann bemerkte er etwas, das sein Herz einen Schlag aussetzen ließ: ihre Stiefel. Diese Typen trugen Stiefel, vorne spitz zulaufende Stiefel mit silbernen Kappen, die einzigen Stiefel in dieser Stadt. Niemand in Puerto Escondido hatte Stiefel an. Die konnten sich hier ja kaum Sandalen leisten, das waren Fischer, die verdienten ihren Lebensunterhalt mit einem Haken und zehn Metern Schnur, die sie um eine leere Pepsi-Plastikflasche wickelten, Dienstmädchen und fliegende Händler, Kleinbauern aus den Hügeln ringsherum. Stiefel? Ebenso hätte man an denen Armani-Blazer, Seidenhemden und Boxershorts mit Monogramm erwarten können. Die Erkenntnis traf ihn wie ein Hammer. Er musste Gina finden.

Es dämmerte schon, überall sah man Kinder, Hunde, Fischer, die bis zum Brustkorb im wogenden Wasser standen, Fledermäuse schwirrten, Sandflöhe hüpften vor seinen blind voranstampfenden Füßen davon. Der stete alkoholische Strom hatte ihn gestärkt – er spürte keinerlei Schmerz mehr, kein bisschen –, obwohl ihm klar war, dass er sich bald saubermachen und etwas essen musste, vor allem, wenn er Gina treffen wollte. In ihm brodelte und toste es geradezu, und auf allen Gegenständen, von den Palmen über die *palapas* bis zu den am Strand verstreuten Felsen, schien plötzlich ein Pelz zu wachsen. Oder ein Flaum. Pfirsichflaum.

Genau in diesem Augenblick trat er in das Erdloch und torkelte ungelenk auf die rechte Seite. Sein Gesicht grub eine Furche in den nassen Sand, und das geschwollene Auge, in dem ohnehin der Bluterguss schwärte, bekam noch eine feine Schicht scharfer weißer Körnchen dazu. Aber es war kein Problem, gar kein Problem. Er rollte herum und lag eine Zeitlang auf dem Rücken, leise vor sich hin lachend. *Kriminelle Elemente*, dachte er und sprach den Gedanken auch laut aus, als die Leute sich auf dem Strand um ihn scharten. »Klar doch, klar doch. Und ich bin der Papst höchstpersönlich.«

Als er endlich wieder im Hof seines Hotels war, zögerte er. Blieb einfach im matten Licht stehen wie eine Statue zu Ehren des verwirrten Touristen. Einerseits trieb ihn der Impuls, rasch auf sein Zimmer zu gehen, um sich den Dreck vom Körper zu waschen, irgendetwas mit seinem Haar anzustellen und ein frisches Hemd aus der Reisetasche zu fischen; andererseits verspürte er den ebenso starken Drang, eine Sekunde lang – nur eine Sekunde – den Kopf in die Bar zu stecken, um nachzusehen, ob Gina da war. Im Grunde war die Entscheidung klar. Also ging er hinein, seine Füße donnerten auf den Holzstufen, überall rieselte Sand von ihm herab, als hätte er in Zucker gebadet.

Da. Da war die Kellnerin, sie musterte ihn mit seltsamem Blick – einer Mischung aus Hoffnung und Entsetzen –, da war das Dickicht der über Teller und Gläser gebeugten Gesichter, die Luft so dicht wie Wasser, der Barkeeper blickte ihn strafend an. Zuversichtlich betrat Lester den Speisesaal.

Diesmal hatte er Glück: Gina saß an einem Tisch gleich um die Ecke von der Theke, am hintersten Tisch draußen auf der Veranda, die Beine übereinandergeschlagen, an den Zehen des einen Fußes baumelte ihr Schuh. Irgendwo spielte Musik, sickerte als leises Gedudel in die Nacht hinaus, mexikanische Musik, randvoll mit Zuckerguss-Trompeten und wimmernden Violinen. Es war ein romantischer Augenblick, oder es hätte einer werden können. Aber Gina sah ihn nicht kommen – sie saß zur anderen Richtung gekehrt, wandte ihm das Profil zu, dahinter toste die Brandung, das Haar fiel ihr glatt auf die Schultern herab –, und erst als er das Ende der Theke erreicht hatte, bemerkte er, dass sie nicht allein war. Ihr gegenüber saß ein Mann, einen Drink in der einen Hand, eine Zigarette in der anderen. Lester registrierte schlenkernde rote Haare, Muskeln unter einem Lollapalooza-T-Shirt, ein schmales Insektengesicht.

Im nächsten Moment baute er sich vor dem Tisch auf, zog einen Stuhl heran und ließ sich krachend hineinfallen, dass es durch das ganze Restaurant hallte. »Gina, hör mal«, sagte er, als wären sie mitten im Gespräch gewesen und der Mann mit dem Insektengesicht existierte gar nicht, »wegen gestern Abend, also, du wirst das gar nicht glauben, aber es war…«

Und dann stockte er. Ginas Mund stand weit offen – und es war ein Mund, der jeden Schlag einstecken konnte, ein Mund, der den Geschmack von Leder und die Wucht eines Schwingers aus dem Nirgendwo kannte. »Um Himmels willen, Les«, sagte sie. »Was ist denn mit dir passiert? Du bist ja grässlich zugerichtet. Hast du mal in den Spiegel geschaut?«

Er sah, wie sie einen Blick mit ihrem Gegenüber wechselte, und dann redete er einfach weiter; versuchte es loszuwerden, letzte Nacht, wie sie ihn überwältigt hatten, aber es waren keine gewöhnlichen Strandräuber, das hatten Polizisten getan, zum Donnerwetter, und wie sollte irgendwer erwarten, dass er sie vor denen schützen konnte?

»Les«, unterbrach sie ihn. »Les, ich glaube, du hast zu viel getrunken.«

»Ich versuche dir hier etwas mitzuteilen«, sagte er, und seine eigene Stimme klang für ihn jetzt seltsam, fern und weinerlich, die Stimme eines Verlierers, eines Fettsacks, eines Typen, der falsche Annahmen und noch falschere Entscheidungen trifft.

Da schaltete sich der rothaarige Mann ein, dessen Augen kurz aufzuckten. »Wer ist dieser Penner eigentlich?«

Gina – Gina die Gepardin – warf ihm einen Blick zu wie ein linker Haken. »Halt den Mund, Drew«, sagte sie. Und dann, indem sie sich wieder an Lester wandte: »Les, das ist Drew.« Sie bemühte sich, ein wenig Frohsinn in ihre Stimme zu injizieren, aber er spürte schon, dass es ihr nicht allzu gut gelang. »Drew wollte wissen, wo man hier in der Gegend ein gutes Steak kriegt.«

Drew lümmelte sich in seinem Stuhl. Er hatte nichts zu sagen. Lester sah von Gina zu Drew und wieder zu Gina. Er war ziemlich hinüber, das war ihm klar, aber dennoch, sogar durch seinen Tran, bemerkte er in diesen beiden Mienen allmählich etwas, das ihn aussperrte, das ihm die Tür ins Gesicht knallte und den Schlüssel herumdrehte.

Er hatte kein Recht auf Gina, auf diesen Tisch und auch nicht auf das Hotel. Er würde es nicht mal bis ans Ende der ersten Runde schaffen.

Ginas Stimme erreichte ihn wie aus weiter Ferne – »Les, wirklich, vielleicht solltest du dich mal eine Zeitlang hinlegen« –, und dann war er auf den Beinen. Er sagte weder »Ja« noch »Nein«, nicht einmal »Bis später dann« – er kehrte dem Tisch einfach den Rücken, ging im Zickzack durch den Speisesaal, trottete die Treppe hinab und zurück in die Nacht hinaus.

Es war jetzt vollkommen dunkel, pechschwarz, und die Schatten sammelten sich unter den Skeletten der Bäume. Er dachte nicht über Gina und Drew nach, auch nicht über April und den Jungen in dem Kombiwagen. Es gab keine Gerechtigkeit, keine Rache, kein Verständnis – es gab nur das hier, nur den Strand und die Nacht und die kriminellen Elemente. Und als er an die Stelle bei der Lagune kam und der Gestank nach Verwesung ihm in die Nase stieg, ging er geradewegs auf die dunkelste Stelle der Schatten und das leise Gemurmel dort zu. »Ihr da!«, brüllte er, und die Luft tobte in seinen Lungen. »He, ihr da!«

Daniel Kehlmann

Unter der Sonne

Der Zug kreischte auf und riss Kramer aus dem Schlaf. Draußen flogen Pappeln vorbei, dunkle Pfeiler, die sich nach dem Himmel streckten, in der Ferne Palmen und dahinter eine funkelnde Linie: das Meer. Kramer saß mit dem Rücken zur Fahrtrichtung: Die Bäume schossen in sein Blickfeld, rasten davon, wurden langsamer und lösten sich in Helligkeit auf. Der Himmel war dunkelblau und wolkenlos, eine riesige Sonne kletterte auf den Zenit zu; am Horizont hoben die Wiesen sich zu sanften Wellen; Weinberge, im Dunst kaum erkennbar.

Der Waggon war jetzt fast leer. Bevor Kramer eingeschlafen war, hatte er sich noch darüber geärgert, dass er keinen Schattenplatz gefunden hatte. Jetzt ging es: Er stand auf und wechselte auf den Sitz gegenüber. Außer ihm war nur noch ein alter Mann da, dessen Kopf an der Scheibe lehnte und zahnlos schnarchte. Dazu eine dicke Frau, von der er nur Nacken und Haare und einen fleischigen, über die Sitzlehne hängenden Arm erkennen konnte, und, ihr schräg gegenüber, ein blondes Mädchen, elf oder zwölf Jahre alt, in einem ärmellosen Sommerkleid. Kramer sah wieder aus dem Fenster. Ein Dorf: rote Dächer, Steinhäuser, Menschen auf einer Schotterstraße, ein alter Lastwagen vor einer Schranke. Ein leicht schiefes Schloss, dann wieder Pappeln und Pinien. Bonvards Welt.

Endlich. Bonvards Licht, Bonvards Bäume, Bonvards Meer. All das kannte Kramer schon seit langem, aber jetzt, zum ersten Mal, sah er es. Es war eigenartig und aufregend: so, als hätte Bonvard selbst die Welt da draußen geschaffen, und in gewisser Weise stimmte das ja auch; denn woher hatte sie ihren Glanz, wenn nicht von der Berührung mit Bonvards Fantasie! Kramer streckte den Arm aus, um die Sonnenblende herunterzuziehen, – und ließ ihn mit einem gepressten Schmerzenslaut sinken. Die fette Frau drehte einen Moment lang den Kopf herum, und auch das Mädchen sah zu ihm hinüber. Er spürte, wie er rot wurde. Vor Scham und vor Ärger. Seit gestern quälte ihn dieser Hexenschuss, seit dem Kofferauspacken im Hotel, als er sich gebückt hatte, um die Socken … – Verdammt, war Hexenschuss nicht nur etwas für alte Leute? Vorsichtig drückte er seinen Rücken in die weiche Polsterung.

Plötzlich ein unangenehmer Geruch nach Schweiß. Er sah auf: Eine Uniform mit Kappe, ein

Schnurrbart darunter: *»Billet, s'il vous plaît!«* Kramer tastete nach seiner Brieftasche. Wo… – Ach hier. Er streckte dem blauen Mann die Fahrkarte entgegen, der nahm sie und erstarrte, eine Sekunde lang, zwei, drei… Kramer wurde unruhig. Stimmte etwas nicht?

Das Schlimmste geschah. Der Schaffner ließ die Karte sinken, schüttelte den Kopf und sagte etwas Französisches, das Kramer nicht verstand. Jetzt war sogar der Alte wach und starrte her. Der Schaffner machte eine eindeutige Handbewegung: Aufstehen! Kramer gehorchte, seine Knie waren weich. Der Schaffner zeigte auf die Zahl an der Wand, eine rote Eins, dann auf Kramers Fahrkarte. Kramer begriff, wieder spürte er, wie er rot wurde. Er zog seine Aktentasche aus dem Gepäcknetz und machte sich auf den Weg in die zweite Klasse. Kurz bevor die Waggontür sich hinter ihm schloss, hörte er noch den Schaffner etwas sagen und das Mädchen lachen. Der nächste Waggon war voll von Menschen und Hitze, hier arbeitete keine Klimaanlage. Gekrümmt bewegte sich Kramer auf einen freien Sitz zu und ließ sich vorsichtig hineinsinken. Neben ihm saß ein schwitzender Mann im Unterhemd, ihm gegenüber eine alte Frau, die eine Zigarette rauchte, trotz des Verbotszeichens auf der Scheibe. Der Sitz war hart, die Sonne blendete. Kramer schloss die Augen.

Ein Knistern und dann durchdringender Wurstgeruch sagten ihm, dass der Mann neben ihm sein Mittagessen auspackte. Die Wurst und der Zigarettenrauch, das Schlingern des Zuges, die Wärme und die Schmatzlaute mischten sich zu einem wabernden Gefühl von Übelkeit. Er schlug die Augen wieder auf, es wurde ein wenig besser. Er öffnete seine Tasche und zog ein Buch heraus. Vielleicht half Lesen.

Bonvard. Sein Leben, sein Werk von Hans Bahring. Auf dem Titelblatt das berühmte Porträt Bonvards aus dem Jahr 1960, mit einer weißen Jacke, kurz geschnittenem Vollbart und im Wind flatternden Haaren. Im Hintergrund, unscharf, eine Baumgruppe und etwas Blaues, vielleicht ein Fluss. Irgendetwas am Fotografen oder neben ihm musste seine Aufmerksamkeit erregt haben, seine Augen auf dem Bild leuchteten vor Heiterkeit und gespanntem Interesse. Auf der Rückseite, klein über dem Werbetext, eine Aufnahme von Bahring, blasiert durch seine Brillengläser grinsend. Kramer schlug das Buch auf; die Seiten waren geknickt und zerknittert und bedeckt von dünnen Bleistiftlinien, Rufzeichen, Fragezeichen, Unterstreichungen.

Kapitel 1. ›Kindheit‹. Heinrich Bonvards Geburt im Jahr 1908 als Sohn eines Großindustriellen hugenottischer Abstammung. Ein Milieu, wie man es aus Romanen kennt, die man auf alten Bücherborden findet: Gouvernanten, Aufenthalte in schnörkelreichen Kurorten, starre Fotos im Matrosenanzug mit einem Peitschchen in der Hand, später Hauslehrer.

Kapitel II: ›Jugend‹. Streifzüge allein durch die Wälder, Freundschaft mit Dorfkindern und einem großen Hund. Neue, teurere Hauslehrer; Unterricht in vier Sprachen. Die Mutter stirbt, der erste Schnitt durch das Glück und die grüne, wohlmeinende Sicherheit der Welt. Dann das Internat: Lange Gänge, dunkle Ecken, Lehrer mit gestärkten Kragen und faltigen Lippen. Die Mitschüler beobachten ihn und kichern hinter ihm her. Einen von ihnen verprügelt er so, dass dieser ins Krankenhaus muss. Von da an wird er respektiert. Ferien: Er ist größer geworden, jetzt reden die Angestellten ihn mit »Sie« an. Sein Vater begrüßt ihn verlegen, er hat wieder geheiratet. Der Hund ist gestorben. Er beginnt sein Tagebuch.

Kapitel III: ›Jünglingsjahre‹. (Bahrings prätentiöse Tolstoi-Anklänge!) Der große Krieg hat das Familienvermögen vervierfacht. Er endet, und acht Jahre später auch die Schulzeit. Eine unerfreuliche Angelegenheit mit einem Dienstmädchen wird vom Vater beendet; sie verschwindet an einen sehr fernen Ort. Ein Foto zeigt Bonvard blass und ein wenig erstaunt. Statt der Matrosenkleidung jetzt ein Maßanzug. Das Studium in Paris: ein Semester Jus, dann sechs Semester Philosophie und schließlich drei Semester Mathematik. Mit dreiundzwanzig verlobt er sich, zwei Monate später wird die Verlobung gelöst. Ein Bändchen mit Novellen erscheint und geht klanglos unter. Da stirbt sein Vater. Er verkauft die Firma und ist jetzt reich und unabhängig. Plötzlich verlässt er Paris und zieht in ein schwedisches Dorf. Fast ein Jahr lebt er dort, ohne Kontakt zu irgendjemandem. In der Neujahrsnacht 1932, allein, irgendwo in eisglänzender Dunkelheit, versucht er, sich zu erschießen. Eine halbe Stunde lang hält er sich eine Pistole an den Kopf, dann drückt er ab, ein trauriges Klicken: Ladehemmung. In dieser Nacht verbrennt er seine Tagebücher und beginnt zu schreiben. Ende 1933 geht er zurück nach Paris, in seinem Gepäck liegt das Manuskript des ersten Teils von *Unter der Sonne*.

Kapitel IV: *»Excusez-moi!«* Was? Kramer sah auf; sein Nachbar war aufgestanden und wollte vorbei. Langsam und mit zusammengepressten Zähnen drehte Kramer sich im Sitz zur Seite, um Platz zu machen. Da bremste der Zug, der Mann verlor das Gleichgewicht, sein Ellenbogen schlug gegen Kramers Kopf. *»Pardon.«* Er watschelte zur Tür und stieg aus. Auf dem Bahnsteig leuchtete noch einmal sein Unterhemd auf, dann war er verschwunden. Kramer hielt sich den Kopf und starrte auf das fettige Wurstpapier vor seinen Füßen. Ein Ruck, der Zug fuhr an, und es glitt unter den Sitz. Kapitel IV.

Eine dreijährige Reise durch Afrika. Moskitos, Tsetsefliegen, grüngesprenkelte Schlangen; in der feuchten Hitze brüten Wahnsinn und Tod. Verwesende Tiere am Wegrand, verwesende Menschen auf den Feldern, nachts die Geräusche der vielstimmigen Wildnis. Dunkle, haarige Spinnen auf braunen Baumstämmen; eine große, hellfunkelnde Hölle. Er kehrt zurück nach Europa, der erste Teil von *Unter der Sonne* ist fertig.

Kaum jemand nimmt ihn zur Kenntnis. Lobende Worte von Thomas Mann, ablehnende von Döblin, und Joyce schreibt einen anerkennenden Brief. Bonvards berühmte Antwort, eine seiner ganz seltenen theoretischen Äußerungen: *»I do not think, Sir, that we can create life out of words; we can only try to reshape its senseless and cruel beauty.«* Er heiratet seine Sekretärin, zieht mit ihr nach Lausanne und beginnt die Arbeit am zweiten Teil. Fotos: Bonvard lachend mit seiner jungen Frau, Bonvard an einem riesigen Schreibtisch, Bonvard mit Tropenhelm. Da fängt der Krieg an.

Er unterbricht sein Hauptwerk für die Romane

Die Kathedralen zu Rom und *Verfall.* 1943 reist er nach Paris, bloß um sich umzusehen, wie er sagt. Viele Jahre später wird man ihm das vorwerfen. Die ersten Farbbilder zeigen ihn athletisch, elegant und lebhaft. 1945 übersiedelt er nach New York, seine Ehe wird geschieden. 1950 erscheint der zweite Teil von *Unter der Sonne.*

In Kramers Geburtsjahr. Der plötzliche Weltruhm Bonvards ging an Kramer, dem Sohn eines Bankbeamten in einer mäßig zerbombten deutschen Stadt, wie an seinen Eltern, wie an allen um ihn vorbei. Ebenso wie Bonvards erste Interviews, die auch seine letzten blieben: eisiger Spott ausgeschüttet über hilflose Journalisten. Und natürlich auch die Presseberichte über Bonvards zweite Ehe und ihr schnelles Ende, über seine einjährige Chinareise und über den großen Eklat bei der Ablehnung des Nobelpreises. (»Ehrungen der Mittelmäßigkeit benötige ich weder künstlerisch noch finanziell.«) Mit etwa zehn Jahren hatte Kramer zum ersten Mal Bonvards Namen gelesen; und zwar, das wusste er noch, in einer Zeitungsnotiz über dessen Übersiedelung nach Oury-sur-Mer. Und darunter war das schlechte Schwarzweißfoto einer weitläufigen Villa abgedruckt gewesen, umringt von verschwommenen Palmen und mit einer auf ein dunkelgraues Meer hinausgestreckten Steinterrasse.

Der Zug bremste, und plötzlich warf die Bahnhofshalle ihren Schatten herein. Langsam, majestätisch zogen ein Imbissstand und ein Kiosk vorbei. Und ein blaues Schild mit weißer Schrift: Oury-sur-Mer. Kramer klappte das Buch zu, schob es in die Tasche. Die Kamera noch da? Gut. Er stemmte sich gegen die Sitzlehnen, die Qual des Aufstehens begann.

Schon im Zug war es heiß gewesen, draußen war es noch schlimmer. Kramer stand eine Weile still, um sich daran zu gewöhnen. Vor ihm die Tafel. Der berühmte Ortsname, berühmt aus einem einzigen Grund. Ein alter Gepäckträger zerrte einen Metallwagen vorbei. Ob er ihn wohl noch ...? Ja natürlich, die meisten hier müssen ihn gekannt haben, zumindest gesehen. Wenn man fragen könnte! Aber Kramer sprach ja kaum Französisch. Und so verschwand der Träger und nahm sein Wissen mit sich.

Als Kramer zum ersten Mal *Unter der Sonne* gelesen hatte, war er fünfzehn gewesen. Es war sein größtes Erlebnis und blieb es auch. Die Welt verwandelte sich. Wiesen, Bäume und Himmel, aber auch Autos, Straßen und die klotzigen Betonbauten an ihrem Rand überzogen sich mit Farben. Die Menschen, auch die langweiligsten und blassesten, zeigten sich auf einmal als undurchschaubare Wesen. Und durch abgenutzte Wortfügungen schimmerten plötzlich Musik und Licht. Mit achtzehn hatte er alles von Bonvard gelesen. Ein Jahr später begann er sein Studium, und der dritte und letzte Teil von *Unter der Sonne* erschien.

Die Wirkung war ungeheuer. Bonvards Meisterschaft hatte ihren Gipfel erreicht. Seine Sätze schienen aus der Sprache noch ungesehene Blitze und Leuchterscheinungen zu schlagen, und Kramer erlebte zwei begeisternde Wochen; als er fertig war, fing er von vorne an. Ein Fernsehteam überraschte Bonvard auf einem Spaziergang mit der Schauspielerin, die die Hauptrolle in der Verfilmung von *Verfall* gespielt hatte. Kurz darauf heirateten sie.

Vor dem Bahnhof ein Parkplatz voller gleißender Limousinen. In der Mitte eine Tafel mit einem Plan der Stadt; ein roter Pfeil: *Vous êtes ici.* Und schräg darüber eine Fläche, bedeckt mit kleinen Kreuzen. Kramer sah sich um und versuchte, seinen inneren Kompass (falls er so etwas hatte, falls irgendjemand so etwas hatte) nach dem der Karte auszurichten. Das Meer ist dort, da der Bahnhof, also muss ich … – Ja richtig, dorthin.

Über eine Kreuzung (Vorsicht, da entlang), vorbei an zwei neugebauten Häusern, durch einen Steindurchgang, und da war – das Ufer. Eine leuchtende, blaue Ebene, die in der Ferne in den Himmel überging. Es roch nach Tang. Die Schreie der Möwen, Menschenstimmen und das Schlürfgeräusch der Wellen. Ein riesiges Hotel im Belle-Époque-Stil, über dessen Fassade gelbe Jalousien flossen, dahinter Villen, Balkone, Terrassen und Marmorsäulen. Über den Asphalt tapsten Vögel mit wackelnden Hälsen, im Wasser zogen zwei Schwäne vorbei. Kramer stand starr, für einen Moment wurde die Wirklichkeit leicht, fast wie ein Traum. Eine berühmte Passage aus *Unter der Sonne* beschrieb diesen Ort; Kramer kannte sie auswendig. Benommen machte er einen Schritt vorwärts und spürte, wie er in etwas Weiches trat. Ein schwarzer, schmieriger Klumpen Hundedreck klebte an seinem Schuh, und plötzlich war da nur noch eine stechende Sonne, Hitze, ein zu bevölkerter Gehweg am Meer. Und nirgends eine Kante, um abzukratzen.

Seinen ersten Brief an Bonvard hatte er mit achtzehn geschrieben. Um jemandem, dem er so viel schuldete, seine Verehrung und seinen Dank auszusprechen. So begründete er es. Aber in Wahrheit gab es noch etwas: Die Stadt, in der er lebte, war grau, und genauso grau waren Kramers Familie und alle Leute, die er kannte. Man ging arbeiten, kam heim und sprach uber Autos, Politik und das Essen. Seine Schulkollegen zerlegten Motorräder, rauchten Zigaretten, erst heimlich, dann offen, und interessierten sich für Fußballergebnisse. Man konnte vieles werden und tun, nichts davon war wünschenswert.

Aber das war nicht alles. Es gab irgendwo eine Welt voll Reichtum und Schönheit, in der Bonvard lebte und seine Kunst schuf. Zwischen ihr und Kramers Umgebung war nichts Gemeinsames; kein Weg führte hinüber. Oder? Der Brief konnte für einen kurzen Moment eine Verbindung herstellen; der Gedanke, dass Bonvard ihn in der Hand halten würde und dass Kramers Worte durch den Geist ziehen würden, der *Unter der Sonne* hervorgebracht hatte, war seltsam berauschend. Sogar dann, wenn keine Antwort kam. Und trotzdem, natürlich, dachte Kramer an nichts so oft wie an diese Antwort, und noch viele Monate später wartete er. Sie kam nie. Später, aus Bahrings Biografie, erfuhr er, dass Bonvard einen Sekretär beschäftigte, der die ankommende Post durchsah und alles Unwichtige aussortierte. Und dieser Brief, an dem Kramer einen Monat lang fast jede Nacht gearbeitet hatte, war natürlich unwichtig. Bonvard hatte ihn nicht zu Gesicht bekommen.

Muss ich jetzt hier abbiegen, oder erst dort hinten? Ein steiler Kopfsteinweg kletterte zwischen zwei Hausmauern einen Hügel hinauf. Kramer versuchte, sich die Karte ins Gedächtnis zu rufen, aber sie erschien nur verzerrt und bedeckt mit unscharfen Flecken. Am besten fragen. Er sammelte seine Entschlossenheit und trat einem Passanten in den Weg. *»Excusez-moi!«*

Ein älterer Herr mit Spazierstock und weißem Hut; er sah mit hochgezogenen Augenbrauen auf Kramer herab.

»Je... Je cherche le cimitière...«

»Le cimetière!« Der Mann lächelte erstaunt, blickte auf Kramers Aktentasche und sagte etwas, das vermutlich ein Scherz war; Kramer lächelte höflich. Dann hob er den Stock, zeichnete eine Kurve in die Luft, die wohl den Verlauf des Weges darstellen sollte, und rollte ein verwirrendes Gewebe von *à gauche, à droite* und *en face* aus. Nach ein paar Sätzen gab Kramer es auf, nickte stumm und wartete, dass es zu Ende ging.

»Avez-vous compris?«

»Oui, oui, merci beaucoup!« Warum war er nur in Französisch immer so schlecht gewesen? Und hatte es nie nachgeholt?

»Bien. Bonne journée, Monsieur!« Mit großen, zufriedenen Schritten zog der Mann davon. Kramer sah ihm traurig nach, dann beschloss er, rechts abzubiegen. Der Weg ging steil aufwärts, bei jedem Schritt tat sein Rücken weh. Aber wenigstens war hier Schatten.

Vier Jahre später hatte er den zweiten Brief geschrieben, diesmal in einem bemüht kühlen, sachlichen Ton. Aber wieder hatte er drei Wochen daran gearbeitet und zweimal das schon frankierte Kuvert wieder aufgerissen, um noch etwas zu ändern. Es ging um seine Diplomarbeit: ›Symbole und Verweise im Werk Henri Bonvards‹. Ob er wohl Herrn Bonvard aufsuchen dürfe, um einige Fragen...

Der Versuch war absurd. Es war bekannt, was Bonvard von Kramers Zunft hielt. Fragen von Reportern beantwortete er von Zeit zu Zeit schriftlich – die von Literaturwissenschaftlern nie. Einmal hatte er den Namen einer renommierten Professorin, Ilsa Tronckhenfuss, verwendet, die eine umfangreiche Studie über ihn geschrieben hatte. In seinem einzigen Theaterstück, *Der siebente Weg*, trat eine Nebenfigur mit der Bezeichnung »Tronckhenfuss, eine parasitäre Dozentin« auf. Das Peinliche aber war eine beschreibende Regiebemerkung: »kleingewachsen, trägt zu weite Strickpullover, lispelt beim Sprechen«. Und das, obwohl Bonvard Frau Tronckhenfuss nachweislich nie gesehen hatte, stimmte genau. Es gab einen kleinen Skandal, die Betroffene überlegte eine Klage, entschied sich schließlich aber dagegen. Trotzdem hoffte Kramer auf ein Wunder.

Das nicht eintraf. Die Universität war voll von

Leuten, würdevollen älteren und bissig dreinschauenden jungen, die Aufsätze verfassten und in ernstem, knorrigem Ton allerlei Dinge von der *Literatur* forderten, ein Wort, das in ihrem Mund eine Färbung von Langweiligkeit, etwas Sandkuchen- und Knäckebrothaftes annahm. Eine stickige Atmosphäre zog sich um Kramer zusammen; er ertappte sich dabei, wie er *Literatur* im gleichen Tonfall wie die anderen aussprach, und hörte sich von Intertextualität und Diskursbezügen reden. Ein Wort von Bonvard wäre genug gewesen, um die Nebel aufzulösen, ein einziges Zeichen von der anderen, hellen Seite. Das Zeichen kam nicht. Kramer beendete sein Studium, und ihm wurde eine Assistentenstelle angeboten. Immerhin etwas, um davon zu leben, und was sollte man auch sonst tun? Also nahm er an.

Er hörte sich schwer atmen und blieb stehen. Der Aufstieg war anstrengender, als er erwartet hatte. Sein Puls beruhigte sich, er ging weiter. Oben – endlich! – war eine großartige Aussicht über die Dächer und weit hinaus auf das Meer. Irgendwo da unten musste Bonvards Villa liegen. Aber man konnte sie nicht sehen; zum Schutz vor Neugierigen waren schon vor Jahren Mauern mit Stacheldraht aufgerichtet worden. Es war überflüssig, danach zu suchen. Wo ging es jetzt weiter? Geradeaus …? Wahrscheinlich. Mit der Entfernung vom Meer war die Hitze schlimmer geworden, kleine Wassertropfen rannen über seine Stirn und seinen Hals; sein Hemd war feucht, die Hose klebte ihm an den Beinen. Er suchte nach seinem Taschentuch und wischte sich das Gesicht ab. Also gut, geradeaus.

Nach einiger Zeit sah er auf die Uhr. Er ging schon fast zwanzig Minuten diese Straße entlang, ohne dass irgendetwas sich veränderte. Die gleichen würdevollen Häuser, die gleichen dunkelgrünen, spitzen Bäume und die gleiche Sonne. Kein Auto, kein Mensch. Auf allem lag eine silbrige Stille.

Da! Ein Mann. Eine krumme Figur mitten auf der Straße, die in ruhigen Pendelbewegungen einen Besen schwang. Als Kramer sich näherte, hörte er auf und sah ihm ausdruckslos entgegen.

»Je cherche le cimetière.«

»Le cimetière? Mais il est là!« Und eine dürre Hand, braun mit schwarzumrahmten Fingernägeln, hob sich und zeigte in die Richtung, aus der Kramer gekommen war.

»Là? Mais c'est impossible, quelqu'un... Do you speak English? A man told me that it must be this direction!«

»Cette direction.« Die Hand blieb ausgestreckt. Kramer wollte noch einen Einwand versuchen, dann sah er, dass es aussichtslos war. Und schließ-

lich musste ein Straßenkehrer sich doch auskennen. Also die andere Richtung. Zurück.

Seine Diplomarbeit hatte er auch an Bonvard abgeschickt, aber ohne Hoffnung, dass er sie lesen würde. Bonvards Name war gerade durch die Schlagzeilen gegangen, weil er seine Frau, die Schauspielerin, aus einem Fenster im zweiten Stock geworfen hatte. Zwar lag direkt darunter der Swimmingpool und sie blieb unverletzt, aber sie reichte sofort die Scheidung ein. Bonvard übertrug die Angelegenheit seinem Anwalt und reiste mit unbekanntem Zielort ab. Nicht zuletzt deswegen war *Der siebente Weg* kurz ein enormer Erfolg, um nach ein paar Monaten wieder von den Spielplänen zu verschwinden. Als Bonvard ein Jahr später aus der Mandschurei zurückkam, begleitete ihn eine junge Chinesin, seine vierte Ehefrau. Und ein neuer Roman: *Die Hyperbeln*.

Er erregte Befremden. Es war ein verschlungenes und sehr künstliches Gebilde voller Rätsel, Spiegelungen und seltsamer mathematischer Beziehungen. Er verkaufte sich schlecht; böswillige Kritiker nannten ihn einen Beweis für Bonvards nachlassende Kraft, wohlgesinnte das schwierige Alterswerk eines Meisters. Kramer machte sich für seine Dissertation daran, ihn zu erforschen. Kurz darauf begleitete er Professor Ebelweg, seinen Vorgesetzten, zu einem Symposion nach London. Er schlug die *Times* auf und entdeckte die Nachricht, dass Bonvard gerade in der Stadt war. Am Nachmittag ging er spazieren, schlenderte an roten Bussen und behelmten Polizisten vorbei und stand plötzlich vor einem Gebäude mit den geschwungenen Buchstaben »The Ritz« über dem Eingang. Hier wohnte Bonvard! Bis zum Abend saß Kramer in einem Lokal auf der anderen Straßenseite und wartete, dass Bonvard auftauchte, auf dem Weg hinaus oder hinein. Die Sonne lag auf der Fassade und färbte sie langsam rot. Schließlich ging Kramer, er hatte noch zu arbeiten. Bonvard war nicht gekommen.

Später bearbeitete er seine Dissertation für den Druck im Universitätsverlag. Das Buch erschien, eine scharfsinnige, genaue und detailreiche Analyse. Als kurz darauf Hans Bahrings große, in alle Weltsprachen übersetzte Biografie herauskam, schlug Kramer noch in der Buchhandlung, zwischen zwei bunten Bestsellerstapeln, das Literaturverzeichnis im Anhang auf. Sieben Seiten, eng bedruckt mit Titeln. Und sein Buch – oder ...? nein, er hatte es nicht übersehen – war nicht dabei. An diesem Tag ließ er sein Seminar ausfallen und entwarf einen geharnischten Brief an Bahring, den er nie abschickte.

Hans Bahring war eine Art Kollege von ihm, aber kein wirklich gleichrangiger. Er hatte irgendetwas anderes studiert, später bei einer Zeitung gearbeitet und ein erfolgreiches, aber völlig unwissenschaftliches Werk über Goethe geschrieben. Kramer hatte ihn einmal auf einem Kongress gesehen, wo Bahring einen Vortrag über Bonvard gehalten hatte. Sogar den Hauptvortrag. Denn trotz allem war Bahring der wichtigste Bonvard-Kenner der Welt.

Keiner wusste genau, wie er es geschafft hatte; es gab nur Gerüchte. Angeblich war Bahring Bonvard in einen verschneiten Schweizer Bergort nachgereist. Dort hatte er ihn eine Weile beschattet und schließlich den Mann bestochen, der die Seilbahn bediente, von der Bonvard sich täglich auf den Gletscher tragen ließ. Eines Morgens war er dann zu Bonvard in eine der Gondeln gestiegen, und der Liftwart hatte die Anlage kurz darauf angehalten. Dreißig Minuten lang schwebte Bahring zusammengesperrt mit Bonvard in der kalten, schneehellen Luft. Als sie schließlich oben ankamen, blutete Bahring im Gesicht und musste sofort hinunter und zu einem Zahnarzt. Am selben Abend rief Bonvard bei ihm an, entschuldigte sich und lud ihn zum Abendessen ein. Und schon am Ende der Woche war er Bonvards offizieller Biograf.

Ein paar Monate lang durfte er in Bonvards Villa wohnen, um Dokumente, Briefe und unveröffentlichte Notizen durchzusehen. Und natürlich für viele Gespräche, die er aufzeichnete und später veröffentlichte. Als die Biografie schon erschienen war, begleitete er das Ehepaar Bonvard auf einer Reise durch Ägypten und Nordafrika. Ein unangenehmer Mensch: klein, schwarzhaarig, mit Schnurrbart und der lästigen Gewohnheit, ständig an seiner Brille zu rücken. Womit konnte er Bonvard nur beeindruckt haben? Auf dem Kongress hatte Kramer zugehört, wie Bahrings Stimme arrogant lispelnd Schritt für Schritt am Konzept seines Vortrags entlanggeklettert war. Der Vortrag war mittelmäßig, Bahring unsympathisch.

Und die Jahre vergingen, gleichmäßig und leer wie Novembertage. Die Bibliothek, die Seminare, Diskussionen über die Theorie der Metrik, Abschlussarbeiten voller Fehler, die auf Korrektur warteten, manchmal ein Glas Wein mit den Kollegen. Eine Zeitlang lebte er mit einer von ihnen zusammen, fünf Jahre älter als er und eine Expertin für Adalbert Stifter. Dann verließ sie ihn wegen eines Soziologen, und er war wieder allein. Professoren wurden emeritiert und neue kamen, die Vorlesungen blieben sich gleich. Mittlerweile war er fast vierzig.

Und Bonvard wurde achtzig. Im Fernsehen sah man ihn, aufgenommen von weitem mit einem Teleobjektiv, langsam und sehr aufrecht die Uferpromenade von Oury entlanggehen, eine Hand auf dem Rücken, in der anderen einen dicken braunen Stock. Sein letztes Buch erschien, eine Sammlung kurzer Skizzen, Beschreibungen alltäglicher Dinge in einer einfachen, hellen Welt.

Dann hatte er ein Gespräch mit seinem Arzt, und der schilderte ihm in allen Einzelheiten den Verlauf einer Krankheit, die von einfachen Anfängen schnell und direkt in eine Hölle aus Übelkeit und Schmerzen führt. Bald darauf schickte Bonvard seine Frau auf eine Ferienreise an einen weit entfernten Strand. Inzwischen hatte er gelernt, mit Waffen umzugehen, eine Ladehemmung würde es nicht mehr geben. Am nächsten Abend gab er den Dienstboten frei, und dann, auf seiner Dachterrasse unter einem hohen schwarzen Himmel, schoss er sich eine Kugel in den Kopf. Die Nachrufe waren lang und respektvoll.

Auch Kramer verfasste einen, und zwar für die Zeitschrift der geisteswissenschaftlichen Fakultät. Er beschrieb Bonvards Verdienste und auch dessen beeindruckende, aber schwierige Persönlichkeit. Und zuletzt erwähnte er verständnisvoll, aber doch auch missbilligend den Entschluss der Witwe, Bonvards Abschiedsbrief nicht zu veröffentlichen. Der größte Teil des Artikels bestand aus Zitaten der Habilitationsschrift, an der er gerade arbeitete.

Inzwischen war sie fertig, und er war Dozent. Und in ein paar Wochen würde sie auch als Buch erschienen, in einem kleinen, anspruchsvollen Verlag in niedriger Auflage. Es war eine umfangreiche Arbeit über Bonvards Gesamtwerk; Kramer hatte es noch einmal vollständig durchgelesen und die alte Magie erfahren, dieselbe unveränderte Schönheit und Macht. Er hatte es wieder gespürt: Bonvard war die stärkste Kraft, die auf sein Leben gewirkt hatte.

Und dann war die Frage nach dem Titelbild aufgetaucht. War es seine Idee gewesen oder die des Lektors? Egal, sie hatte ihnen beiden gefallen: Bonvards Grab. Symbol des Gedenkens, wie auch dafür, dass Bonvard und sein Werk der Vergangenheit angehörten. Mochte sein, dass das ein wenig nach einer polemischen Spitze aussah; – aber umso besser, so etwas kommt an. Dann hatte sich etwas Seltsames herausgestellt: Ein Foto von Bonvards Grab war nicht aufzutreiben, in keinem Buch und in keinem Archiv. Sie hatten den Plan bereits aufgegeben, da kam der Zufall zu Hilfe. Professor Ebelweg wurde zu einem Kongress nach Paris eingeladen und nahm seinen Assistenten mit. Es sind, hatte der Lektor gesagt, doch nur ein paar Stunden nach Oury, warum fährst du nicht selbst hin und fotografierst es?

Der Gedanke, an Bonvards Grab zu stehen, war

merkwürdig erregend. Zuletzt also doch. Dort war Bonvard, er selbst, und er würde Kramer nicht mehr von sich fernhalten können. Ja, in gewisser Weise war es ein Sieg. Er würde dort sein und sein Foto machen, und niemand würde ihn daran hindern. Dort, wo Bonvards Leben seinen Endpunkt gefunden hatte. Also doch. Zuletzt also doch.

Und da, plötzlich, blitzte eine Stahlspitze auf: der Kirchturm. Kramer ging schneller, obwohl der Schmerz in seinem Rücken langsam und bösartig an seinem Hals hinauf und in die Schläfen kroch. Der Schweiß rann ihm über das Gesicht, und immer wieder musste er sich Stirn und Augen abwischen, weil die Feuchtigkeit ihm die Lider verklebte. Er hatte sich schon mehrmals für ein paar Minuten hingesetzt, zweimal auf Bänke, einmal sogar auf den Asphaltboden. Und der Durst würde bald unerträglich sein. Konnte man hier nirgendwo etwas zu trinken kaufen? Aber da waren nur Villen, Bäume, Sauberkeit und die unerreichbare Kühle des Himmels. Nur einmal war er anderen Fußgängern begegnet, einem Mann und einer Frau, beide jung, schön angezogen und unberührt von der Hitze. Aus den Gärten hinter den Hecken kamen manchmal Stimmen und Wasserplätschern. Und nirgends Schatten. Aber jetzt war er wohl am Ziel. Der Friedhof musste bei der Kirche sein.

War er auch. Ein hoher Metallzaun mit Speerspitzen darauf. Dahinter, aufgereiht zu einer stummen Parade, Steine und Kreuze. Hoffentlich ist nicht zugesperrt... Nein – das Tor öffnete sich, leicht und ohne Quietschen.

Auf einer Bank saß, ohne sich zu rühren, eine alte Frau, und in der Nähe stand ein Mann mit einer Harke und lockerte pfeifend die Erde auf einem frischen Grab. Einen Moment lang kam Kramer die Melodie bekannt vor, dann entglitt ihm die Erinnerung, und sie klang wieder fremd. Sonst war es still; als er durch die Grabreihen ging, knirschte der Kies, und eine Eidechse, die sich auf einem warmen Stein gesonnt hatte, huschte erschrocken davon. In der Ferne funkelte das Meer.

In dieser Sektion musste es sein. Ein Pappschild: 1985–90. Jetzt langsam. Genau hinsehen! Grabsteine aus glänzendem Marmor und aus mattem Granit, Kreuze aus Holz und weißem Stein, die älteren bewachsen mit Moos und grauen Flechten. Und die Aufschriften. Namen und Namen, alle einmal getragen und mit Leben gefüllt; jetzt nur noch Laute, leere Folgen von Buchstaben, ungelesen, ohne Bedeutung. Ist es hier? Nein. Das könnte es... – auch nicht. Vielleicht dort...? Die Gräberreihen vor ihm wurden weniger und weniger, dann blieben nur noch vier Gräber, drei, zwei...

Dann muss es wohl das hier... Er entzifferte den Namen.

Es war nicht Bonvard.

Wie war das möglich? Er hatte es sicher nicht übersehen. Er seufzte. Der Mann mit der Harke stand nur ein paar Meter von ihm entfernt.

»*Excusez-moi!*«

Der Gärtner drehte sich um. Ein knochiges Gesicht, halbverdeckt vom Schirm seiner Kappe.

»*Excusez-moi! Je... Je cherche... Où est Henri Bonvard?*«

Zwei Augen blickten ihn rund und verständnislos an, eine lange Sekunde verging, dann, plötzlich, verengten sie sich, ein Lächeln glitt über das Gesicht, und mit einer schnellen Bewegung richtete er sich auf und nahm die Kappe ab. »*L'écrivain?*«

Kramer nickte überrascht.

»*Mais oui, Monsieur Bonvard, je l'ai très bien connu, il était un homme très gentil et poli, et il causait souvent avec moi... Mais il n'est pas ici. Vous le trouvez à Ville Bleue.*«

Ville Bleue...? Ach ja, ein Vorort von Oury, der Zug war durchgefahren, nur ein paar Häuser.

»*C'est un beau cimetière, et le tombeau de Monsieur Bonvard, c'est très grand et cher, un pierre avec une petite statue d'or...*« Er sprach schnell und eifrig, er war glucklich, Auskunft geben zu können.

Kramer verstand fast nichts, aber das Wesentliche hatte er mitbekommen: Bonvard war in Ville Bleue. Nicht hier.

Er murmelte ein *Merci bien,* drehte sich um und ging davon. Hinter ihm redete der Gärtner weiter; als Kramer schon durch das Tor hinaus war, folgte ihm noch immer seine Stimme. Also auch der hatte Bonvard gekannt, *un homme très gentil et poli.* Kramer gähnte, er fühlte sich sehr schwach. Es war schon früher Nachmittag, er hatte noch eine fünfstündige Rückfahrt vor sich, er musste heute Abend rechtzeitig zu Ebelwegs Vortrag in Paris sein. Morgen Mittag war dann eine Podiumsdiskussion, morgen Abend fuhren sie wieder nach Hause. Er musste Bonvards Grab heute noch finden, und zwar schnell.

Der Rückweg war lang. Die Hitze schien von Minute zu Minute schlimmer, zum Hexenschuss kam ein pochender Schmerz im Kopf. Die Sonne war fürchterlich grell, und er hatte keine Sonnenbrille dabei. Einmal schwankte der Boden, Kramer lehnte sich an einen Zaun, schloss die Augen und wartete, bis es vorbeiging. Er versuchte, tief einzuatmen, aber da war kaum Luft, nur eine heiße, träge Masse. Nach einer Weile fühlte er sich besser. Eine Möwe landete vor ihm und sah hilflos zu ihm auf, dann erkannte sie das Meer, lachte und flatterte davon.

Endlich. Ein Geschäft und davor eine Coca-Cola-Fahne. Er kaufte eine Dose, fingerte hilflos am Verschluss, schließlich hatte er sie offen und trank. Für einen Augenblick fühlte er sich leer und glücklich.

Und da war schon der Bahnhof. *Les départs:* Der Lokalzug ging in fünfzehn Minuten, Ankunft in Ville Bleue zehn Minuten später. Kramer sah besorgt auf die Uhr; doch, er konnte es schaffen, am Abend wieder in Paris zu sein. Vom Bahnsteig aus sah man direkt über Palmenwipfel auf das Wasser. Eine Gruppe von Kindern schwamm kreischend vorbei, ein exotisch schillernder Schwimmvogel beobachtete sie interessiert aus sicherer Entfernung. Auf dem Bahnsteig gegenüber las eine Frau eine arabische Zeitung, auf der sich schwarze Zeichen ineinander verknoteten.

Da kam der Zug. Kramer stieg ein, und sofort, noch bevor er sich hingesetzt hatte, fuhr er an, als wäre es ein Privatzug nur für ihn. Und wirklich, das Abteil war leer. Das Licht strich freundlich über die hellblaue Polsterung der Sitze. Und die Klimaanlage funktionierte.

Der Schaffner war lang und dünn und grüßte höflich. Kramer lächelte ihm zu. *»Un billet pour Ville Bleue, aller et retour, s'il vous plaît.«*

Der Schaffner blickte sorgenvoll auf ihn herunter und schüttelte den Kopf. *»Ville Bleue? Mais ce train ne s'arrête pas à Ville Bleue.«*

»Pardon?«

»C'est le train rapide pour Paris. Pas le train régional.«

Paris? Nach Paris! Der Schreck traf ihn wie ein heißer elektrischer Schlag. Das war der Zug für seinen Rückweg. Der falsche Zug!

Und jetzt? Von der nächsten Station zurück nach Oury? Unmöglich, dann musste er dort eine Stunde warten, und dafür hatte er keine Zeit mehr. Die Notbremse schob sich in seinen Blick, das kleine Kästchen mit dem roten Griff, einfach ziehen und… – Nein, das war unmöglich. Er sah am Schaffner hinauf und wusste, dass er das nicht wagen würde.

Eine Gruppe von Häusern zog vorbei, ein Bahnhof, ein Schild leuchtete auf: Ville Bl… Wieder Häuser, eine kleine Kirche, dann nichts mehr. Palmen, Pinien, das Meer.

Plötzlich war er nur noch müde. Es war vorbei. Bonvard hatte gewonnen. Wieder einmal. Er dachte daran, wie das Leben verging, an seine zwei Bücher, die keinen interessierten, und an die Zeit, die er in Seminarräumen verbrachte. Und andere lebten in Villen, schufen Meisterwerke und wurden von der Welt geliebt. Jetzt wusste er es: Er würde nie auf der hellen Seite stehen. Hundedreck auf der Uferpromenade, Hitze, Rückenschmerzen. Die Schönheit war für andere, nicht für ihn. Es gab keinen Weg.

Der Schaffner kratzte sich verlegen am Kopf. Er musste die Fahrkarte verlangen, aber er brachte es nicht fertig; leise drehte er sich um und ging davon, vorsichtig und mit kleinen Schritten, als hätte er Angst, irgendwo anzustoßen. So eine Situation war neu, und auch die Dienstvorschriften waren keine Hilfe. Sie sagten nichts darüber, wie man mit weinenden Fahrgästen umgehen sollte. Behutsam schloss er die Abteiltür hinter sich.

Die Sonne verschwamm zu einer Wolke aus stechendem Licht; Kramer schloss geblendet die Augen. Nach einiger Zeit konnte er aufhören zu schluchzen. Unter ihm schlugen die Räder ihren Takt, und von der Lokomotive wehte ein hoher, trauriger Pfiff herüber. Das Land flackerte in Schönheit. Und der Ozean strahlte.

Ray Bradbury

Zur warmen Jahreszeit

George und Alice Smith waren an einem Sommertag mittags in Biarritz dem Zug entstiegen und innerhalb einer Stunde durch ihr Hotel an den Strand ins Meer hinein- und wieder hinausgelaufen, um sich auf dem Sand braten zu lassen.

Wenn man sah, wie George Smith sich dort rekelte und verbrennen ließ, hätte man meinen können, er sei nur ein Tourist, der frisch wie eisgekühlter Kopfsalat nach Europa geflogen worden war und bald wieder heimwärts befördert werden würde. Aber hier war ein Mann, der die Kunst mehr liebte als das Leben.

»Da…« George Smith seufzte. Wieder rieselten ein paar Schweißtropfen über seine Brust. Lass das Leitungswasser von Ohio auskochen, dachte er, und trink danach den besten Bordeaux. Durchsetze dein Blut mit reichhaltigen französischen Sedimenten, so dass du alles mit den Augen eines Einheimischen siehst!

Warum? Warum alles Französische essen, atmen, trinken? Damit er mit der Zeit den Genius *einen* Menschen wirklich verstehen konnte.

Sein Mund bewegte sich und formte einen Namen.

»George?« Seine Frau tauchte undeutlich vor ihm auf. »Ich weiß, woran du denkst. Ich kann von deinen Lippen lesen.«

Er lag ganz still und wartete. »Und?«

»Picasso«, sagte sie.

Er zuckte zusammen. Eines Tages würde sie wohl noch lernen, diesen Namen auszusprechen.

»Bitte, beruhige dich«, sagte sie. »Ich weiß, dass du heute Morgen das Gerücht gehört hast, aber du müsstest mal deine Augen sehen – du hast wieder deinen Tick. Nun ja, Picasso ist hier, ein paar Meilen weiter unten an der Küste, und besucht Freunde in so einem kleinen Fischerort. Aber du musst es vergessen, sonst sind unsere Ferien hin.«

»Ich wünschte, ich hätte das Gerücht nie gehört«, sagte er aufrichtig.

»Wenn dir doch auch andere Maler gefielen«, sagte sie.

Andere? Ja, es gab andere. Er konnte durchaus angemessen von Caravaggio-Stillleben mit Herbstbirnen und mitternachtsblauen Pflaumen frühstücken. Zu Mittag: die feuersprühenden, dicksträhnigen Sonnenblumen von van Gogh, diese Blüten, die ein Blinder mit einer raschen Bewegung der versengten Finger über die brennende Leinwand lesen könnte. Aber das große Festmahl? Die Bilder, die er für seinen Gaumen aufsparte? Dort, den Horizont füllend wie ein emporgetauchter Neptun, gekrönt mit Algengrün, Alabaster und Koralle, den Pinsel wie den Dreizack fest in den Klauen und mit einem Fischschwanz, groß genug, um sommerliche Regenschauer über ganz Gibraltar zu peitschen – wer sonst als der Schöpfer des *Mädchens vor dem Spiegel* und *Guernicas*?

»Alice«, sagte er geduldig. »Wie soll ich das erklären? Als wir mit dem Zug hierherkamen, dachte ich: Großer Gott, das alles ist Picasso-Land!«

Aber ist es das wirklich? fragte er sich. Der Himmel, die Landschaft, die Leute, die verwaschenen rosa Ziegel hier, die Balkone mit den verschnörkelten stahlblauen Schmiedeeisengittern dort, eine Mandoline, reif wie eine Frucht in den Händen eines Mannes, der tausend Fingerabdrücke auf ihr hinterlässt, Plakatfetzen, die wie Konfetti in Nachtwinden wehten – wie viel war Picasso, wie viel George Smith, der sich mit wilden Picasso-Augen in der Welt umblickte? Er gab die Hoffnung auf, eine Antwort zu finden. Der alte Mann hatte so gründlich Terpentin und Leinsamenöl durch George Smith destilliert, dass sie dessen Wesen formten – in der Abenddämmerung ganz Blaue Periode, im Morgengrauen ganz Rosa Periode.

»Ich denke immer«, sagte er laut, »wenn wir unser Geld sparten…«

»Wir werden nie fünftausend Dollar haben.«

»Ich weiß«, antwortete er ruhig. »Aber es ist schön, zu glauben, dass man sie eines Tages vielleicht doch zusammenbringt. Wäre es nicht großartig, wenn man einfach auf ihn zugehen und sagen könnte: ›Pablo, hier sind fünftausend! Gib uns das Meer, den Sand, diesen Himmel oder irgendeine alte Sache, was du willst, wir werden uns freuen…‹«

Nach einer Weile berührte seine Frau ihn am Arm.

»Ich glaube, es ist besser, wenn du jetzt ins Wasser gehst«, sagte sie.

»Ja«, sagte er. »Am besten tu ich erst mal das.«

Weißes Feuer sprühte auf, als er das Wasser durchschnitt.

Nachmittags ging George Smith zwischen Wasser und Strand hin und her, so mechanisch wie das ganze mal warme, mal abgekühlte Badevolk, das sich schließlich bei Sonnenuntergang, hummerfarben oder wie geschmorte Tauben oder Perlhühner, mühsam zu den Hochzeitstortenhotels hinschleppte.

Der Strand lag endlose Meilen weit verlassen da,

bis auf zwei Leute. Der eine, George Smith, Handtuch über der Schulter, verrichtete seine letzte Andacht.

Weiter unten an der Küste schritt ein anderer, kleinerer, untersetzter Mann allein durch den ruhigen Abend. Er war tief gebräunt, der kurzrasierte Kopf von der Sonne fast wie Mahagoni gefärbt, die Augen klar und glänzend wie Wasser.

So war die Bühne an der Küste bereit, und in wenigen Minuten würden die beiden Männer sich begegnen. Und wieder einmal richtete das Schicksal die Waagschale für Schrecken und Überraschungen, Ankünfte und Abreisen. Und die ganze Zeit dachten die beiden einsam Schlendernden nicht einen Augenblick an Koinzidenz, diesen undurchschwommenen Strom, der in jeder Menschenmenge, in jeder Stadt dicht an uns vorbeifließt. Und sie grübelten auch nicht darüber nach, dass, wer es wagt, in diesen Strom hineinzutauchen, mit jeder Hand ein Wunder ergreift. Wie die meisten Menschen zuckten sie über solche Torheit nur die Achseln und blieben hoch am Ufer, damit das Schicksal sie nicht hineinstieße.

Der Fremde stand allein. Als er sich umblickte, sah er sein Alleinsein, sah das Wasser der lieblichen Bucht, sah die Sonne in den späten Farben des Tages hinabgleiten, und dann bemerkte er einen kleinen hölzernen Gegenstand auf dem Sand. Es war das dünne Stäbchen einer vor langer Zeit geschmolzenen Eisportion. Lächelnd hob er es auf. Mit einem weiteren Blick, um sich seiner Einsamkeit zu vergewissern, bückte er sich noch einmal, hielt den Stock vorsichtig umfasst und begann mit leichten Handstrichen das zu tun, was er auf der Welt am besten konnte.

Er zeichnete unglaubliche Gestalten in den Sand.

Er skizzierte eine Figur, ging dann weiter, zeichnete, immer noch hinunterblickend, jetzt ganz in seine Arbeit vertieft, eine zweite und dritte und danach eine vierte und eine fünfte und eine sechste.

George Smith, der die Küste mit seinen Füßen bedruckte, schaute hierhin und dorthin und sah dann den Mann weiter vorn. Er ging näher heran und sah, dass jener tiefbraun gebrannte Mann sich bückte. Noch näher, und es gab keinen Zweifel mehr, was der Mann dort tat. George Smith kicherte. Natürlich, natürlich… Dieser Mann – wie alt mochte er sein? Fünfundsechzig? Siebzig? – kritzelte am Strand allein vor sich hin. Wie der Sand flog! Wie die wilden Porträts dort am Ufer hingeschleudert wurden! Wie…

George Smith trat noch einen Schritt vor und blieb dann still stehen.

Der Fremde zeichnete und zeichnete und schien

gar nicht zu ahnen, dass irgendjemand dicht hinter ihm und der Welt seiner Zeichnungen stand. Inzwischen war er so verzaubert von seiner einsamen Schöpfung, dass er sich nicht umgedreht und seine fliegende Hand selbst dann nicht stillgestanden hätte, wenn in der Bucht Unterwasserbomben explodiert wären.

George Smith blickte auf den Sand. Und nachdem er eine lange Weile hingeschaut hatte, begann er zu zittern.

Denn dort am flachen Ufer waren Bilder griechischer Löwen, mediterrane Ziegen, Mädchen mit Fleisch aus Sand wie Goldpuder, Satyrn, die auf handgeschnitzten Hörnern bliesen, und tanzende Kinder, die am Strand entlang Blumen streuten, von springenden Lämmern gefolgt, Musikanten, die zum Klang ihrer Harfen und Leiern hüpften, Einhörner, die Jünglingen nachjagten, auf ferne Wiesen zu, Waldland, Tempelruinen und Vulkane. Die Hand und der hölzerne Stift dieses Mannes, der sich in Fieber und Schweißregen vorbeugte, schrieb, knüpfte und schlang eine ununterbrochene Linie am Ufer entlang, herum, herüber und hinauf, quer darüber hin, hinein, hinaus, stockte, flüsterte, verharrte und eilte dann weiter, als müsste dieses wandelnde Bacchanal zu Ende gedeihen, bevor das Meer die Sonne ausgelöscht hatte. Auf zwanzig, dreißig

Metern oder mehr sprangen Nymphen, Dryaden und Sommerbrunnen in entschlungenen Hieroglyphen auf. Und der Sand nahm im schwindenden Licht die Farbe geschmolzenen Kupfers an, in das nun eine Botschaft eingemeißelt wurde, die alle Menschen aller Zeiten lesen und an der sie sich Jahre hindurch erfreuen konnten. Alles wirbelte und ruhte in seinem eigenen Wind und seiner eigenen Schwerkraft. Jetzt wurde von traubenblutnassen Füßen tanzender Winzertöchter Wein gestampft, jetzt gebaren schäumende Meere münzenschuppige Ungeheuer, während geblümte Drachen Duft auf ziehende Wolken streuten… jetzt… jetzt…

Der Künstler hielt inne.

George Smith zog sich zurück und blieb weiter abseits stehen.

Der Künstler blickte auf, überrascht, jemand so nahe zu finden. Dann stand er einfach da und blickte von George Smith zu seiner wie nichtige Fußstapfen auf den Weg hingeworfenen Schöpfung. Schließlich lächelte er und zuckte die Achseln, als wollte er sagen: Schau, was ich getan habe; siehst du, was für ein Kind ich bin? Du verzeihst mir, nicht wahr? Ab und zu sind wir alle Narren… Du vielleicht auch? Dann erlaubst du das hier einem alten Narren, he? Na gut!

Aber George Smith konnte nur den kleinen

Mann mit der sonnenverbrannten Haut und den scharfen klaren Augen ansehen und den Namen des Mannes einmal flüsternd vor sich hinsagen.

So standen sie vielleicht noch fünf Sekunden. George Smith starrte auf den Sandfries, und der Künstler beobachtete George belustigt und neugierig. George Smith öffnete den Mund, schloss ihn wieder, streckte seine Hand aus und zog sie zurück. Er trat auf die Bilder zu und entfernte sich wieder. Dann ging er an den Figuren entlang wie ein Mann, der eine Reihe kostbarer Marmorbilder in Augenschein nimmt, die man in einer alten Ruine an der Küste zutage gefördert hat. Seine Hand wollte berühren und wagte es nicht. Er wollte fortlaufen, aber er lief nicht. Plötzlich sah er zum Hotel hinüber. Lauf, ja! Lauf! Was? Nimm einen Spaten, grabe, grabe aus, rette ein Stück von diesem allzu leicht verrieselnden Sand! Suche dir einen Restaurator und hetze ihn zurück mit Gips, um einen Abdruck dieser kleinen, zerbrechlichen Teile anzufertigen. Nein, nein. Unsinn, Unsinn. Oder ...? Seine Augen schweiften rasch zu seinem Hotelfenster hinüber. Die Kamera! Lauf, hol sie, komm zurück und jage knipsend an der Küste entlang, knipsend, Filme wechselnd, knipsend, bis ...

George Smith fuhr herum und blickte nach der Sonne. Sie brannte noch schwach auf seinem Gesicht; seine Augen waren zwei kleine, von ihr entzündete Feuer. Die Sonne war schon halb unter Wasser, und während er hinübersah, sank sie in Sekundenschnelle das letzte Stück hinab.

Der Künstler war näher getreten und blickte nun sehr freundlich in George Smiths Gesicht, als erriete er jeden Gedanken. Nun nickte er mit einer kleinen Verbeugung. Der Eiskremstock war ihm unbemerkt aus den Fingern gefallen. Nun sagte er gute Nacht, gute Nacht. Und schon war er fort und ging am Strand zurück nach Süden.

George Smith stand und schaute ihm nach. Nach einer ganzen Minute tat er das Einzige, was er überhaupt noch tun konnte. Er ging vom Anfang des fantastischen Frieses der Satyre und Faune und in Trauben getauchten Mädchen, tänzelnden Einhörner und flötenden Jünglinge langsam am Ufer entlang. Er ging einen langen Weg und betrachtete dabei das frei sich entfaltende Bacchanal. Und als er die letzten Tiere und Menschen erreicht hatte, drehte er sich um und ging in die andere Richtung zurück und starrte vor sich hin, als hätte er etwas verloren und wüsste nicht, wo er es suchen sollte. Dies tat er, bis am Himmel und auf dem Sand kein Licht mehr war, in dem er hätte sehen können.

Er setzte sich an den Tisch zum Abendessen.

»Du kommst spät«, sagte seine Frau. »Ich musste einfach allein hinuntergehen. Ich habe einen fürchterlichen Hunger.«

»Das macht nichts«, sagte er.

»Irgendetwas Interessantes auf deinem Spaziergang?«, fragte sie.

»Nein«, sagte er.

»Du siehst merkwürdig aus, George, du bist doch nicht etwa zu weit hinausgeschwommen und fast ertrunken? Ich sehe es deinem Gesicht an. Du bist zu weit geschwommen, stimmt's?«

»Ja«, sagte er.

»Nun«, sagte sie und blickte ihn forschend an. »Tu das nie wieder. Was möchtest du essen?«

Er nahm die Speisekarte und begann sie zu lesen. Plötzlich hielt er inne.

»Was ist?«, fragte seine Frau.

Er wandte den Kopf und schloss einen Augenblick die Augen.

»Horch.«

Sie lauschte.

»Ich höre nichts«, sagte sie.

»Nein?«

»Nein. Was ist denn?«

»Nur die Flut«, sagte er nach einer Weile und hielt die Augen geschlossen. »Nur die Flut, die hereinkommt.«

Magdalen Nabb

Poseidon und ich

Ich sollte vorausschicken, dass der Gott Poseidon und ich noch nie ein gutes Verhältnis zueinander hatten. Woraus ich ihm keinen Vorwurf machen will, denn meines Wissens steckt keine böse Absicht dahinter. Er amüsiert sich bloß, treibt vielleicht auch seinen Spott mit mir. Aber nun der Reihe nach: Beginnen wir mit dem Fliegen. Ich verpasse ständig das Flugzeug. Und ich rede nicht von Hindernissen wie Verkehrsstaus oder dem, was man höhere Gewalt nennt. Nein, ich fahre pünktlich von zu Hause los und bin so zeitig am Flughafen, dass die Kontrolleure in Ruhe meinen tadellos gepackten Koffer auseinandernehmen, meine Stiefelabsätze auf Sprengstoff untersuchen und mich als Alibiweiße heranziehen können, wann immer sie Passagiere mit leicht arabischem Einschlag filzen. Klammer auf: Dagegen verwahre ich mich. Der sogenannte Schuhbomber trug einen langen Kaftan, hatte den Koran im Gepäck und reiste mit einfachem Ticket. Vermutlich hatte er auch einen auffälligen Gang, von wegen der Zündschnur... Denn wie immer man zu solchen Leuten stehen mag, große Verwandlungskünstler sind sie nicht. Klammer zu. Sobald ich diese schikanöse Tortur hinter mir habe, richte ich mich auf eine zweistündige Wartefrist ein. Und verliere das Interesse. Flughäfen rauben mir die Lebenslust, von der aufs Reisen ganz zu schweigen. In der trostlosen Atmosphäre von Plastiksitzen, Neonbeleuchtung und neonfarbiger Plastikkost verpufft jedes noch so große Fernweh. Ich schalte ab und vertiefe mich in ein Buch. Es kann auch passieren, dass ich in einer nostalgischen Anwandlung – drastischer Sinnesentzug stimuliert die Fantasie – dem Duft von Fish und Chips nachspüre; einmal habe ich auf einem Flughafen ein Armband gekauft, etwas, das mir bei klarem Verstand nie einfallen würde; oder ich lasse mich in ein langes, fesselndes Gespräch verwickeln. Und irgendwann ist der Flieger weg. Bis dato habe ich einen Flug von Sizilien nach Rom verpasst, einen von London nach Florenz sowie von New Orleans nach New York, und jedes Mal habe ich mich – steck dir das an deinen Dreizack, Poseidon, und schäume – hinterher am Abflugsort großartig amüsiert. Soviel zum Fliegen.

Schiffe: sind heutzutage kein gängiges Verkehrsmittel mehr, aber in meiner Jugend bin ich oft mit der Fähre von Liverpool nach Dublin übergesetzt, und alles, was ich dazu sagen kann, ist, dass einem der Appetit auf Ochsenschwanzsuppe vergeht, wenn sie einem bei stürmischer See dauernd ins Gesicht schwappt. Vor kurzem erkundete ich in einem ausgedienten Fischerboot die Küste der Maremma und schöpfte so lange das Wasser aus dem Kahn, bis meine Mitreisenden mich über Bord warfen. Auch hier unterstelle ich keine böse Absicht. Ich wollte es nur erwähnt haben.

Gondeln finde ich dagegen sehr angenehm: optimaler Blickgenuss bei minimaler Bewegung.

Bahnfahrten: Ich mag Züge. Sie wecken meine romantische Ader, und ich verpasse sie nicht, auch wenn es schon vorgekommen ist, dass ich den richtigen Zug in der falschen Richtung bestiegen habe, weil dieses große Schild mit der Aufschrift ROM (Wien) auf jedem Wagen eben nicht bedeutet: von Wien nach Rom, sondern genau umgekehrt. Aber darauf sind Sie sicher auch schon reingefallen, geben Sie's ruhig zu. Meiner Vorliebe für Bahnfahrten tut das indes keinen Abbruch. Und so packte ich, als ich die Reise meines Lebens antrat, um von England nach Florenz zu übersiedeln, einen Schrankkoffer und stieg in den Zug. Aufgrund der schon erwähnten romantischen Ader hatte ich mich feingemacht und genügend Bargeld für den Besuch eines Speisewagens mit weißen Tischdecken und Blumenschmuck à la Orient Express eingesteckt. Mein Outfit blieb makellos bis Dover, wo die schlimmste Kanalüberquerung der Geschichte… siehe oben, Ochsenschwanz etc. In meerwasserdurchtränkten Kleidern und mit triefenden Haaren hätte ich mir auf der anschließenden Bahnfahrt, die volle vierundzwanzig Stunden dauerte, beinahe den Tod geholt. Der Speisewagen entfiel wegen eines Streiks, der Gepäckwagen wurde in Ventimiglia abgehängt und blieb eine Woche lang verschwunden. Die winzige Packung Cracker und das Minifläschchen Cognac, die mich am Leben erhielten, landeten beide mit der Ochsenschwanzsuppe auf meiner ganz persönlichen Phobienliste. Im Übrigen ist es, wie ich zu meiner Schande gestehen muss, schon vorgekommen, dass ich auf einer Bahnfahrt meine Reservierungsnummer verbummelt hatte und weit nach Mitternacht eine bedauernswerte Frau von ihrem Liegewagenplatz verscheuchte, mit der Behauptung, es sei meiner. Er war es nicht.

Autos: Ich verfahre mich. Sie ahnen ja nicht, wie rettungslos ich mich verfahren kann, und ich will auch gar nicht auf dieser meiner tragischen Schwäche herumreiten, darum hier nur ein Beispiel: Ich hatte mich mit einer Freundin in einem Hotel in der Londoner Innenstadt zum Tee getroffen und wollte anschließend mit meinem Sohn hinauf nach Lancashire, wo wir herstammen. Die Autobahn war nicht weit, die Freundin hatte mir den Weg genau beschrieben, aber nachdem wir eine Stunde lang in der Gegend herumgekurvt und an tückischen Kreiseln ebenso verzweifelt waren wie an der rätselhaften Beschilderung, trafen wir auf einmal völlig überraschend, irgendwo an einer Ecke im Niemandsland, wieder auf meine Freundin. »Ich dachte mir schon, dass ihr hier landen würdet«, sagte sie und leitete uns um, diesmal mit Erfolg. Zwei Jahre später fand ich den Mut, sie darauf anzusprechen: »Ich weiß ja, unser Orientierungsvermögen ist gleich null, trotzdem war das genial von dir – wie konntest du bloß wissen, dass wir genau zu dem Zeitpunkt ausgerechnet an dieser gottverlassenen Ecke vorbeikommen würden?« Darauf sie: »Ich habe einfach auf euch gewartet. Das war die Ecke gleich hinter dem Hotel.«

Fazit: Ich bleibe in Florenz und gehe zu Fuß. Wenn ich nur wüsste, was ich all den Journalisten antworten soll, deren Interviews immer mit derselben Frage beginnen: Was hat Sie bewogen, sich in Florenz niederzulassen? Eigentlich müsste die Frage ja lauten: Wie haben Sie hierhergefunden (keine Ahnung); und wie gut kennen Sie sich inzwischen aus in der Stadt (überhaupt nicht). San Frediano, das Viertel, in dem ich wohne und aus dem ich kaum je herauskomme, liegt am linken Arnoufer, und ich wage mich nur selten hinüber auf die andere Seite des Flusses. Ich kann Ihnen hier jede Schattierung des Lichts beschreiben und alle Gerüche, die durch eine bestimmte Straße wehen. Ich kenne sämtliche Farbflecken auf der Schürze eines Handwerkers, weiß, wie die Delle aussieht, die der häufige Gebrauch bestimmter Werkzeuge an seinem Zeigefinger hinterlässt, und woran seine Schwiegermutter gestorben ist. Nur nach dem kürzesten Weg zu seiner Werkstatt dürfen Sie mich nicht fragen. Und bieten Sie mir auch nicht an, mich nach einem Restaurantbesuch heimzufahren, weil ich Ihnen nämlich den Weg zu meiner Wohnung nicht zeigen könnte. Meine Hausgäste bekommen einen guten Reiseführer in die Hand gedrückt und müssen sich im Übrigen auf den eigenen Ortssinn verlassen, denn ich habe keinen. Mein Verleger hatte den hübschen Einfall, einen übersichtlichen Stadtplan von Florenz herauszubringen, der an all die Schauplätze führt, die in meinen Büchern vorkommen. Ich bin sehr dankbar für diesen Plan und benutze ihn eifrig. Aber bitte lachen Sie mich jetzt nicht aus, denn das besorgt schon Poseidon. Ich hoffe bloß, er tritt mal in die Zinken seines Dreizacks und kriegt eins auf die Nase.

Hugo Loetscher

Ein Schweizer Mädchen in Karthago

Mami, 's Meer. Mami, das isch's Meer. Ich möchte innelange. Aber gäll, Mami, das macht me nöd.«

Das Mädchen war neun oder zehn Jahre alt. Es ging hinter seiner Mutter her, ein paar Schritte zurück. Diese hatte die Lunchtasche umgehängt. Weiter voraus der Vater, die Freizeitjacke überm Arm gefaltet. Alle drei trugen leichte Wanderschuhe, gelb und noch kaum gebraucht.

Als der Mann stehen blieb, hielt auch die Frau inne. Sie fragte nach einigem Abwarten, was es da vorn zu sehen gebe. Er antwortete: »Nüt anders.«

Die Frau drehte sich um und sah zu einer Gruppe Touristen zurück. Die schauten alle gerade in die Richtung, in welche der Reiseführer mit der Hand zeigte. »Me dörfed de Bus nöd verpasse«, mahnte die Frau. Dann setzte sie sich auf einen Stein, schob die Lunchtasche auf die Knie und kreuzte die Hände darüber.

Das Mädchen aber rannte an ihr vorbei und lief

zum Ufer. Unvermittelt blieb es stehen und staunte: »Mami, ’s Meer.«

Solch heimatliche Klänge überraschten uns. Eben waren wir noch dran gewesen, im Mauerschatten einer Ruine auf einem Plan ausfindig zu machen, ob man von den römischen Villen unter dem Odeon zu Fuß am Ufer entlang zum Punischen Hafen gelange. Da vernahmen wir unverkennbar schweizerische Laute.

Schon am Tag zuvor hatte uns Schweizerdeutsch an einem Ort eingeholt, wo wir es nie erwartet hätten. Wir waren unterwegs zu den Souks gewesen, entschlossen, in den Bazars Geheimnisse des Morgenlandes zu entdecken. Aber noch ein gutes Stück weg von der Kashba, und ehe uns tausend und ein Duft des Orients umschmeichelten, stellte sich uns ein junger Araber in den Weg und sagte zur Frau meines Freundes: »Chräbeli«. Er ließ uns keine Zeit, unserer Verwunderung auch irgendwie sprachlich Ausdruck zu geben, sondern skandierte, Silbe für Silbe, und dies ein paar Mal »Chu-chi-chäscht-li, Chu-chi-chäscht-li«.

Der Tunesier hatte in Wald gearbeitet, im Zürcher Oberland, bei einer Speditionsfirma. In seine Heimat zurückgekehrt, war er als Schlepper tätig; er hatte sich mit einem Teppichhändler zusammengetan (»Migros-Priise«). Er lauerte auf Touristen. Kaum hörte er Schweizerdeutsch, stürzte er sich auf die Sprechenden. Mit »Chräbeli« schuf er eine erste Vertrauensbasis; er war jemand, der Ausdrücke schweizerischer Zärtlichkeit beherrschte. Die Fraternisierung wurde beschworen und besiegelt, indem er »Chuchichäschtli«, das schweizerische Wort für »Küchenschrank«, mehrmals wiederholte; er demonstrierte, dass neben Schweizern auch Araber fähig sind, schwierigste Kratzlaute von gleichem Rauheitsgrad hervorzubringen.

Und nun am heutigen Tag wiederum heimatliche Klänge. Diesmal nicht aus Araber, sondern aus Schweizer Mund. Und diesmal in Karthago, auf einem Ruinenfeld. In jenem Karthago, von dem wir als Schüler überzeugt waren, es müsse zerstört werden (»Carthaginem esse delendam«). Der Mann, der dies predigte, Senator Cato, war der Erste, der begriffen hatte, dass man nicht dadurch überzeugt, indem man etwas sagt, sondern indem man es wiederholt.

Dass das Mädchen und seine Eltern hierhergekommen waren, hatte mit dem Programm der Reisegesellschaft zu tun. Ein Sightseeing in Tunis führt unvermeidbar auch nach Karthago. So besuchte die Kleinfamilie, die sich über die Feiertage eine Woche »alles inbegriffen« in Tunesien gönnte, die Ausgrabungsstätte der einstigen Konkurrentin Roms.

Kaum waren die drei aus dem Bus geklettert, hatten sie sich von der Gruppe abgesetzt. Sie mochten nicht beim Guide bleiben; der hielt hinterher doch nur die Hand fürs Trinkgeld hin. Wenn man nicht zuhörte, brauchte man ihm auch nichts zu geben.

Zu dritt waren sie ins Ruinenfeld vorgestoßen. Es gab schließlich Wege, auch wenn man sich nicht aus der Sichtweite entfernen mochte. Zudem musste man auf die Wanderschuhe achtgeben, denn die Trümmersteine, die hier zuhauf herumlagen, hatten zum Teil scharfe Kanten.

Der Mann hatte sich gewundert, welches Bindungsmittel die wohl früher für den Mörtel benutzt hatten, und er hatte mit dem Armeetaschenmesser daran gekratzt. Er hatte in die vier Ecken seines Taschentuches Knoten gemacht und es als Kappe über den Kopf gelegt. Da sie schon einmal da waren, wollten sie auch alles sehen. Aber als der Mann plötzlich stehen blieb, fragte ihn die Frau, was es da vorn noch zu sehen gebe. Angesichts der Ruinen meinte er: »Nichts anderes.«

Nachdem die Frau sich auf einen Stein gesetzt hatte, überlegte sie, ob man schon etwas essen wolle. Sie hatte am Frühstückstisch ein paar Brötchen fürs Mittagessen gestrichen; sie hatten mit ihrem Pauschalarrangement Halbpension gebucht. Während die Frau die Hände über der Lunchtasche kreuzte, fragte sie vor sich hin, ob Marmorböden praktisch gewesen waren fürs Putzen und ob der Kaktus, der hier wild wuchs, wohl zu Hause gedeihe, wenn man einen mitnähme.

Das Mädchen aber war an ihr vorbeigelaufen und fast bis zum Ufer gerannt. Unvermittelt blieb es stehen: »Mami, 's Meer.« Der Vater antwortete, das hätten sie doch vom Flugzeug aus gesehen.

Draußen war ein Schiff, so klein, dass man es hätte in die Hände nehmen können. Die Wellen spülten über den Strand, aber man hätte keine einzige zu packen vermocht. Im Wasser Mauerwerk, eine versunkene Stadt, so tief, dass man mit dem Arm kaum hätte hinunterlangen können. Gerne hätte das Mädchen in dieses Meer hineingefasst, aber da mahnte es sich selber: so was tut man nicht.

Das Mädchen hüpfte vom Stein. Es balancierte über einen Säulenschaft, der war wie eine Wurst in lauter dicke Scheiben aufgeschnitten. Das Kind hockte sich auf ein Kapitell und ritt. Es kletterte einige Stufen hinauf, aber die Treppe führte nirgends hin. Es hob ein paar Mosaiksteine und ließ sie durch die Finger rieseln. Es beugte sich und streichelte über eine zerbrochene Akanthusblüte, da setzte es zu einem Sprung an…

»Pass uf!«, rief die Mutter.

Das Mädchen wurde ganz ruhig. Es sah auf die

Ruinen vor ihm, eingestürzte Bauten und verschüttete Villen. Mauern, die man stützen musste, und zerbrochene Säulen, die Anlage einer Therme und ein Reservoir, das kein Wasser mehr speicherte. Dann zeigte das Mädchen auf das Trümmerfeld von Karthago und sagte mit weinerlich-trotziger Stimme:

»Ich ha's doch gar nöd kaputtgmacht.«

Vladimir Nabokov

Frühling in Fialta

Der Frühling in Fialta ist wolkig und trüb. Alles ist feucht: die scheckigen Stämme der Platanen, die Wacholdersträucher, die Geländer, der Kies. Weit entfernt erblickt man zwischen den gezackten Kanten bläulich-fahler Häuser, die sich wankend von den Knien erheben, um den Hang zu erklimmen (eine Zypresse weist ihnen den Weg), verschwommen den wässerig-verschleierten Mt. Sankt Georg, der seinem Abbild auf jenen Ansichtskarten unähnlicher denn je sieht, die seit etwa 1910 (diese Strohhüte, diese jugendlichen Droschkenkutscher!) den Touristen von ihrem traurigen Ständerkarussell aus umwerben, umgeben von Steinbrocken mit Amethystzähnen und den Konsolenträumen von Seemuscheln. Ein schwacher Geruch nach Verbranntem hängt in der Luft, die windstill ist und warm. Das Meer, dessen Salz von einer Regenlösung überspült wird, ist eher grau als bläulich-grün, und seine Wellen sind zu schwerfällig, um schäumend zu brechen.

An einem solchen Tag in den frühen Dreißigerjahren fand ich mich, alle meine Sinne weit geöffnet, in einer der steilen kleinen Straßen Fialtas und nahm alles gleichzeitig in mich auf – das maritime Rokoko in der Bude, die Korallenkruzifixe in einem Schaufenster, den verzagten Anschlag eines Wanderzirkus (eine Ecke des durchnässten Papiers hatte sich von der Mauer gelöst) und ein gelbes Stück unreifer Apfelsinenschale auf dem alten, schieferblauen Gehsteig, der sich hier und da eine schwindende Erinnerung an ein uraltes Mosaikmuster bewahrt hatte. Ich liebe Fialta; ich liebe es, weil ich in der Höhlung dieser veilchenblauen Silben die süße, dunkle Feuchtigkeit der krumpeligsten aller kleinen Blumen spüre und weil seine Viola den Alt des Namens einer wunderschönen Stadt auf der Krim nachbildet; und auch darum liebe ich es, weil gerade in der Schlaftrunkenheit seiner feuchten Vorosterzeit etwas liegt, das der Seele besonders wohltut. So war ich denn glücklich, wieder dort zu sein, dem kleinen Bach im Rinnstein entgegen bergan zu steigen, ohne Hut, mit nassem Kopf, die Haut schon von Wärme durchtränkt, obwohl ich über dem Hemd nur einen leichten Regenmantel trug.

Ich war mit dem Capparabella-Express gekommen, der mit jenem leichtfertigen Schwung, welcher Eisenbahnzügen in gebirgiger Gegend eigen ist, sich donnernd Mühe gegeben hatte, während der Nacht so viele Tunnel wie möglich zu bewältigen. Einen oder zwei Tage, gerade so lange, wie es mir eine Atempause während einer Geschäftsreise erlaubte – länger gedachte ich nicht zu bleiben. Frau und Kinder hatte ich zu Hause gelassen, und sie bildeten eine Insel des Glücks, die im klaren Norden meines Wesens immerfort gegenwärtig war, die mich ständig begleitete, ja die, möchte ich sagen, durch mich hindurchtrieb, sich aber dennoch meist an der Außenseite meiner selbst hielt.

Ein Kind männlichen Geschlechts, ohne Hosen und mit einem prallen, schlammgrauen kleinen Bauch, trat unsicher von einer Türstufe und tappelte o-beinig davon; es versuchte, drei Apfelsinen auf einmal zu tragen, doch dauernd ließ es die jeweils andere dritte fallen, bis es selber hinfiel, worauf ein etwa zwölfjähriges Mädchen mit einer schweren Perlenkette um den dunklen Hals und einem Rock, der so lang war wie der einer Zigeunerin, prompt alle drei mit ihren geschickteren und zahlreicheren Händen fortnahm. In der Nähe, auf der nassen Terrasse eines Cafés, wischte ein Kellner die Tischplatten ab; ein melancholischer Brigant, der die Bonbonspezialitäten des Ortes feilbot, kunstvoll aussehende Dinger mit mondartigem

Glanz, hatte einen hoffnungslos vollen Korb auf die geborstene Balustrade gestellt, über die hinweg sich die beiden unterhielten. Der Nieselregen hatte entweder aufgehört, oder Fialta hatte sich so daran gewöhnt, dass es selber nicht mehr wusste, ob es feuchte Luft oder warmen Regen atmete. Ein Engländer in Knickerbockern, einer von der soliden, exportfähigen Sorte, der sich im Gehen aus einem Gummibeutel mit dem Daumen die Pfeife stopfte, kam unter einem Bogen hervor und betrat eine Apotheke, wo große, bleiche Schwämme in einem blauen Gefäß hinter dem Glas verdursteten. Wie köstlich das Wohlgefühl, das ich durch meine Adern rieseln spürte, wie dankbar antwortete alles in mir auf die Vibrationen und Emanationen dieses grauen Tages, der mit einer Frühlingsessenz gesättigt war, welcher er selber anscheinend nur langsam gewahr wurde! Meine Nerven waren nach einer schlaflosen Nacht ungewöhnlich empfänglich; ich sog alles in mich ein: den Gesang einer Drossel in den Mandelbäumen jenseits der Kapelle, den Frieden der verfallenden Häuser, den Puls der entfernten See, die im Nebel keuchte, all das und dazu das eifersüchtige Grün des Flaschenglases, welches eine Mauerkrone stachelig bewehrte, und die haltbaren Farben eines Zirkusplakats, auf dem ein federgeschmückter Indianer auf dem Rücken eines aufgebäumten Pferdes zu sehen war, der mit seinem Lasso gerade ein kühnermaßen endemisches Zebra einfing, während einige gründlich genarrte Elefanten brütend auf ihren sternenübersäten Thronen saßen.

Nach kurzer Zeit überholte mich derselbe Engländer. Während ich ihn mit dem Übrigen zusammen in mich aufnahm, bemerkte ich zufällig, wie sich sein großes blaues Auge plötzlich seitwärts bewegte, den geröteten Lidwinkel zu verziehen suchte und wie er schnell die Lippen befeuchtete – wegen der Trockenheit jener Schwämme, nahm ich an; doch dann folgte ich der Richtung seines Blickes und sah Nina.

Jedes Mal, wenn ich ihr im Laufe der fünfzehn Jahre unserer – nun, das genaue Wort für unsere Art der Beziehung will mir nicht einfallen – begegnet war, hatte sie mich offenbar nicht sogleich erkannt; und auch dieses Mal verharrte sie auf dem Gehsteig gegenüber einen Augenblick lang ganz still, in sympathischer Ungewissheit, in die sich Neugier mischte, halb mir zugewandt, und nur ihr gelber Schal hatte sich schon in Bewegung gesetzt, wie jene Hunde, die einen noch vor ihren Herren erkennen – und dann stieß sie einen Schrei aus, ihre Hände flogen hoch, alle ihre zehn Finger vollführten einen Tanz, und mitten auf der Straße küsste sie mich dreimal mit mehr Mund als Gefühl, allein dank der freimütigen Impulsivität alter Freundschaft (genau wie sie jedes Mal, wenn wir uns trennten, schnell ein Kreuz über mir schlug), und dann ging sie neben mir her, hängte sich ein, passte ihren Schritt dem meinen an, von ihrem engen braunen, unten an der Seite sportlich geschlitzten Rock behindert.

»Aber ja, Ferdie ist auch hier«, erwiderte sie und erkundigte sich ihrerseits sofort höflich nach Elena.

»Er muss mit Segur irgendwo herumbummeln«, fuhr sie fort und meinte wieder ihren Mann. »Und ich muss noch etwas einkaufen; wir fahren nach dem Mittagessen. Warte mal, wo bringst du mich eigentlich hin, Victor, mein Guter?«

Zurück in die Vergangenheit, zurück in die Vergangenheit, wie jedes Mal, wenn ich sie traf und alles wiederholte, was sich an Handlung angesammelt hatte, von den Anfängen an bis zu dem letzten Zuwachs – genau wie in russischen Märchen das bereits Erzählte bei jeder neuen Wendung der Geschichte noch einmal zusammengefasst wird. Dieses Mal hatten wir uns im warmen und nebligen Fialta getroffen, und ich hätte die Gelegenheit nicht mit größerer Kunst feiern, hätte die Liste der früheren Dienste des Schicksals nicht mit leuchtenderen Vignetten ausschmücken können, selbst wenn ich gewusst hätte, dass dies sein letzter Dienst war; doch, der letzte – denn ich kann mir kein himmlisches Vermittlungsbüro vorstellen, das bereit wäre, dafür zu sorgen, dass ich ihr jenseits des Grabes noch einmal begegne.

Meine Eingangsszene mit Nina hatte sich vor ziemlich langer Zeit in Russland abgespielt, um 1917, würde ich sagen, nach gewissem linkem Theatergepolter hinter der Bühne zu urteilen. Es war während einer Geburtstagsfeier auf dem Landsitz meiner Tante bei Luga, in den tiefsten Falten des Winters (wie gut erinnere ich mich an das erste Anzeichen dafür, dass wir uns dem Ort näherten: eine rote Scheune in einer weißen Wildnis). Ich hatte soeben die Abschlussprüfung am Kaiserlichen Lyzeum bestanden; Nina war bereits verlobt: Obwohl sie genauso alt war wie ich und das Jahrhundert, sah sie mindestens wie zwanzig aus, und das trotz oder gerade wegen ihrer zierlichen, schlanken Figur, während sie dank ebendieser Zierlichkeit mit zweiunddreißig jünger wirkte. Ihr Verlobter war bei der Garde und hatte gerade Fronturlaub – ein gutaussehender, schwerer Mensch, unglaublich wohlerzogen und phlegmatisch, der jedes Wort auf die Waagschale des allergenauesten gesunden Menschenverstandes legte und in einem samtenen Bariton sprach, welcher noch weicher wurde, wenn sich seine Worte an sie richteten; seine Anständigkeit und Ergebenheit gingen ihr schließlich wohl auf die Nerven; und heute ist er ein erfolgreicher, wenngleich etwas einsamer Ingenieur in einem weit entlegenen tropischen Land.

Fenster werden hell und strecken ihre leuchtende Länge über den dunklen buckligen Schnee; zwischen ihnen bleibt Raum für den Widerschein des fächerförmigen Lichtes über der Haustür. Jede der beiden Säulen zur Seite ist mit einem flaumigen Weiß überzogen, was die Linien des Bildes einigermaßen verdirbt, das sonst ein vollkommenes Exlibris für das Buch unserer beiden Lebensläufe abgegeben hätte. Ich kann mich nicht entsinnen, warum wir alle aus dem hallenden Flur in die stille Dunkelheit hinausgetreten waren, die von Tannen bevölkert war, welche der Schnee zu ihrer doppelten Größe hatte anwachsen lassen; hatte der Wächter uns nahegelegt, einen düsteren roten Schein am Himmel zu besichtigen, ein schlimmes Vorzeichen kommender Brandstiftung? Möglich. Waren wir hinausgegangen, um einer Pferdestatue aus Eis Bewunderung zu zollen, die der Schweizer Hauslehrer meiner Cousins in der Nähe des Teiches geschaffen hatte? Auch das ist möglich. Mein Gedächtnis erwacht erst auf dem Rückweg zum symmetrisch erleuchteten Herrenhaus wieder zum Leben: Wir gingen im Gänsemarsch eine enge Furche zwischen Schneewehen entlang, und nur das Knirschen unserer Schritte war zu hören – der einzige Kommentar, den eine schweigsame Winternacht über menschliche Wesen abgibt. Ich war der Letzte; drei knirschende Schritte vor mir eine kleine, gebeugte Gestalt; ernst wiesen die Tannen ihre beladenen Pfoten. Ich rutschte aus und ließ die tote Taschenlampe fallen, die mir jemand aufgezwungen hatte; sie wiederzufinden, erwies sich als verteufelt schwer; und von meinem Geschimpf sogleich angelockt, drehte sich Nina, eines Spaßes gewärtig, mit einem begierigen, tiefen Lachen undeutlich nach mir um. Ich nenne sie Nina, aber noch konnte ich ihren Namen kaum wissen, noch hatten wir beide keine Zeit für irgendwelche Präliminarien gehabt. »Wer ist das denn?«, fragte sie interessiert – und schon küsste ich ihren Hals, der glatt war und brennend heiß von dem langen Fuchspelz ihres Mantelkragens, welcher mir in den Weg kam, bis sie mir die Hand auf die Schulter legte und mit der ihr eigenen Freimütigkeit sanft ihre großzügigen, pflichteifrigen Lippen auf die meinen presste.

Doch als plötzlich wie mit einer Heiterkeitsexplosion im Dunkel das Thema »Schneeballschlacht« seinen Anfang nahm, trennten wir uns, und jemand klomm – fliehend, fallend, knirschend, lachend und keuchend – auf eine Schneewehe, versuchte zu rennen und stöhnte schrecklich auf: Tiefer Schnee hatte die Amputation eines Filzstiefels bewirkt. Und bald darauf trennten wir uns alle, und jeder fuhr nach Hause, ohne dass ich mit Nina gesprochen oder irgendwelche Zukunftspläne gemacht hätte, Pläne für jene fünfzehn Jahre der Wanderschaft, die bereits am trüben Horizont aufgezogen waren, beladen mit den Einzelteilen unserer niemals zusammengefügten Wiedersehen. Während ich sie in dem Durcheinander der Gebärden und der Schatten von Gebärden beobachtete, aus dem der Rest des Abends bestand (wahrscheinlich Gesellschaftsspiele – und Nina beharrlich auf der gegnerischen Seite), staunte ich, wie ich mich entsinne, nicht so sehr darüber, dass sie mir nach jener Wärme im Schnee keinerlei Aufmerksamkeit schenkte, sondern vielmehr über die naive Natürlichkeit dieser Unaufmerksamkeit, denn ich wusste noch nicht, dass es nur eines Wortes von mir bedurft hätte, und schon hätte sich ihre Gleichgültigkeit in eine wundervoll aufleuchtende Freundlichkeit verwandelt, wäre sie munter und anteilnehmend zu jeglicher Mitwirkung aufgelegt gewesen, ganz als wäre die Liebe einer Frau ein Quellwasser voller gesunder Salze, von dem sie jedermann auf den leisesten Wink bereitwilligst zu trinken gab.

»Warte, wo haben wir uns zuletzt gesehen?«, begann ich (zu Ninas Fialta-Version gewandt), um auf ihr kleines Gesicht mit den vorstehenden Backenknochen und den dunkelroten Lippen einen bestimmten, wohlbekannten Ausdruck zurückkehren zu sehen; und wirklich, wie sie den Kopf schüttelte und die Stirn runzelte, das schien nicht so sehr auf Vergesslichkeit zu deuten, wie die Plattheit eines alten Scherzes zu beklagen; oder um genauer zu sein, so war es, als seien all die Städte, in denen das Schicksal unsere verschiedenen Rendezvous arrangiert hatte, ohne ihnen jemals persönlich beizuwohnen, als seien all die Bahnsteige und Treppen und dreiwändigen Zimmer und dunklen Seitenstraßen banale Szenerien, Überbleibsel irgendwelcher anderer, längst abgeschlossener Lebensläufe, und als hätten sie so wenig mit dem weiteren Ausagieren unseres eigenen, ziellosen Schicksals zu tun, dass es fast schlechter Geschmack war, sie überhaupt zu erwähnen.

Ich begleitete sie in einen Laden unter den Arkaden; dort, im Zwielicht hinter einem Perlenvorhang, betastete sie ein paar Geldbeutel aus rotem Leder, die mit Seidenpapier ausgestopft waren, und spähte auf die Preisschilder, als wolle sie ihre Museumsnamen lernen. Sie wünsche, sagte sie, genau diese Form, aber in Rehbraun, und als der alte Dalmatiner nach zehn Minuten fieberhafter Raschelei durch ein Wunder, das mir immer noch ein Rätsel ist, eben solch eine Rarität ausfindig gemacht hatte, da besann sich Nina, die schon drauf und dran gewesen war, mir etwas Geld aus der Hand zu nehmen, eines anderen und verließ den Laden durch die wehenden Perlenschnüre, ohne etwas gekauft zu haben.

Draußen war es so milchig trübe wie zuvor; der gleiche Geruch nach Verbranntem, der tatarische Erinnerungen weckte, kam aus den bloßen Fenstern der bleichen Häuser; ein kleiner Mückenschwarm war damit beschäftigt, über einer Mimose, die lustlos blühte und ihre Ärmel bis auf den Boden sinken ließ, die Luft zu stopfen; zwei Arbeiter mit breitkrempigen Hüten aßen Käse und Knoblauch zu Mittag; ihre Rücken ruhten an einem Zirkusplakat, auf dem ein roter Husar und eine Art orangefarbener Tiger abgebildet waren; komisch – in der Absicht, das Tier so wild wie möglich zu machen, war der Künstler so weit gegangen, dass er schließlich von der anderen Seite zurückkam, denn das Gesicht des Tigers hatte geradezu menschliche Züge.

»*Au fond* wollte ich einen Kamm«, sagte Nina in verspäteter Reue.

Wie vertraut waren mir ihr Zögern, ihre Nachgedanken, ihre Nachgedanken zu den Nachgedanken, die die frühesten widerspiegelten, ihre kurzlebigen Kümmernisse zwischen zwei Eisenbahnzügen. Immer war sie gerade eingetroffen oder im Aufbruch, und es fällt mir schwer, daran zu denken, ohne dass mich die Vielzahl komplizierter Reiserouten demütigt, denen man fieberhaft folgt, nur um jene abschließende Verabredung einzuhalten, um deren Unvermeidbarkeit selbst der eingeschworenste Weltenbummler weiß. Wäre ich gezwungen, Richtern unseres irdischen Daseins ein Musterbeispiel ihrer durchschnittlichen Haltung zu unterbreiten, so würde ich sie sich vielleicht auf einen Ladentisch im Reisebüro Cook's lehnen lassen, die linke Wade über dem rechten Schienbein, während der linke Zeh auf den Fußboden trommelt, ihre spitz angewinkelten Ellbogen zusammen mit einer Handtasche, aus der die Geldstücke quellen, auf dem Ladentisch ruhen und die Angestellte, einen Bleistift in der Hand, mit ihr über den Plan eines ewigen Schlafwagens berät.

Nach dem Exodus aus Russland sah ich sie – und das war das zweite Mal – im Haus einiger Bekannter in Berlin. Es war kurz vor meiner Hochzeit; sie hatte sich gerade von ihrem Verlobten getrennt. Als ich das Zimmer betrat, erblickte ich sie sofort, und nach einem Blick auf die anderen Gäste war mir instinktiv klar, welche der anwesenden Männer mehr von ihr wussten als ich. Sie saß in der Ecke einer Couch, die Füße angezogen, den kleinen Körper bequem zu einem Z gefaltet; neben ihren Absätzen stand schräg auf der Couch ein Aschenbecher; sie schielte zu mir herüber, hörte sich meinen Namen an, dann nahm sie ihre langstielige Zigarettenspitze aus dem Mund und sagte langsam und voller Freude: »Also dass ich gerade dich treffe...« – und sofort wurde es allen klar, bei ihr angefangen, dass wir seit langem innig miteinander befreundet waren: Zweifellos hatte sie den tatsächlichen Kuss völlig vergessen, doch dank jenem trivialen Vorkommnis erinnerte sie sich undeutlich an ein Stück warmer, wohltuender Freundschaft, die es in Wahrheit zwischen uns niemals gegeben hatte. So beruhte die ganze Form unserer Beziehung fälschlich auf einer eingebildeten Freundschaft – die nichts mit ihrem blindlings bewiesenen guten Willen zu tun hatte. Was die Worte anbetraf, die wir einander sagten, so erwies sich unsere Wiederbegegnung als völlig bedeutungslos; aber es gab keine Schranken mehr zwischen uns; und als ich an jenem Abend beim Essen zufällig neben sie zu sitzen kam, erprobte ich schamlos das Ausmaß ihrer geheimen Geduld.

Dann verschwand sie wieder; und als meine Frau und ich ein Jahr darauf meinen Bruder an den Zug nach Posen gebracht hatten und auf der anderen Seite des Bahnsteigs dem Ausgang zustrebten, erblickte ich neben einem Wagen des D-Zugs nach Paris plötzlich Nina, das Gesicht in einen Blumenstrauß gesteckt, den sie in der Hand hielt; im Kreis um sie herum stand eine Gruppe von Menschen, mit denen sie sich ohne mein Wissen angefreundet hatte und die sie anstarrten wie müßige Passanten eine Rauferei auf der Straße, ein Kind, das sich verlaufen hat, oder das Opfer eines Verkehrsunfalls. Strahlend winkte sie mir mit ihren Blumen zu; ich stellte sie Elena vor, und in der belebenden Atmosphäre eines großen Bahnhofs, wo alles bebend am Rand einer Veränderung steht und daher festgehalten und mit Liebe umgeben werden muss, genügten ein paar Worte, um zwei völlig verschiedene Frauen dahin zu bringen, sich bei ihrem nächsten Zusammentreffen bei ihren Kosenamen zu nennen. An jenem Tage wurde im blauen Schatten des Wagens nach Paris Ferdinand zum ersten Mal erwähnt: Es verursachte mir einen lächerlichen Schmerz, zu erfahren, dass sie im Begriff stand, ihn zu heiraten. Schon wurden die Türen zugeschlagen; hastig, aber andächtig küsste sie ihre Freunde, kletterte in den Gang, verschwand; und dann sah ich durch das Glas, wie sie sich in ihrem Abteil einrichtete – wir waren plötzlich vergessen, oder sie war in eine andere Welt eingegangen –, und wir alle, die Hände in den Taschen, schienen ein völlig ahnungsloses Leben zu bespitzeln, das sich dort in jenem Aquariumsdämmer bewegte, bis sie unser gewahr wurde, erst an die Fensterscheibe trommelte, dann die Augen hob und sich an dem Fensterrahmen zu schaffen machte, als wolle sie ein Bild aufhängen; doch nichts geschah; ein Mitreisender half ihr, und sie lehnte sich heraus, hörbar und wirklich, strahlend vor Freude; neben dem unmerklich anfahrenden Wagen einherlaufend, reichte ihr einer von uns eine Zeitschrift und einen Tauchnitz-Band (sie las nur auf Reisen englische Bücher); alles entglitt mit wunderschöner Leichtigkeit, und ich hielt eine bis zur Unkenntlichkeit zerknüllte Bahnsteigkarte in der Hand, während ein Lied aus dem vergangenen Jahrhundert (wie Gerüchte behaupten, hing es mit irgendeinem Pariser Liebesdrama zusammen) mir unablässig durch den Kopf ging, Gott weiß warum aus der Musikbox des Gedächtnisses aufgetaucht, eine rührselige Romanze, die eine alte, unverheiratete Tante von mir einstmals zu singen pflegte, eine Frau mit einem Gesicht so gelb wie russisches Kirchenwachs, der die Natur indessen eine so mächtige, so hinreißend volle Stimme gegeben hatte, dass sie in der Pracht einer feurigen Wolke aufzugehen schien, sobald sie anhob:

On dit que tu te maries,
tu sais que j'en vais mourir

– und diese Melodie, der Schmerz, das Unrecht, die vom Rhythmus hergestellte Verbindung zwischen Hymen und Tod und die Stimme der toten Sängerin selbst, welche als alleinige Eigentümerin des Liedes die Erinnerung begleitete, ließen mich für einige Stunden nach Ninas Abreise nicht zur Ruhe kommen und stiegen sogar später noch in immer größer werdenden Abständen in mir auf, wie die letzten, niedrigen kleinen Wellen, die ein vorüberfahrendes Schiff an den Strand schickt und deren Anschlag immer seltener und verträumter wird, oder wie die bronzene Agonie eines vibrierenden Glockenstuhls, nachdem sich der Glöckner bereits wieder im frohen Kreis seiner Familie niedergesetzt hat. Und wiederum nach ein oder zwei Jahren hielt ich mich geschäftlich in Paris auf; und eines Morgens, auf dem Treppenabsatz eines Hotels, in dem ich einen Filmschauspieler aufgesucht hatte, sah ich sie wieder – sie trug ein graues Kostüm, wartete auf den Fahrstuhl, der sie hinunterbringen sollte, ein Schlüssel hing an ihrer Hand. »Ferdinand ist fechten gegangen«, sagte sie gesprächsweise; ihr Blick ruhte auf der unteren Hälfte meines Gesichts, als wollte sie mir etwas von den Lippen ablesen, und nach kurzem Nachdenken (ihr erotisches Verständnis hatte nicht seinesgleichen) drehte sie sich um und führte mich wiegenden Ganges auf schmalen Fußgelenken schnell den mit meerblauen Teppichen ausgelegten Flur entlang. Ein Stuhl an der Tür ihres Zimmers trug ein Tablett mit den Überresten des Frühstücks – ein honigbeschmiertes Messer, Krümel auf grauem Porzellan; doch das Zimmer war bereits aufgeräumt, und in dem plötzlichen Luftzug, den wir verursachten, wurde eine Welle mit weißen Dahlien bestickten Musselins flatternd und knatternd zwischen die empfindlichen Hälften eines französischen Fensters gesaugt, und erst als die Tür verriegelt war, ließen sie mit einer Art wollüstigem Seufzer den Vorhang wieder los; eine Weile später trat ich auf den winzigen Gusseisenbalkon jenseits des Vorhangs hinaus und atmete einen aus welkem Ahornlaub und Benzin gemischten Geruch – der Abhub der dunstigen, blauen, morgendlichen Straße; und da ich von der wachsenden krankhaften Rührung, die meine folgenden Begegnungen mit Nina so vergällen sollte, noch nichts merkte, war ich wahrscheinlich ebenso gefasst und unbekümmert wie sie, als ich sie vom Hotel zu irgendeinem Büro begleitete, um einen Koffer, der ihr abhanden gekommen war, wiederzufinden, und von dort aus zu dem Café, wo ihr Mann eine

Sitzung mit seinem augenblicklichen Hofstaat abhielt.

Ich werde den Namen dieses Mannes, dieses französisch-ungarischen Schriftstellers nicht nennen (und die Bestandteile, die ich hier dennoch preisgebe, erscheinen in geziemender Verkleidung)… Lieber wäre es mir, mich gar nicht mit ihm zu befassen, aber ich kann nicht anders – mit Gewalt bringt er sich unter meinem Federhalter zur Geltung. Heutzutage macht er nicht mehr viel von sich reden; und das ist gut so, denn es beweist, dass ich Recht tat, seinem bösen Zauber zu widerstehen, ein Frösteln mein Rückgrat entlangkriechen zu spüren, wenn dieses oder jenes neue Buch von ihm meine Hand berührte. Der Ruhm von seinesgleichen breitet sich geschwind aus, doch bald wirkt er schwer und abgestanden; und was die Literaturhistorie angeht, so wird dieser Umstand seinen Lebenslauf auf den Bindestrich zwischen zwei Daten beschränkten. Hager und arrogant, jederzeit bereit, mit einem giftigen Wortspiel nach einem zu züngeln, und einen seltsam erwartungsvollen Blick in seinen mattbraunen, verschleierten Augen, hatte dieser falsche Witzbold allerdings eine unwiderstehliche Wirkung auf kleine Nagetiere. Da er es in der Kunst verbaler Erfindung zur Meisterschaft gebracht hatte, war es sein besonderer Stolz, ein

Wörterdrechsler zu sein, ein Titel, der ihm mehr galt als der eines Schriftstellers; ich für mein Teil konnte niemals einsehen, wozu es gut sein sollte, sich Bücher auszudenken und Dinge niederzuschreiben, die sich nicht in der einen oder anderen Form tatsächlich ereignet haben; und ich entsinne mich, wie ich einmal dem Hohn seines ermutigenden Nickens die Stirn bot und ihm sagte, dass ich, wäre ich ein Schriftsteller, allein meinem Herzen Fantasie zubilligen und mich für alles Übrige auf mein Gedächtnis verlassen würde, diesen langen Sonnenuntergangsschatten der ureigenen Wahrheit.

Ich kannte seine Bücher, bevor ich ihn selbst kennenlernte; ein leichter Ekel trat bereits an die Stelle des ästhetischen Vergnügens, das ich mir noch von seinem ersten Roman bereiten ließ. Zu Beginn seiner Laufbahn war es vielleicht noch möglich gewesen, durch die Glasfenster seiner erstaunlichen Prosa irgendeine menschliche Landschaft, einen alten Garten, eine wie aus einem Traum her vertraute Baumgruppe zu erkennen – doch mit jedem neuen Buch wurden die Farben noch dichter, das Rot und das Purpur noch unheildrohender; heute kann man durch dieses heraldisch bemalte, grässlich bunte Glas überhaupt nichts mehr sehen, und es hat den Anschein, als müsste sich die schaudernde Seele einer völligen schwarzen Leere gegenüber finden, wenn man es zerschlüge. Indessen, wie gefährlich war er in seinen besten Jahren, was verspritzte er für Gift, was für Peitschenschläge teilte er aus, sobald er provoziert wurde! Der Tornado seines vorüberziehenden Spottes ließ kahle Verwüstung zurück, eine Reihe gefällter Eichen – noch wirbelte der Staub, und der unglückselige Verfasser irgendeiner unfreundlichen Besprechung drehte sich brüllend vor Schmerz wie ein Kreisel im Sand.

Zu der Zeit, als wir uns kennenlernten, erregte sein *Passage à niveau* gerade in Paris Aufsehen; er hatte, wie man so sagt, ein Gefolge, und Nina (deren Anpassungsfähigkeit ein erstaunlicher Ersatz für die Bildung war, die ihr abging) hatte bereits die Rolle wenn nicht einer Muse, so doch wenigstens einer Seelengefährtin und klugen und feinfühligen Ratgeberin übernommen, die Ferdinands schöpferischen Konvolutionen folgte und seinen künstlerischen Geschmack getreulich teilte; denn obwohl es mehr als unwahrscheinlich ist, dass sie sich auch nur durch ein einziges seiner Bücher hindurchgequält hatte, so besaß sie doch ein übernatürliches Geschick dafür, sich die besten Stellen aus der Fachsimpelei seiner literarischen Freunde zusammenzustoppeln.

Eine Damenkapelle spielte, als wir das Café betraten; als Erstes bemerkte ich in einer der Spiegelsäulen die Straußenkeule einer Harfe, dann sah ich den zusammengesetzten Tisch (bestehend aus mehreren kleinen Tischen, die man aneinandergeschoben hatte, um einen langen zu bilden), an dem, den Rücken zur Plüschwand, Ferdinand den Vorsitz führte; und seine ganze Haltung, die Stellung seiner ausgebreiteten Hände, die sämtlich ihm zugewandten Gesichter seiner Tischgenossen erinnerten mich einen Augenblick lang auf groteske, albtraumhafte Art an etwas, das mir nicht sogleich ganz klar wurde, aber als es mir nachträglich einfiel, schien mir der angedeutete Vergleich kaum weniger blasphemisch als das Wesen seiner Kunst. Er trug einen weißen Rollkragenpullover unter einer Tweedjacke; sein glänzendes Haar war von den Schläfen aus zurückgekämmt, und darüber hing Zigarettenrauch wie ein Heiligenschein; sein knochiges, pharaohaftes Gesicht verzog sich nicht: Nur die Augen wanderten bald hier-, bald dorthin, voll von trüber Genugtuung. Die zwei oder drei wahrscheinlichen Lokale, wo naive Liebhaber montparnassischen Lebens ihn anzutreffen erwartet hätten, hatte er aufgegeben und dafür dieses durch und durch bürgerliche Etablissement zu frequentieren begonnen, seinem eigenartigen Sinn für Humor zuliebe, aufgrund dessen er auch der erbärmlichen *spécialité de la maison* ein teuflisches Vergnügen abgewann – dieser Kapelle aus einem halben Dutzend müde wirkender, verlegener Damen, die auf einem überfüllten Podium milde Harmonien ineinander verwoben und (wie er sagte) nicht wussten, wohin mit ihren mütterlichen Busen, welche in der Welt der Musik durchaus überflüssig waren. Nach jeder Nummer schüttelte ihn ein Anfall von epileptischem Applaus, von dem die Damen keine Notiz mehr nahmen und der, glaubte ich, bereits einige Zweifel bei dem Inhaber und den Stammkunden des Cafés wachgerufen hatte, Ferdinands Freunden indessen höchst amüsant vorkam. Unter diesen erinnere ich mich an einen Maler mit einem makellos kahlen, obwohl leicht abgeplatzt aussehenden Schädel, den er unter den verschiedensten Vorwänden immer wieder in seine Augen-und Gitarre-Bilder hineinmalte; an einen Dichter, dessen besonderer Gag in seiner Fähigkeit bestand, auf Verlangen mit Hilfe von fünf Streichhölzern Adams Sündenfall darzustellen; an einen bescheidenen Geschäftsmann, der surrealistische Veröffentlichungen finanzierte (und die Apéritifs bezahlte), wenn ihm gestattet wurde, in einer Ecke Elogen auf die von ihm ausgehaltene Schauspielerin anzubringen; an einen Pianisten, der, was sein Gesicht anging, ganz präsentabel war, dessen Finger jedoch einen grässlichen Ausdruck hatten; an einen forschen, aber sprachlich impotenten sowjetischen Schriftsteller, frisch aus Moskau mit einer alten Pfeife und einer neuen Armbanduhr, der lächerlicherweise nicht die mindeste Ahnung hatte, in was für einer Gesellschaft er sich da befand; es waren noch mehrere andere Herren anwesend, die in meiner Erinnerung durcheinandergeraten sind, und zwei oder drei aus der Schar hatten ohne Zweifel intime Beziehungen zu Nina gehabt. Sie war die einzige Frau am Tisch; gebückt saß sie da, saugte eifrig an einem Strohhalm, der Spiegel ihrer Limonade sank mit einer Art kindlicher Schnelligkeit, und erst als der letzte Tropfen gurgelnd und glucksend verschwunden war und sie den Halm mit der Zunge fortgeschoben hatte, erst dann fing ich ihren Blick auf, den ich beharrlich gesucht hatte, immer noch dem Umstand nicht ganz gewachsen, dass sie Zeit gehabt hatte, zu vergessen, was am Morgen geschehen war – es so gründlich zu vergessen, dass sie meinen Blick mit einem ausdruckslosen, fragenden Lächeln erwiderte und sich erst nach genauerem Hinsehen plötzlich besann, was für ein Lächeln ich zur Antwort erwartete. Da die Damen ihre Instrumente wie gleichgültige Möbelstücke beiseite geschoben und das Podium zeitweise verlassen hatten, machte Ferdinand inzwischen seine Kumpane hämisch auf einen ältlichen Esser in einer entfernten Ecke des Lokals aufmerksam, der an seinem Revers wie viele Franzosen aus irgendeinem Grund ein kleines rotes Band oder etwas Ähnliches trug und dessen grauer Vollbart zusammen mit einem schmatzenden Mund ein gemütliches gelbliches Nest bildete. Die Attribute des Alters pflegten Ferdie zu erheitern.

Ich blieb nicht lange in Paris, doch diese eine Woche reichte, um zwischen ihm und mir jene falsche Vertraulichkeit einreißen zu lassen, die er einem mit so viel Talent aufzudrängen wusste. In der Folge erwies ich mich ihm sogar nützlich: Meine Firma erwarb die Filmrechte an einer seiner verständlicheren Geschichten, und er hatte seinen Spaß daran, mir mit Telegrammen zuzusetzen. Die Jahre vergingen, und hin und wieder ergab es sich, dass wir uns irgendwo anstrahlten, doch ich fühlte mich nie wohl in seiner Gegenwart, und auch an jenem Tag in Fialta empfand ich dasselbe wohlbekannte Missvergnügen, als ich erfuhr, dass er in der Nähe herumstrich; etwas jedoch heiterte mich beträchtlich auf: dass sein neues Stück durchgefallen war.

Und da kam er uns auch schon entgegen, in einem absolut wasserdichten Mantel mit Gürtel und Taschenklappen, einen Fotoapparat über der Schulter, doppelte Gummisohlen an seinen Schuhen, und mit einer Unerschütterlichkeit, die komisch wirken sollte, lutschte er an einer langen Stange zuckrigen Mondgesteins, dieser Spezialität von Fialta. Neben ihm ging der schmucke, puppenhafte, rosige Segur, ein Kunstfreund und ein Dummkopf obendrein; ich habe niemals herausbekommen, wozu Ferdinand ihn benötigte; und immer noch höre ich Nina mit einer stöhnenden Zärtlichkeit, die sie auf nichts festlegte, ausrufen: »Ach, Segur, der ist so ein lieber Kerl!« Sie kamen näher, Ferdinand und ich begrüßten uns herzlich, indem wir versuchten, in unser Händeschütteln und Auf-den-Rücken-Klopfen so viel Wärme wie möglich zu legen – aus Erfahrung wussten wir, dass dies auch schon alles war, doch wir taten, als sei es nur der Auftakt; und so war es jedes Mal: Nach jeder Trennung wurden beim Wiedersehen in geschäftiger Herzlichkeit und einem Durcheinander Platz nehmender Gefühle aufgeregt die Saiten gestimmt; doch dann schlossen die Platzanweiser die Türen, und niemand wurde eingelassen. Segur beklagte sich bei mir über das Wetter, und zuerst verstand ich gar nicht, wovon er eigentlich redete; selbst wenn das feuchte, graue Gewächshausklima Fialtas »Wetter« genannt werden konnte, so lag es allem, was uns als Gesprächsgegenstand dienen konnte, ebenso fern wie etwa Ninas schlanker Ellbogen, den ich zwischen Zeigefinger und Daumen hielt, oder ein Stückchen Stanniolpapier, das jemand fallen gelassen hatte und das in einiger Entfernung in der Mitte der kopfsteingepflasterten Straße glitzerte.

Zu viert gingen wir weiter, vage Einkäufe vor uns. »Meine Güte, was für ein Indianer!«, rief Ferdinand plötzlich mit stürmischer Befriedigung, indem er mir einen kräftigen Rippenstoß versetzte und auf ein Plakat deutete. Ein Stück weiter, an einem Brunnen, gab er seine Zuckerstange einem einheimischen Kind, einem dunkelhäutigen Mädchen mit Perlen um den hübschen Hals; wir blieben stehen, um auf ihn zu warten: Er hatte sich hingekauert und redete auf ihre rußschwarzen gesenkten Wimpern hinab, dann holte er uns grinsend ein und machte eine jener Bemerkungen, mit denen er seine Reden zu würzen liebte. Darauf zog ein unglückseliger Gegenstand in einem Andenkenladen seine Aufmerksamkeit auf sich: eine fürchterliche Marmorimitation des Mt. Sankt Georg mit einem schwarzen Tunnel in seinem Fuß, der sich als die Öffnung eines Tintenfasses erwies, und mit einer Rinne für Federhalter, die Geleise vorstellen sollte. Mit offenem Mund, bereit herauszuprusten und ganz aus dem Häuschen vor höhnischem Triumph, wendete er das staubige, hinderliche und völlig schuldlose Ding in den Händen hin und her, be zahlte ohne zu feilschen und kam immer noch offenen Munds mit dem Monstrum in der Hand heraus. Wie ein Herrscher, der sich mit Buckligen und Zwergen umgibt, wandte er seine Zuneigung diesem oder jenem gräulichen Gegenstand zu; seine Huld währte von fünf Minuten bis zu mehreren Tagen, oder sogar noch länger, wenn das Ding zufällig lebendig war.

Nina deutete sehnsüchtig an, dass es Mittagessenszeit sei, und als Ferdinand und Segur in ein Postamt gingen, ergriff ich die Gelegenheit und führte sie eilig hinweg. Immer noch frage ich mich, was sie mir eigentlich bedeutete, diese kleine dunkle Frau mit den schmalen Schultern und den »lyrischen Gliedmaßen« (um den Ausdruck zu gebrauchen, den ein gezierter Emigrantendichter geprägt hatte, einer der wenigen Männer, die ihr platonisch nachgeseufzt hatten), und noch weniger verstehe ich, welchen Zweck das Schicksal damit verfolgte, dass es uns immer wieder zusammenführte. Nach meinem Aufenthalt in Paris hatte ich sie eine ganze Zeitlang nicht gesehen, und als ich eines Tages aus dem Büro nach Hause kam, saß sie da, trank Tee mit meiner Frau und prüfte auf ihrer seidenbespannten Hand – der Ehering glänzte durch die Seide hindurch – das Gewebe irgendwelcher auf der Tauentzienstraße billig erstandenen

Strümpfe. Einmal zeigte man mir ihr Bild in einer Modezeitschrift voller Herbstblätter und Handschuhe und windiger Golfplätze. An einem bestimmten Weihnachtsfest schickte sie mir eine Ansichtskarte mit Schnee und Sternen. An einem Rivierastrand entging sie hinter ihrer Sonnenbrille und ihrem Terracotta-Teint beinahe meiner Aufmerksamkeit. Als mich ein andermal eine Besorgung zur Unzeit in das Haus unbekannter Leute führte, wo gerade eine Gesellschaft gegeben wurde, erblickte ich ihren Schal und ihren Pelzmantel unter fremden Vogelscheuchen auf einem Garderobenständer. In einem Buchladen nickte sie mir aus einer Seite in einer der Geschichten ihres Mannes entgegen, aus einer Seite, auf der von einem episodischen Dienstmädchen die Rede ist und Nina gegen den Willen des Verfassers hereingeschmuggelt wird: »Ihr Gesicht«, schrieb er, »war eher ein Schnappschuss der Natur als ein genaues Portrait, so dass…, als er es sich vorzustellen suchte, nur flüchtige Eindrücke zusammenhangloser Gesichtszüge vor Augen hatte; den flaumigen Umriss ihrer *pommettes* in der Sonne, die bernsteinbraune Dunkelheit munterer Augen, ihre Lippen, zu einem freundlichen Lächeln verzogen, das immer bereit war, sich in einen feurigen Kuss zu verwandeln.«

Immer wieder tauchte sie flüchtig am Rand meines Lebens auf, ohne seinen eigentlichen Text auch nur im mindesten zu beeinflussen. An einem Sommermorgen (einem Freitag – denn die Dienstmädchen klopften im sonnenstaubigen Hof Teppiche), meine Familie war auf dem Land, döste und rauchte ich im Bett, als es wie wild klingelte – und dann stand sie in der Diele, ein unerwarteter Besuch, der (nebenbei) eine Haarnadel und (hauptsächlich) einen großen, mit Hotelschildern illustrierten Reisekoffer zurückließ, den ein netter österreichischer Junge vierzehn Tage später für sie abholte – nach ungreifbaren, aber sicheren Symptomen zu schließen, gehörte er zu der gleichen, recht kosmopolitischen Genossenschaft wie ich. Gelegentlich fiel mitten in einer Unterhaltung ihr Name, und ohne den Kopf zu wenden, lief sie die Stufen eines zufälligen Satzes hinab. Auf einer Reise in die Pyrenäen verbrachte ich eine Woche in einem Château, das Leuten gehörte, bei denen sie und Ferdinand sich gerade aufhielten, und nie werde ich meine erste Nacht dort vergessen: wie ich wartete, wie ich sicher war, dass sie aus eigenem Antrieb in mein Zimmer schleichen würde, wie sie nicht kam, und den Lärm, den Tausende von Grillen in der delirierenden Tiefe des felsigen, von Mondschein triefenden Gartens vollführten, die tollen murmelnden Bäche und meinen Kampf zwischen wohltuender südlicher Müdigkeit nach einem langen Tag der Jagd auf den Geröllhängen und dem wilden Verlangen nach ihrem heimlichen Kommen, ihrem tiefen Lachen, ihren rosa Fußgelenken über dem Schwanendaunenbesatz hochhackiger Pantoffeln; die Nacht indessen tobte weiter, ohne dass sie kam, und als ich ihr am Tag darauf im Laufe einer gemeinschaftlichen Bergwanderung von meinem Warten erzählte, faltete sie bestürzt die Hände – und taxierte sofort mit schnellem Blick, ob die Rücken Ferdinands (er gestikulierte) und seines Freundes weit genug entfernt waren. Ich erinnere mich, über halb Europa hinweg (in einer geschäftlichen Angelegenheit ihres Mannes) mit ihr telefoniert und ihre eifrige, bellende Stimme anfangs gar nicht erkannt zu haben; und ich erinnere mich, wie ich einmal von ihr träumte: Ich träumte, meine älteste Tochter käme hereingelaufen, um mir zu sagen, dass der Hausmeister in arger Bedrängnis sei – und als ich zu ihm hinunterging, sah ich Nina in tiefem Schlaf auf einem Koffer liegen, eine Rolle grober Leinwand unter dem Kopf, mit bleichen Lippen und in ein wollenes Tuch gehüllt, so wie elende Flüchtlinge auf gottverlassenen Bahnhöfen schlafen. Und was mir oder ihr in der Zwischenzeit auch zustieß, es kam nie zu irgendwelchen Aussprachen zwischen uns, da wir in den Pausen unseres Schicksals niemals aneinander dachten, so dass sich bei jedem Wiedersehen das Tempo des Lebens auf der Stelle änderte, alle seine Atome neu kombiniert wurden und wir in ein anderes, leichteres Zeitmedium gerieten, dessen Maß nicht die langwierigen Trennungen, sondern die wenigen Begegnungen waren, aus denen auf diese Weise künstlich ein kurzes, vermeintlich leichtfertiges Leben entstand. Und mit jeder neuen Begegnung wurde ich besorgter; nein, meine Gefühle wurden nicht aus der Bahn geworfen, nicht geisterte der Schatten der Tragödie durch unsere Freuden, meine Ehe wurde nicht in Mitleidenschaft gezogen, während auf der anderen Seite ihr in erotischer Hinsicht eklektischer Ehegatte ihre beiläufigen Affären übersah, obwohl er aus ihnen einigen Vorteil in Form angenehmer und nützlicher Beziehungen schlug. Ich wurde besorgt, weil etwas Wunderschönes, Zartes und Unwiederholbares vergeudet wurde: etwas, das ich missbrauchte, wenn ich mir in großer Eile armselige helle Stückchen davon abbrach und dabei den bescheidenen, aber wahren Kern verschmähte, den es mir möglicherweise in einem Mitleid heischenden Wispern darbot. Ich war besorgt, weil ich schließlich Ninas Leben irgendwie doch akzeptierte, die Lügen, die Vergeblichkeit, das Kauderwelsch dieses Lebens. Obwohl es keinerlei Gefühlsdissonanz gab, fühlte ich mich verpflichtet, nach einer vernünftigen, wenn auch nicht moralischen Erklärung meines Daseins zu suchen, und das hieß, zwischen der Welt zu wählen, in der ich Modell saß für mein Porträt, mit meiner Frau, meinen kleinen Töchtern, dem Dobermannpinscher (idyllische Girlanden, ein Siegelring, ein dünner Spazierstock), zwischen dieser glücklichen, weisen und guten Welt... und was? Bestand irgendeine praktische Chance, ein Leben gemeinsam mit Nina zu führen? Ich vermochte es mir schwer auch nur vorzustellen, denn ich wusste, es wäre mit einer leidenschaftlichen, unerträglichen Bitterkeit durchtränkt, und jeder seiner Augenblicke wäre sich einer Vergangenheit bewusst, in der es von proteischen Partnern nur so wimmelte. Nein, das Ganze war absurd. Und war sie darüber hinaus nicht durch etwas Stärkeres als Liebe an ihren Gatten gekettet – die unerschütterliche Freundschaft zwischen zwei Strafgefangenen? Absurd! Doch was denn hätte ich mit dir anfangen sollen, Nina, wie hätte ich mich dieser aufgespeicherten Traurigkeit entledigen können, die sich als Ergebnis unserer scheinbar unbekümmerten, in Wahrheit jedoch hoffnungslosen Begegnungen angesammelt hatte?

Fialta besteht aus einer Alt- und einer Neustadt, hier und da sind Vergangenheit und Gegenwart miteinander verflochten und liegen im Kampf, um sich entweder voneinander freizumachen oder gegenseitig vollends auszustoßen; jede hat ihre eigenen Methoden: Die Neue liefert einen ehrlichen Kampf – sie importiert Palmen, richtet schmucke Reisebüros ein und bemalt die rote Fläche der Tennisplätze mit hellgelben Linien; wohingegen die heimtückische Stadt von dazumal hinter einer Ecke in Gestalt einer auf Krücken gehenden Gasse hervorkommt oder in der von Treppenstufen, die nirgendwo hinführen. Auf unserem Weg zum Hotel kamen wir an einer halbfertigen, weißen, innen mit Abfällen übersäten Villa vorbei, an deren einer Wand wieder die gleichen Elefanten auf gewaltigen, buntbemalten Trommeln saßen, ihre ungetümen Babyknie weit gespreizt; eine (bereits mit einem Bleistiftschnurrbart versehene) Kunstreiterin in ätherischem Ballettröckchen ruhte auf der breiten Kruppe eines Pferdes; und ein Clown mit Tomatennase lief über ein Drahtseil, einen Schirm balancierend, der mit jenen immer wiederkehrenden Sternen geschmückt war – eine auf vage Weise sinnbildhafte Erinnerung an die himmlische Heimat der Zirkuskünstler. Hier, in Fialtas Rivierateil, knirschte der nasse Kies luxuriöser, deutlicher war das träge Aufseufzen der See zu vernehmen. Im Hinterhof des Hotels jagte ein mit einem Messer bewaffneter Küchenjunge hinter einem Huhn her, das wild gluckend um sein Leben lief. Ein Schuhputzer bot mir mit zahnlosem Lächeln seinen uralten Thron. Unter den Platanen standen ein Motorrad deutscher Herkunft, eine schlammbespritzte Limousine und ein gelber, langrumpfiger Icarus, der wie ein gigantischer Skarabäus aussah (»Das ist unser – Segurs, meine ich«, sagte Nina und fügte hinzu: »Warum kommst du nicht mit, Victor?« – obwohl sie sehr wohl wusste, dass ich nicht mitkommen konnte). In den Lack seiner Flügeldecken war ein Gouachebild mit Himmel und Gezweig versenkt; das Metall eines seiner bombenförmigen Scheinwerfer spiegelte einen Augenblick lang uns selbst, hagere Fußgänger aus dem Lande des Films, die über die konvexe Oberfläche glitten; und dann, nach einigen Schritten, warf ich einen Blick zurück und sah sozusagen beinahe optisch voraus, was in Wirklichkeit erst etwa eine Stunde später geschah: wie die drei in Sturzhelmen einstiegen, lächelten und mir zuwinkten, durchsichtig für mich wie Gespenster, durch welche die Farbe der Welt hindurchleuchtet, und sich dann in Bewegung setzten, sich entfernten, kleiner wurden (Ninas letzter zehnfingriger Abschied); in Wirklichkeit jedoch rührte sich das Automobil, glatt und heil wie ein Ei, noch nicht von der Stelle, und Nina schritt unter meinem ausgestreckten Arm durch einen von Lorbeer flankierten Eingang, und als wir uns setzten, konnten wir durch das Fenster Ferdinand und Segur, die einen anderen Weg genommen hatten, langsam näher kommen sehen.

Auf der Veranda, wo wir unsere Mittagsmahlzeit einnahmen, befand sich niemand außer dem Engländer, der mir unlängst aufgefallen war; vor ihm warf ein hohes Glas mit einem knallroten Drink ein ovales Lichtmuster auf das Tischtuch. In seinen Augen nahm ich das gleiche blutunterlaufene Verlangen wahr, aber jetzt stand es mit Nina in keinem Zusammenhang; der gierige Blick galt nicht ihr, er war unverwandt auf die obere rechte Ecke des breiten Fensters gerichtet, neben dem er saß.

Nina hatte die Handschuhe von den kleinen, dünnen Händen gestreift und aß zum letzten Mal in ihrem Leben jene Krustentiere, für die sie eine solche Vorliebe hatte. Auch Ferdinand beschäftigte sich mit dem Essen, und ich nutzte seinen Hunger aus, ein Gespräch anzufangen, das mir einen Anschein von Macht über ihn gab: Genauer gesagt, ich erwähnte den Misserfolg seines neuen Stückes. Nach einer kurzen Periode religiösen Umgangs, wie er gerade in Mode war, in deren Verlauf er der Gnade teilhaftig wurde und mehrere reichlich zweideutige Pilgerfahrten unternahm, die in einem entschieden skandalösen Abenteuer endeten, hatte er seinen matten Blick gen Moskau gewandt, das barbarische Moskau. Nun habe ich mich, offen gesagt, immer über die selbstgefällige Überzeugung geärgert, dass ein kleines Wellchen Bewusstseinsstrom, ein paar gesunde Obszönitäten und eine Prise Kommunismus in irgendeinem alten Spüleimer auf alchimistische Weise und ganz von allein ultramoderne Literatur ergäben; und bis man mich erschießt, werde ich darauf beharren, dass Kunst, sobald sie mit Politik in Berührung gebracht wird, unvermeidlich auf das Niveau beliebigen ideologischen Plunders herabsinkt. In Ferdinands Fall allerdings war all dies unerheblich: Die Muskeln seiner Muse waren außergewöhnlich kräftig, ganz zu schweigen von dem Umstand, dass ihm das Elend der Unterdrückten völlig egal war; doch wegen gewisser, auf dunkle Weise bösartiger Unterströmungen dieser Art war seine Kunst noch widerwärtiger geworden. Bis auf ein paar Snobs hatte kein Mensch das Stück verstanden; selber hatte ich es nicht gesehen, aber jene komplizierte kremleske Nacht, an deren unmöglichen Spiralen entlang er verschiedene Räder zerstückelter Symbole kreisen ließ, konnte ich mir gut vorstellen; und jetzt fragte ich ihn nicht ohne Schadenfreude, ob er kürzlich eine bestimmte kleine Kritik gelesen habe.

»Kritik!«, rief er. »Schöne Kritik! Jeder geleckte Affe hält es für angebracht, mir Lehren zu erteilen. Keine Ahnung zu haben von meinem Werk, ist ihr Stolz. Meine Bücher werden behutsam angefasst, wie etwas, das in die Luft gehen könnte. Kritik! Man untersucht sie unter jedem Aspekt, nur unter dem wesentlichen nicht. Es ist, als ob ein Naturforscher, der das *genus equus* beschreiben will, anfinge, über Sättel oder Madame de V. zu quasseln [er nannte eine bekannte literarische Salondame, die in der Tat große Ähnlichkeit mit einem grinsenden Pferd hatte]. Ich möchte auch etwas von diesem Taubenblut«, fuhr er im gleichen scharfen Ton fort, jetzt an den Kellner gewandt, der seinen Wunsch erst begriff, als er in die Richtung des Fingers mit dem langen Nagel blickte, der unmanierlich auf das Glas des Engländers deutete. Aus irgendeinem Grund erwähnte Segur Ruby Rose, die Dame, die Blumen auf ihren Busen malte, und die Unterhaltung nahm einen weniger beleidigenden Charakter an. Inzwischen kam der große Engländer plötzlich zu einem Entschluss, stieg auf einen Stuhl, trat von da auf das Fensterbrett und reckte sich, bis er die erstrebte Ecke des Fensterrahmens erreichte, wo ein kompakter, pelziger Nachtfalter saß, den er behende in eine kleine Schachtel steckte.

»... etwa wie Wouwermans Schimmel«, sagte Ferdinand in Zusammenhang mit dem, worüber er gerade mit Segur sprach.

»Tu es très hippique ce matin«, bemerkte Letzterer.

Bald gingen sie beide telefonieren. Ferdinand hatte eine besondere Vorliebe für Ferngespräche und dazu ein besonderes Geschick, sie – egal, über welche Entfernung hin – mit freundlicher Wärme auszustatten, wenn es galt, wie zum Beispiel jetzt, eine kostenlose Übernachtung zu ergattern.

Von weit her kamen Musikgeräusche – eine Trompete, eine Zither. Nina und ich begaben uns wieder nach draußen und bummelten durch die Straßen. Offenbar hatte der Zirkus auf seinem Weg nach Fialta eine Vorausabteilung vorgeschickt: Eine Reklameprozession zog vorüber. Ihr Anfang allerdings entging uns, da sie bergauf in eine Nebenallee abgebogen war: Die vergoldete Rückwand irgendeines Gefährts entschwand, ein Mann im Burnus führte ein Kamel, vier hintereinander gehende mittelmäßige Indianer trugen an Stangen Plakate, und hinter ihnen saß dank einer Sondererlaubnis der kleine Sohn eines Touristen im Matrosenanzug andächtig auf einem winzigen Pony.

Wir kamen an einem Café vorbei, wo die Tische jetzt fast trocken, aber immer noch leer waren; der Kellner begutachtete einen grässlichen Findling (hoffentlich adoptierte er ihn später), das absurde Tintenfassungeheuer, das Ferdinand im Vorübergehen auf der Balustrade ausgesetzt hatte. An der nächsten Ecke zog uns eine alte steinerne Treppe an, wir stiegen hinauf, und ich blickte unverwandt auf den spitzen Winkel, den Ninas Schritt beim Hinaufsteigen bildete – sie hob ihren Rock, und seine Enge erforderte die gleiche Geste wie früher die Rocklänge, eine mir vertraute Wärme ging von ihr aus, und während ich neben ihr hinaufstieg, kam mir unser letztes Wiedersehen in den Sinn. Es war in einem Haus in Paris gewesen, viele Leute waren anwesend, und mein guter Freund Jules Darboux, im Wunsch, mir einen erlesenen ästhetischen Gefallen zu erweisen, hatte mich am Ärmel berührt und gesagt: »Darf ich dich vorstellen …«, und mich dann zu Nina geführt, die in der Ecke einer Couch saß, ihre Gestalt zu einem Z gefaltet, einen Aschenbecher neben dem Schuhabsatz; sie hatte eine lange Türkiszigarettenspitze von den Lippen genommen und freudig und langsam gerufen: »Also dass ich gerade dich treffe …« – und dann, den ganzen Abend lang, war mir, als wolle mir das Herz zerspringen, während ich mit einem klebrigen Glas in der Faust von Gruppe zu Gruppe ging, hin und wieder aus der Ferne nach ihr Ausschau hielt (ihre Augen suchten mich nicht), einzelne Gesprächsbrocken erhaschte und mithörte, wie ein Mann zu einem anderen sagte: »Komisch, dass sie alle gleich riechen, durch jedes Parfum hindurch nach verbranntem Laub, diese dunkelhaarigen Mädchen mit den scharfen Gelenken«, und wie es oft geschieht, klammerte sich eine triviale Bemerkung über irgendeinen unbekannten Gegenstand an die eigene vertraute Erinnerung, hielt sich daran fest und krümmte sich, ein Parasit ihrer Traurigkeit.

Oben auf der Treppe angekommen, fanden wir uns auf einer Art Terrasse. Von hier aus war der zarte Umriss des taubengrauen Mt. Sankt Georg mit einem Haufen knochenweißer Flecken (irgendein kleines Dorf) auf einem seiner Hänge zu sehen; der Rauch eines unsichtbaren Zuges wellte sich um seinen runden Fuß – und verschwand plötzlich; noch weiter unten, über dem Dächergewirr, konnte man eine einsame Zypresse erkennen, die Ähnlichkeit hatte mit der feuchten, gezwirbelten schwarzen Spitze eines Tuschpinsels; zur Rechten sah man einen kleinen Teil des Meeres, das grau war und silbrige Falten warf. Zu unseren Füßen lag ein rostiger alter Schlüssel, und an der Wand des halbverfallenen Hauses neben der Terrasse hingen immer noch irgendwelche Drahtenden... Es kam mir in den Sinn, dass es hier einst Leben gegeben, eine Familie die Kühle der Abenddämmerung genossen hatte, dass ungeschickte Kinder im Licht einer Lampe mit Malbüchern beschäftigt gewesen waren… Wir verweilten dort oben, als horchten wir auf irgendetwas; Nina, die höher stand als ich, legte mir eine Hand auf die Schulter und lächelte, und mit Sorgfalt, auf dass ihr Lächeln nicht knitterte, küsste sie mich. Mit unerträglicher Heftigkeit erlebte ich noch einmal (so scheint es mir wenigstens) alles, was, angefangen mit einem ähnlichen Kuss, je zwischen uns gewesen war; und ich sagte (anstelle unseres billigen, förmlichen »Du« jenes seltsam volle und bedeutungsschwere »Sie« verwendend, zu dem der Weltumsegler in jeder Hinsicht bereichert zurückkehrt): »Schauen Sie – was wäre, wenn ich Sie liebe?« Nina sah mich kurz an, ich wiederholte die Worte, ich wollte hinzusetzen… aber etwas wie eine Fledermaus strich kurz über ihr Gesicht, ein schneller, sonderbarer, fast hässlicher Ausdruck, und sie, die in völliger Unschuld grobe Worte in den Mund nehmen konnte, wurde verlegen; auch ich war verlegen… »Keine Sorge, ich habe nur Spaß gemacht«, sagte ich rasch und legte leicht den Arm um ihre Taille. Von irgendwoher erschien ein fester Strauß kleiner, dunkler, selbstlos duftender Veilchen in ihren Händen, und bevor sie zu ihrem Gatten und Auto zurückkehrte, standen wir noch eine kurze Weile an der Steinbrüstung, und unsere Affäre war hoffnungsloser denn je. Doch der Stein war warm wie Menschenhaut, und plötzlich verstand ich etwas, das ich gesehen hatte, ohne es zu begreifen – warum ein Stückchen Stanniolpapier auf dem Pflaster so geglitzert, warum auf einem Tischtuch der Abglanz eines Glases gezittert hatte, warum die See ein einziger Lichtschimmer war: Irgendwie hatte sich allmählich der weiße Himmel über Fialta unmerklich mit Sonnenschein gesättigt, und nun war er ganz und gar von Sonne durchdrungen, und das überströmende weiße Leuchten wurde weiter und weiter, alles löste sich darin auf, alles verschwand, alles verging, und ich stand auf dem Bahnsteig von Mlech, in der Hand eine soeben gekaufte Zeitung, aus der ich erfuhr, dass der gelbe Wagen, den ich unter den Platanen gesehen hatte, hinter Fialta einen Unfall gehabt hatte, als er in voller Geschwindigkeit in den Lastwagen eines Wanderzirkus auf dem Weg in die Stadt gerast war, einen Unfall, aus dem Ferdinand und sein Freund, diese unverwundbaren Schurken, diese Salamander des Schicksals, diese glücklichen Basilisken mit örtlichen und heilbaren Verletzungen ihrer Schuppenhaut hervorgegangen waren, während Nina trotz ihrer anhaltenden und getreulichen Versuche, es ihnen gleichzutun, sich am Ende doch als sterblich erwiesen hatte.

Saki

Eine Freizeitbeschäftigung

Kenelm Jerton betrat den Speisesaal des Golden Galleon Hotels zur Mittagszeit, als dort Hochbetrieb herrschte. Beinahe jeder Platz war besetzt, und überall dort, wo die Stellfläche es zuließ, hatte man Extratischchen für die Nachzügler hereingetragen, so dass zahlreiche Tische einander nahezu berührten. Jerton wurde von einem Ober zu dem einzigen freien Tisch geleitet, der noch auszumachen war, und nahm mit der genierlichen und völlig grundlosen Einbildung Platz, dass sich alle Blicke im Saal auf ihn richteten. Er war ein noch recht junger Mann von alltäglichem Äußeren, dezenter Kleidung und unaufdringlichem Benehmen, der sich nie ganz von der Vorstellung freimachen konnte, im grellen Scheinwerferlicht öffentlicher Musterung zu stehen, als zähle er zur Prominenz oder benehme sich wie ein Vollidiot. Nachdem er seine Bestellung aufgegeben hatte, galt es die unvermeidliche Wartezeit zu überbrücken, in der es nichts anderes zu tun gab, als auf die Blumenvase auf seinem Tisch zu starren und sich (in seiner Einbildung) von einigen Backfischen, ein paar reiferen Exemplaren des nämlichen Geschlechts und einem höhnisch dreinblickenden Juden anstarren zu lassen. Um die Situation mit einem Anflug von Unbekümmertheit durchzustehen, begann er sich beiläufig für die Blumen in der Vase zu interessieren, die vor ihm stand.

»Können Sie mir sagen, was das für Rosen sind?«, fragte er den Ober. Der war darauf vorbereitet, jederzeit seine Ignoranz zu überspielen, wenn es um die Weinkarte oder das Menü ging, aber beim Namen dieser Rosensorte musste er schlicht passen.

»Eine *Amy Silvester Partington*«, sagte eine Stimme gleich neben Jerton. Die Stimme gehörte zu einer recht vorteilhaft gekleideten, sympathischen jungen Dame, die an einem Nebentisch saß, der den seinen fast berührte. Er dankte ihr ebenso eilfertig wie verlegen für die Auskunft und machte irgendeine nichtssagende Bemerkung über die Blumen.

»Es ist merkwürdig genug«, sagte die junge Dame, »dass ich Ihnen den Namen dieser Rosen nennen kann, ohne mein Gedächtnis strapazieren zu müssen, denn wenn Sie mich nach meinem Namen gefragt hätten, wäre ich außerstande gewesen, Ihnen zu sagen, wie ich heiße.«

Jerton hatte nicht im mindesten vorgehabt, seine

Wissbegier auf den Namen seiner Nachbarin zu erstrecken. Nach ihrer recht bemerkenswerten Ankündigung fühlte er sich jedoch verpflichtet, so etwas wie eine höfliche Nachfrage zu halten.

»Ja«, sagte die junge Dame, »ich schätze, es ist ein Fall von partiellem Gedächtnisverlust. Ich bin mit dem Zug hier angekommen; meiner Fahrkarte nach zu urteilen muss ich in Victoria Station eingestiegen und hierher unterwegs gewesen sein. Ich hatte einige Fünf-Pfund-Noten und einen Sovereign bei mir, aber weder Visitenkarten noch sonst etwas, das Aufschluss über meine Identität hätte geben können; ich habe nicht die geringste Vorstellung, wer ich bin. Ich kann mich nur schemenhaft entsinnen, einen Titel zu führen; ich bin Lady Soundso – ansonsten ist meine Erinnerung wie leergefegt.«

»Hatten Sie kein Gepäck dabei?«, fragte Jerton.

»Selbst das weiß ich nicht. Ich kannte den Namen dieses Hotels und beschloss, hierherzukommen; als der Portier, der die Gäste vom Zug abholt, mich fragte, ob ich Gepäck dabei hätte, musste ich eine Reisetasche und einen Schließkorb erfinden; ich hätte jederzeit vorgeben können, sie seien abhanden gekommen. Ich nannte ihm den Namen Smith, und kurz darauf tauchte er aus einem Haufen Gepäck und Passagieren mit einer Reisetasche und einem Schließkorb auf, die mit Kestrel-Smith gekennzeichnet waren. Ich musste sie nehmen; ich wüsste nicht, was ich sonst hätte tun sollen.«

Jerton sagte nichts, aber er fragte sich, was der rechtmäßige Eigentümer der Gepäckstücke wohl unternehmen würde.

»Natürlich war es schlimm genug, sich unter dem Namen Kestrel-Smith in einem fremden Hotel einzuquartieren, aber ohne Gepäck anzukommen wäre noch peinlicher gewesen. Ich hasse es nämlich sehr, Scherereien zu verursachen.«

Jerton sah im Geiste drangsalierte Bahnbeamte und entnervte Kestrel-Smiths vor sich, versagte sich aber, seine Vision in Worte zu kleiden. Die junge Dame fuhr mit ihrer Geschichte fort.

»Natürlich passte keiner meiner Schlüssel zu den Taschen, aber ich erzählte einem aufgeweckten Hotelpagen, dass ich meinen Schlüsselbund verloren hätte, und im Handumdrehen hatte er die Schlösser aufgebrochen. Eher ein wenig zu aufgeweckt, dieser Junge; er wird wahrscheinlich in Dartmoor enden. Mit den Kestrel-Smithschen Toilettenartikeln ist zwar kein Staat zu machen, aber besser als nichts sind sie allemal.«

»Wenn Sie überzeugt sind, einen Titel zu haben«, sagte Jerton, »warum besorgen Sie sich dann nicht einen Adelskalender und gehen einfach alle Namen durch?«

»Das habe ich schon ausprobiert; ich habe das Verzeichnis der Mitglieder des Oberhauses im *Whitaker* überflogen, aber eine Namensliste sagt einem natürlich herzlich wenig. Wenn Sie Offizier wären und nicht mehr wüssten, wie Sie heißen, könnten Sie monatelang über dem Handbuch der Streitkräfte brüten, ohne herauszubekommen, wer Sie sind. Ich werde die Sache anders angehen: Durch eine Reihe von Tests versuche ich herauszufinden, wer ich *nicht* bin – das wird den Bereich der Ungewissheit ein wenig eingrenzen. Sie mögen zum Beispiel bemerkt haben, dass ich zum Lunch meistens Hummer Newburg bestelle.«

Jerton hatte sich nicht die Freiheit erlaubt, dergleichen zu bemerken.

»Eine Extravaganz, denn das ist eines der teuersten Gerichte auf der Karte, aber immerhin beweist es, dass ich nicht Lady Starping bin, die Schalentiere niemals anrührt, und die arme Lady Braddleshrub hat so gut wie gar keine Verdauung; wenn ich sie wäre, würde ich gewiss noch diesen Nachmittag unter Krämpfen verenden, und die Aufgabe, herauszufinden, wer ich bin, würde der Presse und der Polizei und solchen Leuten anheimfallen; mein Problem wäre es nicht mehr. Lady Knewford kann eine Rose nicht von der anderen unterscheiden und Männer nicht ausstehen, so dass sie Sie niemals angesprochen hätte, während Lady Mousehilton mit jedem Mann flirtet, der ihr begegnet – ich habe nicht mit Ihnen geflirtet, oder?«

Jerton beeilte sich, ihr beizupflichten.

»Sehen Sie«, fuhr die Lady fort, »das sind schon vier Namen, die ich aus der Liste streichen kann.«

»Ein recht langwieriges Verfahren, die Liste bis auf einen Eintrag zu reduzieren«, sagte Jerton.

»Nun, selbstverständlich sind jede Menge Frauen darunter, die ich unmöglich sein kann – solche, die schon Enkelkinder haben oder Söhne, die alt genug sind, auf eigenen Füßen zu stehen. Ich brauche nur die in Betracht zu ziehen, die ungefähr mein Alter haben. Sie könnten mir heute Nachmittag einen Gefallen tun, wenn es Ihnen nichts ausmacht, und ich will Ihnen auch gleich sagen, wie: Blättern Sie alle alten Ausgaben von *Country Life* und ähnlichen Zeitschriften durch, die Sie im Rauchersalon finden können, und schauen Sie nach, ob Sie mein Konterfei mit einem Kind auf dem Arm oder Ähnlichem finden. Das kostet Sie keine zehn Minuten. Ich treffe Sie dann zur Teezeit im Gesellschaftsraum. Ganz herzlichen Dank.«

Nachdem die schöne Unbekannte Jerton charmant für die Suche nach ihrer verlorenen Identität eingespannt hatte, erhob sie sich und schickte sich an, den Saal zu verlassen. Als sie sich an dem Tisch des jungen Mannes vorbeizwängte, hielt sie einen Augenblick inne und flüsterte:

»Haben Sie bemerkt, dass ich dem Ober einen Schilling Trinkgeld gegeben habe? Wir können Lady Ulwight von der Liste streichen; sie hätte sich eher umgebracht, als so etwas zu tun.«

Um fünf Uhr machte Jerton sich auf den Weg zum Gesellschaftsraum des Hotels; er hatte eine geschäftige, aber ergebnislose Viertelstunde zwischen den illustrierten Wochenblättern im Rauchersalon zugebracht. Seine neue Bekanntschaft saß an einem kleinen Teetisch, neben dem ein Ober auf die Bestellung wartete.

»Chinesischen Tee oder indischen?«, fragte sie, als Jerton sich zu ihr setzte.

»Chinesischen bitte, und nichts zu essen. Haben Sie etwas herausgefunden?«

»Nur negative Informationen. Ich bin nicht Lady Befnal. Sie lehnt jede Form von Wetten auf das Schärfste ab; als ich einen bekannten Buchmacher in der Hotelhalle traf, ging ich gleich zu ihm und setzte einen Zehner auf eine namenlose Fohlenstute von Wilhelm III. aus Mitrowitz für das Rennen um Viertel nach drei. Wahrscheinlich hatte der Umstand, dass das Tier keinen Namen hatte, für mich den Ausschlag gegeben.«

»Hat es gewonnen?«, fragte Jerton.

»Nein, es wurde Vierter, das Ärgerlichste, was ein Pferd einem antun kann, wenn man auf Sieg oder Platz gesetzt hat. Jedenfalls weiß ich jetzt, dass ich nicht Lady Befnal bin.«

»Eine recht teuer erkaufte Gewissheit, wie mir scheint«, gab Jerton zu bedenken.

»Sie sagen es«, räumte die Identitätssucherin ein, »ein Zweischillingstück ist so ziemlich alles, was mir geblieben ist. Der Hummer Newburg hat mein Essen zu einem relativ teuren Vergnügen werden lassen, und dem Pagen musste ich für das, was er mit den Kestrel-Smithschen Schlössern angestellt hatte, natürlich ein Trinkgeld geben. Mir ist allerdings eine recht brauchbare Idee gekommen. Ich bin mir sicher, Mitglied des Pivot Clubs zu sein; ich werde in die Stadt zurückfahren und den Portier dort fragen, ob Post für mich angekommen ist. Er kennt alle Mitglieder vom Ansehen, und wenn dort irgendwelche Briefe oder telefonischen Mitteilungen auf mich warten, wird das natürlich mein Problem lösen. Und wenn er sagt, es sei nichts für mich da, werde ich ihn fragen: ›Sie wissen doch, wer ich bin, nicht wahr?‹, so dass ich es in jedem Fall herausbekommen werde.«

Der Plan schien Hand und Fuß zu haben; ein Detail, das seine Ausführung erschwerte, blieb Jerton allerdings nicht verborgen.

»Gewiss«, sagte die junge Dame, als er das Hindernis andeutete, »da ist die Fahrkarte zurück in die Stadt, meine Rechnung hier, das Taxi und was sonst noch anfällt. Wenn Sie mir drei Pfund leihen könnten, müsste ich damit bequem zurechtkommen. Verbindlichsten Dank. Bleibt noch die Sache mit dem Gepäck; ich möchte mich nicht für den Rest meines Lebens damit belasten. Ich werde es in die Halle hinunterbringen lassen, und Sie könnten so tun, als ob Sie es bewachten, weil ich noch einen Brief zu schreiben hätte. Währenddessen entschwinde ich in Richtung Bahnhof, und Sie können derweil in den Rauchersalon hinüberschlendern; dann mögen sie mit den Sachen machen, was sie wollen. Man wird sie einige Zeit später in die Zeitung setzen, und der wahre Eigentümer kann sich dann ja melden.«

Jerton willigte in das Manöver ein und schob pflichtgetreu Wache neben dem Gepäck, während dessen zeitweilige Besitzerin unauffällig aus dem Hotel verschwand. Ihr Abgang blieb jedoch nicht gänzlich unbemerkt. Zwei Herren schlenderten an Jerton vorbei, und er hörte, wie der eine zu dem anderen sagte:

»Haben Sie die große junge Dame in Grau gesehen, die gerade hinausgegangen ist? Sie ist Lady …«

Doch in dem entscheidenden Augenblick, in

dem er sich anschickte, die unergründliche Identität preiszugeben, führten seine Schritte ihn außer Hörweite. Lady *wie bitte*? Jerton konnte unmöglich einem völlig Fremden nachlaufen, sich in dessen Unterhaltung einmischen und nähere Angaben über jemanden erbitten, der zufällig des Weges gekommen war. Außerdem galt es den Eindruck aufrechtzuerhalten, dass er auf das Gepäck achtgebe. Aber wenige Minuten später kam der wichtige Mann, der es wissen musste, allein zurück. Jerton nahm all seinen Mut zusammen und sprach ihn an.

»Ich bilde mir ein, mitbekommen zu haben, dass Sie die Lady kennen, die vorhin aus dem Hotel gegangen ist, eine hochgewachsene Dame ganz in Grau. Sie werden entschuldigen, wenn ich Sie frage, ob Sie mir ihren Namen nennen können: Ich habe mich eine halbe Stunde lang mit ihr unterhalten; sie – äh – sie kennt meine ganze Verwandtschaft und mich offenbar auch, so dass ich annehme, ihr irgendwo schon einmal begegnet zu sein, aber ich komme beim besten Willen nicht darauf, wie sie heißt. Könnten Sie mir verraten …?«

»Gewiss. Sie heißt Mrs. Stroope.«

»*Mrs.* Stroope?«, erkundigte sich Jerton.

»Ja; sie hat übrigens dort, wo ich herkomme, beim Golf den Titel *Lady Champion* errungen. Eine furchtbar nette Person, die am gesellschaftlichen

Leben sehr rege teilnimmt, aber die unangenehme Eigenart hat, hin und wieder ihr Gedächtnis zu verlieren und dann in alle möglichen Schwierigkeiten zu geraten. Sie wird ausgesprochen wütend, wenn man im Nachhinein irgendwelche Anspielungen darauf macht. Guten Tag, Sir.«

Der Fremde ging seines Weges, und bevor Jerton die Zeit fand, zu verarbeiten, was er gehört hatte, wurde seine ganze Aufmerksamkeit von einer äußerst ungehaltenen Dame in Anspruch genommen, die das Hotelpersonal lautstark und aufgebracht zur Rede stellte.

»Ist hier irrtümlich irgendwelches Gepäck vom Bahnhof hergebracht worden, eine Reisetasche und ein Schließkorb, auf den Namen Kestrel-Smith? Es ist wie vom Erdboden verschwunden. Ich habe gesehen, wie es in Victoria Station aufgeladen wurde, das kann ich beschwören. Nanu – da steht mein Gepäck ja, und an den Schlössern hat auch jemand hantiert!«

Mehr hörte Jerton nicht. Er flüchtete sich ins Türkische Bad und blieb dort mehrere Stunden.

David Sedaris

Reisebekanntschaften

Die Busfahrt von North Carolina nach Oregon dauert vier Tage, und die setzen sich aus etwa fünfundsiebzigtausend Stunden zusammen, wenn man ohne die Hilfe eines starken veterinärmedizinischen Beruhigungsmittels reist. Es war mein Schicksal, dass jeder Marine-Infanterist, der sich unerlaubt von der Truppe entfernt hatte, jeder tränenbefleckte Ausreißer, jeder betrunkene auf Bewährung entlassene Strafgefangene so dicht neben mir saß, dass ich, falls er tatsächlich mal gnädigerweise kurz das Bewusstsein verlor, unweigerlich seinen sprudelnden Speichel mit meinem Hemdkragen auffing. Bücher und Zeitschriften boten keine Erleichterung. Sie taugten nicht nur nicht als Abwehrschild, ihr Dasein zog im Gegenteil alles, von milder Neugier bis hin zu offener Feindseligkeit, auf sich.

»Glaubst du, du lernst was aus einem Buch?«, sagte der Mann und boxte meine Kopfstütze mit seinen tätowierten Knöcheln. »Ich werd dir mal was sagen, Bücherwurm, wenn du wirklich die Wahrheit erfahren willst, dann gibt es dafür nur einen Ort: die Justizvollzugsanstalt Chatham. Das ist die beste Scheiß-Schule im ganzen stinkenden Land. Da hab ich alles gelernt, was ich weiß, und noch manches andere. Verdammt, in diesem gottverdammten Bus lernst du mehr als in einer ganzen …« Er hielt inne, war bestrebt, sich daran zu erinnern, wie so was hieß. »Hier wirst du jedenfalls mehr lernen als in einer ganzen Pyramide voller Bücher. Man könnte eine ganze Rennbahn mit der ganzen Scheiße, die jemals geschrieben wurde, vollstopfen, aber hier gibt es mehr zu lernen.«

Da ich noch nie eine Rennbahn voller Bücher gesehen hatte, fand ich es übereilt, ihm zu widersprechen. »Da könnten Sie Recht haben«, sagte ich und betrachtete die Narben, die sein verprügeltes, sonnenverbranntes Gesicht schmückten. »Sie müssen jetzt bald aussteigen, stimmt's? Sonst setze ich mich gern auf die andere Seite des Busses, damit Sie etwas mehr Platz haben und sich ein bisschen ausstrecken können.«

»›Ja‹, hab ich zu ihm gesagt«, sagte das Mädchen, das jetzt neben mir Platz nahm. »Ich hab gesagt: ›Davon kannst du aber verdammt noch mal ausgehen, dass ich dies scheiß Baby kriege.‹ Ich hab gesagt, ich krieg dies stinkende Stück Scheiße, egal, ob er nun der Scheiß-Vater sein will oder nicht.« Sie pausierte, um sich die Stupsnase mit einem Kniestrumpf abzuwischen, den sie ausschließlich zu diesem Zweck bei sich führte.

»Ich hab gesagt: ›Ich hab mir diese Scheiße schon vier Jahre lang von Big T bieten lassen müssen, und wenn du glaubst, ich steh einfach da und lass mir noch mehr von der Scheiße bieten, dann kannst du in die knuffigen Knie sinken und mir zwischen Scheiße und Schorf die Haare vom Arschloch lecken, du Arsch.‹ Ich hab ihm gesagt: ›Ich habe es scheißenochmal satt, mit einem bleichgesichtigen Nigger rumzuficken, der ständig auf Mösenjagd ist, anstatt mal seinen Scheiß-Fettarsch zu lüften und sich einen Scheiß-Job zu besorgen.‹ Dem hab ich's aber gegeben. Musste mal sein. Ich hab gesagt: ›Du Scheißkerl hast weniger im Sack, als Gott einer gottverdammten Kirchenmaus mitgegeben hat. Du bist bei deiner Mamma aus der zerfledderten Fotze gekrochen, hast dich an ihren ranzigen Titten festgehalten, und seitdem hat sich bei dir nichts geändert, du Arsch.‹ Ich hab gesagt: ›Wenn du das Baby nicht willst, finde ich einen Scheißkerl, der es will, jemanden, der die Welt nicht durch den Schlitz seines kackpockigen, schwuchtelärschigen, würmchengroßen Pimmels betrachtet.‹ Ich hab gesagt: ›Dann ist das Baby eben ein Bastard, aber ich kann dir garan-scheiße-tieren, dass es nicht halb so sehr ein Bastard ist wie sein Vater, du Arsch und Bastard! Du kannst meinem Opa die Sahne aus seinem alten, krummgewichsten Hutzelpimmel zutzeln, bevor ich dich jemals, und damit meine ich *jemals,* einen Blick auf das faltige Arschgesicht dieses Babys riskieren lasse, du dämlicher Arsch von einem Scheißkerl.‹ Genau das hab ich ihm gesagt, denn inzwischen ist es mir scheißegal, aber wirklich.«

Nachdem sie diese Information einem Wildfremden mitgeteilt hatte, wühlte die junge Frau in der Handtasche auf ihrem geschwollenen Bauch. Sie zog ihre Bürste hervor, blickte missmutig, sammelte die in den Borsten verfangenen Haare ein und warf sie auf den Fußboden. »Ich hab ihm gesagt: ›Und noch was, du kalter Bauer‹, hab ich gesagt, ›wenn dieses Baby geboren ist, werde ich nur einen Blick auf sein vollgeschissenes Gesicht werfen, und wenn es dir auch nur *so* ein bisschen ähnlich sieht, werde ich dem Arzt sagen, er soll ihm den Scheiß-Kopf absägen und als Köder verwenden. Das mache ich, das schwör ich dir bei Gott, und es gibt auf der ganzen Scheiß-Welt nichts, was du dagegen unternehmen kannst.‹ Nach der ganzen stinkenden Scheiße, die ich diesem Scheißkerl zu verdanken habe, hat der auch noch den Nerv und fragt mich, was ich für Pläne in puncto Namenswahl habe.

Kaum zu glauben, so ein Scheiß. Für mich jedenfalls nicht. Ich hab gesagt: ›Diesen Scheiß glaub ich einfach nicht, du Scheißkerl.‹ Ich hab gesagt: ›Du Arsch, ich werd ihn scheißenochmal nennen, wie ich ihn verdammtescheiße nennen will.‹ Ich hab gesagt: ›Ich hätte nicht übel Lust, ihn Cecil Scheißkerl Arschgesicht zu nennen, nach seinem Vater, du hässlicher Scheißkerl von einem Arschgesicht.‹ Ich hab gesagt: ›Na, was sagst du jetzt, du Flachwichser, du Schwanzlutscher, du Sack voll stinkender, dampfender, blutgesprenkelter Scheiße.‹«

Sie wischte sich ein wenig Speichel von den Lippen und machte es sich gemütlich. Das Kind trat und bewegte sich im Mutterleib, und sie reagierte, indem sie vor Schmerz aufschrie, bevor sie mit der flachen Seite der Haarbürste auf ihren Bauch drosch. »Du Arsch«, sagte sie, »versuch das noch einmal, und ich komm da mit einem Scheiß-Kleiderbügel rein, dann hast du aber scheißenochmal echt was, was du treten kannst, Scheiße.«

Dies Amerika war die Idee sowjetischer Propaganda-Chefs, eine brutale Landschaft, von hoffnungslosen Einfaltspinseln mit batteriebetriebenen Mündern bewohnt, von einem schlimmen Ort an einen noch übleren treibend. Wenn man Glück hat, wecken einen die Leute im Bus, um eine Zigarette zu borgen. Der Mann auf dem Fensterplatz wird sich wahrscheinlich mit dem Satz »Was hastn *du* da zu glotzen?« vorstellen. Wegen der unbeständigen Art ihrer Fahrgäste sind die Busfahrer in der Kunst der Konfliktbewältigung bewandert und halten häufig an, um bei einer Meinungsverschiedenheit zu vermitteln.

»Immer klaut er mir meine Leckerlis.«

»Sir, tut mir sehr leid, aber Sie werden diesem Herrn seine Nougats zurückgeben müssen.«

Der Bus kroch dahin und hielt in Städten, durch die wir bestimmt schon vor fünfzehn Minuten gekommen waren. *Nun aber mal ein bisschen Tempo,* dachte ich. *Diese Leute machen mehr Ärger, als sie wert sind. Sollen sie doch die fünfundzwanzig Meilen bis nach Wrinkled Bluffs oder Cobbler's Knob, oder welchen gottverlassenen Kakteenklumpen sie sonst ihr Zuhause nennen, zu Fuß gehen.* Im Gegensatz zu ihnen hatte ich Ziele, echte Ziele. Dort warteten Menschen auf mich, deren Leben ich bereichern sollte. Sah man das nicht ganz deutlich?

»Dieser Bus fährt jetzt ohne Aufenthalt weiter nach Odell, Oregon«, sagte der Fahrer, stellte ich mir vor, ins Mikrofon. »Wer *nicht* nach Odell will, muss unverzüglich aussteigen und am Rande dieser furchterregenden Wüste eine Warteschlange bilden.«

Meine Mitpassagiere würden stöhnen und grummeln und in die Sitztaschen greifen und ihren mit kleinen Wollmäusen behafteten Zahnersatz und ihre halbvollen Halbliterflaschen Old Spaniel einsammeln. Ich würde sie beobachten, wie sie auf die staubige Landstraße hinaustreten, schäbige Koffer in der Hand, und mit geschüttelter Faust die unversöhnliche Sonne bedrohten. Sobald der Letzte von ihnen evakuiert war, würde der Fahrer den Türschließer betätigen, sich auf seinem Sitz umdrehen, den Mützenschirm mit den Fingern berühren und sagen: »Jetzt bringen wir Sie erst mal schleunigst nach Odell, Sir. Bis dahin möchte ich, dass Sie sich einfach zurücklehnen und die Fahrt genießen.«

Nachdem er beinahe zwölf Stunden damit verbracht hatte, die Unannehmlichkeiten seiner ABM-Stelle zu erläutern, erreichte der Mann neben mir endlich seinen Bestimmungsort. Der Platz wurde von einem verdrießlichen, kinnlosen Schlot von einer Frau eingenommen, die einen aschgrauen ärmellosen Rollkragenpullover trug. Das gute Gespräch war ihre Sache nicht, stattdessen puffte sie mich periodisch und zeigte mit ihrer Zigarette auf alles, was ihrer Meinung nach für mich von Belang war. »Laster mit Kühlkost«, flüstert sie. »Tankstelle mit Brettern vernagelt.« Nie suchte sie die Toilette auf oder veränderte ihre Position, nicht einmal während eines ihrer vielen Nickerchen. Der Schlaf schien sie ohne Warnung zu überfallen. »Der dicke Brummer hat Nummernschilder aus South Dakota«, und ich wandte mich ihr zu, um festzustellen, dass sie leise schnarchte, die Zigarette immer noch glimmend zwischen den Fingern.

Es war fast Mitternacht, irgendwo in Utah, als eine junge Frau in den mehr als ausverkauften Bus einstieg. Sie hatte einen Wäschekorb aus Plastik mit Schuhen und Klamotten dabei. Nachdem sie den Mittelgang entlanggewandert war und vergebens einen Platz gesucht hatte, baute sie sich neben mir auf, verlagerte ihr Gewicht von einem Fuß auf den anderen und räusperte sich mit peinigender Regelmäßigkeit. Sie tat, als hätte ich mich in einer Telefonzelle festgequatscht und labere über Nichtigkeiten, während sie darauf wartete, das Geräusch von Schüssen in einem Kindergarten zu melden. Ich fühlte mich unbehaglich.

»Hier«, sagte ich. »Setzen Sie sich doch ein Weilchen hin.«

Sie nahm kommentarlos an. Ein *Weilchen* bedeutete, für mich, eine Zeitspanne von etwa fünfzehn bis zwanzig Minuten. Wenn wir bis dahin nicht da angekommen waren, wo sie hinwollte, konnte ihr vielleicht sonst wer einen Platz anbieten. Wir konnten schließlich alle ein bisschen zusammenrücken und so jenes einzigartige Band schmieden, wie nur gemeinsame Opferbereitschaft es zu schmieden imstande ist. Nach zwei Minuten auf meinem Platz war die junge Frau fest eingeschlafen, und ihre herabhängende Kinnlade hob sich nur dann und wann, um etwas zu murren, was sich für mich anhörte wie »Trottel«.

Ich ging nach vorne und setzte mich auf die Stufen, bis der Fahrer mich, Vorschriften zitierend, verscheuchte. Dies waren die einzigen Stunden, in denen er ein Privatleben führen konnte, und der Mann war entschlossen, sie zu genießen. Im Morgengrauen würde er wieder alle Hände voll mit den alten Zauseln zu tun haben, die dazu neigten, die vorderen Sitze zu beschlagnahmen, das WÄHREND DER FAHRT NICHT MIT DEM FAHRER SPRECHEN-Schild zu ignorieren und ihn mit Fragen zu löchern wie: »Hat sich schon mal in Ihrem Fön eine schwarze Giftschlange zusammengerollt?«

Ich kehrte zurück, um mich neben meinen Platz zu stellen, und hoffte, dass bald jemand aussteigen würde, aber es gab nichts, weshalb man hätte anhalten können. Die vorbeiziehende Landschaft gab keinerlei Lebenszeichen von sich, sie war nur eine unermessliche, kaltherzige Welt aus Stein. Ich ging eine Zeitlang in die Hocke, bis ich, von Wadenkrämpfen übermannt, endgültig zu Boden ging und unter meinen früheren Platz kroch. Old Smoky saß mit ausgestreckten Beinen da, während meine schlimmste lebende Feindin zum Zappeln und Auskeilen neigte, wobei sie mir, wann immer die Gelegenheit sich bot, buchstäblich die Eier zertrat. Das Paar, das hinter mir saß, übernahm die Nachhut und trat mir mit Geräten, die ich später als die Stahlkappen von Cowboystiefeln identifizierte, abwechselnd gegen Kopf und Wirbelsäule. Ich sagte mir, ich hätte schon Schlimmeres erlebt, aber ich konnte mich noch so sehr anstrengen, ohne dass mir was eingefallen wäre. Der kolossale Motor des Busses lag direkt unter meinem Kopf und versorgte die zahllosen verlorengegangenen Bonbons mit Wärme, die so zu einem duftenden Bett aus geschmolzener Karamellmasse wurden. Irgendwo unterwegs war etwas furchtbar, furchtbar schiefgegangen. Warum war ich, der wichtigste Mann in diesem Bus, gezwungen, die Nacht gekrümmt zu verbringen, nicht auf, sondern *unter* seinem rechtmäßigen Platz? In einem Flugzeug wäre so was nie passiert.

»Oh«, hatte ich zu mehreren meiner früheren Sitznachbarn gesagt, »Sie müssen das mal probieren. Fliegen ist richtig schön. Man kriegt Mahlzeiten und Getränke serviert und kann seine Tasche auf dem Platz liegenlassen, wenn man aufs Klo geht.«

»Echt wahr?«, hatten sie gesagt. »Und es kommt nicht irgendein Arsch und macht Scheiß damit?«

Der erstaunte Ausdruck auf ihren Gesichtern war ohnehin der Grund gewesen, dass ich diesen Bus genommen hatte. Nachdem ich die letzten neun Monate damit verbracht hatte, das Geschirr wohlhabender College-Studenten zu waschen, dachte ich, den richtigen Kick kriege ich von der Greyhound-Bagage, aber ich hatte es nicht so wörtlich gemeint. Irgendwie musste eine wichtige Lektion aus alldem zu lernen sein, und eines Tages, mit etwas Glück, würden selbst diese trägen Idioten sie kapieren.

Bis Sonnenaufgang lag ich so da, als der Bus in eine Kurve fuhr und mir eine Flasche Brause mit Schokoladengeschmack gegen die Stirn rollte. Ich kroch auf den Mittelgang und dann aufs Klo, um den Kampf gegen die vielen Kaugummis, die mit meiner Kopfhaut verschmolzen waren, aufzunehmen. Nach und nach erwachten die Passagiere, nur die junge Frau nicht, die meinen Platz besetzt hielt. Mit einem gesunden Schlaf gesegnet, erhob sie sich um zehn und bat mich, ihr den Platz freizuhalten, während sie sich die Zähne putzte.

Ich war in Nullkommanichts eingeschlafen und wachte nur Minuten später wieder auf, weil sie mir mit einer Tube Zahnpasta an den Schädel klopfte. »He, aufwachen.«

Ich tat, als wäre ich im Tiefschlaf, und dachte mir, irgendwann würde sie auch wieder damit aufhören.

»He, dieser Scheißkerl sitzt auf meinem Platz«, rief sie. »Ich bin nur mal auf ›Damen‹ gegangen, um mich frischzumachen, und jetzt kann ich mich verdammt noch mal nicht mehr hinsetzen.«

»Setz dich doch auf mich«, hörte ich jemanden von hinten. »Das wird ein scharfer Ritt.«

»Gut, gut, gut, jetzt haben wir alle unseren Spaß gehabt.« Dies war eine Männerstimme, aber der Fahrer konnte es nicht sein, weil wir immer noch fuhren. »Steh auf, du halbe Portion, und lass die Dame sitzen.«

Eine Hand packte mich am Kragen und stellte mich auf die Füße. Die Hand war schwielig und fleischig und passte sowohl zu Gesicht als auch Persönlichkeit des Besitzers. Der Mann stellte keine Fragen und sprach keine Drohungen aus. Das war auch nicht nötig. Sobald der Platz frei war, wischte er ihn sauber und lud die junge Frau gestenreich dazu ein, es sich bequem zu machen. Ich erwog kurz, meinen Fall dem Volk vorzutragen, aber dies war eindeutig nicht mein Publikum. Es beugte sich vor, verdrehte sich den Hals, um zu flüstern und zu lachen, während ich im Mittelgang stand und den Ausländer spielte, unvertraut mit den Sitten dieses großartigen Landes. Zwar mochte ich versehentlich jemandem den Platz weggenommen haben, aber seht euch doch mal an, wie sehr ich die zerklüftete Landschaft zu genießen schien, die alle anderen für das Normalste von der Welt hielten. Ich bückte mich und senkte den Kopf, um aus dem Fenster zu plieren und bei jedem vorüberhuschenden Felsbrocken vor Entzücken die Brauen zu schürzen. *Seht nur!* schien ich zu sagen. *Der da scheint einem Kardinal zu ähneln, der am Rande eines riesenhaften Pfannkuchens nistet! Und hier haben wir etwas, was aussieht wie eine umgestülpte Holzpantine, welche unter etwas liegt, was eine verblüffende Ähnlichkeit mit dem blatternarbigen Gesicht jenes ignoranten Bauerntrampels aufweist, welcher den mir rechtmäßig zustehenden Platz besetzt hält!*

Gegen Mittag stieg jemand aus, und ich ließ mich erschöpft auf seinem Platz nieder, konnte aber nicht einschlafen, weil eine Verlobung, die auf der anderen Seite des Mittelgangs stattfand, mich zu sehr ablenkte. Nachdem man sich zehntausendmal umgedreht hatte, um sich für die Ritterlichkeit zu bedanken, wurden Plätze getauscht, so dass Graf Rindfleisch und Baroness Wäschekorb nebeneinander sitzen und sich besser kennenlernen konnten. Minuten später hatten sie die Köpfe unter einem

Sweatshirt, wo sie entweder den Ruf des Eichhörnchens nachahmten oder sich gegenseitig Akne-Präparate vom Gesicht saugten. Der Lärm von Heavy Metal im Radio, das schneidende Geschrei eines beunruhigten Säuglings, das endlose Gewäsch der beiden alten Zausel vor mir: Alles konnte ich ertragen, nur nicht das Geräusch dieses schnäbelnden, küssenden, vor Vergnügen manchmal aufschreienden Pärchens.

Sie weinte, als er aussteigen musste. Ihre erstickten Schluchzer waren mir ein rechtes Labsal, und sie versetzten mich in einen tiefen, undurchdringlichen Schlaf, der bis nach Reno andauerte.

Urs Widmer

Arme Sehnsucht! Arme Wut!

Im Mittelalter zogen Millionen dem Hundsstern nach, sie wollten (und kamen zuweilen) nach Santiago de Compostela, das unfassbar weit im Abendlicht lag. Die gläubige Reise dauerte oft Jahre, und für viele war sie die letzte. Was fühlten jene kühnen demütigen Pilger, wenn sie dann ganz wirklich am Ufer jenes Meers standen? (Jenseits dessen ihre Enkel schon Indien suchten und Amerika fanden.) Waren sie erfüllt oder enttäuscht? – In jenem Amerika, als es entdeckt war, gierten wieder andere nach dem Gold Eldorados und kriegten es auch, allerdings nicht das mit ihm verheißene Glück. – Dann kam Afrika dran (»Doctor Livingstone, I presume«), und bald darauf brachen vermummte Helden sogar zu den schneeumheulten Polen auf, starrten auf dem Hinweg auf die Kompassnadel und aßen auf dem Rückweg einen Hund nach dem andern. – Noch unsre Väter machten, völlig ahnungslos, im Lötschental Erstbegehungen. – Ja, bis vor kurzem gab es so viele weiße Flecke auf so vielen Landkarten, dass die Sehnsüchte derer, die zu Hause aus den Nähten platzten, alle ihren Raum fanden. Man musste ihn nur suchen. Die Sehnsucht war ein Längenmaß. Den meisten unsrer Ahnen reichte durchaus eine Besteigung des Pilatus (mit Leitern! langen Stangen! die Frauen mit Röcken wie Fallschirme!). Einige besonders Sehnsuchtgeplagte aber brauchten mehr Auslauf. Fanden ihn. Saßen (das war ihr Risiko) zuweilen plötzlich predigend im Topf eines Kannibalen, aber dann kam es halt drauf an, wer schneller weichgekocht war, der hitzige Europäer oder der verstockte Heide.

Auch die Zwillingsschwester der Sehnsucht, die Wut, fand überall ihren Platz, sich auszutoben. Sowieso brachen die beiden Schwestern meist Hand in Hand auf. Brave Bauern aus dem Emmental fällten ganze Urwälder mit Handkantenschlägen! Missionarsgattinnen aus Basel bissen Klapperschlangen tot! Sogar die kleine blöde Cousine von Sehnsucht und Wut, das Vorurteil, hatte es bis in unser Jahrhundert hinein gut. Es blieb stets da, wo es gerade war, und fühlte sich wohl. Völlig unschuldig waren noch unsre Großväter davon überzeugt, dass alle Neger stanken und dass die Chinesen sich ständig köpften für nichts und wieder nichts.

Heute! *Wir* sind schon überall gewesen, bevor

wir auch nur irgendwo angekommen sind. Jeder kennt einen aus Nairobi oder Tokio. Alle Landkarten sind mit Höhenkurven versehen bis in die tiefsten Ozeane hinab. Unversehens sind Sehnsucht und Wut etwas geworden, was keinen realen Ort mehr auf dieser Erde finden kann. Unerlöst in uns herumrotiert. Sogar das blasse Vorurteil! Kaum schimpfe ich, sagen wir, über die Eskimos (nämlich, sie brunzen sich über die Köpfe, wenn ihnen die Haare ausfallen), klingelt es, und da steht einer, und ist sehr nett, und will meine Tochter heiraten.

Kürzlich machte ich mich nochmals mit ein paar sich sehnenden wütenden Freunden und Freundinnen auf den Weg nach Santiago de Compostela, in einem letzten verzweifelten Versuch, das, was zum Drinbleiben verurteilt scheint, nach außen zu stülpen. Auf den Knien rutschten wir schimpfend der Autobahn entlang. In der Gegend von Schlieren kamen uns die beiden Ameisen in den Sinn, die einst nach Amerika gewollt hatten, und wie sie verzichteten wir weise auf den Rest der Reise.

3.3.1986

Umberto Eco

Wie man intelligente Ferien macht

Es ist guter Brauch, dass beim Herannahen der Sommerferien die politischen und kulturellen Wochenzeitschriften ihren Lesern wenigstens zehn intelligente Bücher empfehlen, mit denen sie auf intelligente Weise intelligente Ferien machen können. Leider überwiegt jedoch die schlechte Gewohnheit, die Leser als unterentwickelte Wesen zu betrachten, und so sehen wir auch berühmte Schriftsteller sich nicht entblöden, ihnen Lektüren vorzuschlagen, die jeder durchschnittlich Gebildete spätestens als Pennäler absolviert haben müsste. Es mutet uns in der Tat beleidigend oder zumindest sehr paternalistisch an, den Lesern Werke wie, was weiß ich, das englische Original des *Tristram Shandy*, den Proust der Pléiade oder die lateinischen Schriften Petrarcas zu empfehlen. Bedenken wir, dass die Leser, nachdem sie so lange mit derlei Ratschlägen eingedeckt worden sind, immer anspruchsvoller werden, und vergessen wir auch nicht jene, die sich keine teuren Ferien leisten können, aber sich gerne auf Erfahrungen ebenso unbequemer wie erregender Art einlassen wollen.

Wer lange Stunden am Strand zu verbringen gedenkt, sollte sich die *Ars magna lucis et umbrae* von Pater Athanasius Kircher vornehmen, eine faszinierende Lektüre für den, der unter den Ultraviolettstrahlen über die Wunder des Lichts und der Spiegel nachdenken will. Die römische Ausgabe von 1645 ist noch in Antiquariaten erhältlich für Summen weit unter denen, die seinerzeit der Bankier Calvi in die Schweiz ausgeführt hat. Ich rate davon ab, sich das Buch in einer Bibliothek auszuleihen, denn es findet sich nur in altersgrauen Gebäuden mit Angestellten, denen gewöhnlich der rechte Arm oder das linke Auge fehlt und die leicht stürzen, wenn sie die Leitern hinaufsteigen, die zu den Sektionen der seltenen Bücher führen. Eine weitere Misslichkeit ist auch das Gewicht des Buches und die Brüchigkeit des Papiers: nicht zu lesen, wenn der Wind die Sonnenschirme zaust.

Ein junger Mensch hingegen, der sich auf Pauschalpreis-Reisen durch Europa begibt, in der zweiten Klasse, so dass er in jenen Zügen lesen muss, in denen die Korridore total überfüllt sind und man eingezwängt stehen muss, einen Arm aus dem Fenster gehängt, könnte sich mindestens drei Bände der sechsbändigen Einaudi-Ausgabe der *Navigationi et viaggi* des humanistischen Geographen Gian Battista Ramusio mitnehmen, die sich gut lesen lassen, wenn man einen Band in der Hand hält, den zweiten unter den Arm geklemmt und den dritten zwischen die Schenkel. Auf Reisen über Reisen zu lesen ist eine außerordentlich intensive und stimulierende Erfahrung.

Jugendlichen, die von der politischen Arbeit Urlaub machen (oder von ihr enttäuscht sind), aber gleichwohl die Probleme der Dritten Welt nicht aus den Augen verlieren wollen, würde ich zu ein paar kleinen Meisterwerken der islamischen Philosophie raten. Bei Adelphi ist kürzlich das *Buch der Ratschläge* von Kay Ka'us ibn Iskandar erschienen, leider ohne das persische Original auf der linken Seite, so dass natürlich der ganze Reiz verlorengeht. Ich würde stattdessen das entzückende *Kitab al-s'ada wa'l is'ad* von Abul'l-Hasan Al'Amiri empfehlen, von dem es in Teheran eine kritische Ausgabe aus dem Jahre 1957 gibt.

Da nicht alle fließend die nahöstlichen Sprachen lesen: wer im Auto unterwegs ist und keine Platzprobleme hat, ist immer bestens mit der Gesamtausgabe der *Patrologie* von Migne bedient. Ich würde davon abraten, die griechischen Kirchenväter bis zum Konzil in Florenz 1440 zu wählen, da man dann 161 Bände der griechisch-lateinischen Ausgabe plus 81 der lateinischen mitnehmen müsste, während man sich bei den lateinischen Kirchenvätern bis 1216 auf 218 Bände beschränken kann. Ich weiß nur zu gut, dass nicht alle im Handel erhältlich sind, aber man kann ja immer noch auf Fotokopien zurückgreifen. Für Leute mit weniger spezialisierten Interessen würde ich einige gute Werke (immer im Original) der kabbalistischen Tradition empfehlen (die heutzutage auch unverzichtbar sind, um die zeitgenössische Lyrik zu verstehen). Es genügt Weniges: ein Exemplar des *Sefer Jesirah*, den *Sohar* natürlich, dann Moses Cordovero und Isaak Luria. Das kabbalistische Schrifttum ist besonders geeignet für die Ferien, da sich von den ältesten Werken noch gut erhaltene originale Schriftrollen finden, die man leicht auf den Rucksack schnallen kann, auch beim Trampen. Das kabbalistische Schrifttum lässt sich darüber hinaus auch bestens in den Ferienkolonien des Club Méditerranée verwenden, etwa wenn die Animateure zwei Gruppen bilden, die miteinander wetteifern sollen, wer den sympathischsten Golem kreiert. Für diejenigen, die Schwierigkeiten mit dem Hebräischen haben, bleiben schließlich immer noch das *Corpus Hermeticum* und die gnostischen Schriften (ich empfehle Valentinus, Basilides ist nicht selten weitschweifig und irritierend).

All dies (und anderes), wenn Sie intelligente Ferien machen wollen. Wenn nicht, reden wir nicht mehr davon, nehmen Sie sich die *Grundrisse* mit, die apokryphen Evangelien und die unveröffentlichten Schriften von Peirce auf Mikrofiches. Schließlich sind kulturelle Wochenzeitschriften keine Mitteilungsblätter für den Grundschulunterricht.

(1981)

Nachweis

Alfred Andersch (4. Februar 1914, München – 21. Februar 1980, Berzona, Tessin)
Ein Vormittag am Meer. Aus: Alfred Andersch, Erzählungen 2. Autobiographische Berichte. Copyright © 2004 by Diogenes Verlag, Zürich

T.C. Boyle (*2. Dezember 1948, Peekskill, New York)
Mexiko. Aus dem Amerikanischen von Werner Richter. Aus: T. C. Boyle, Schluss mit cool. Copyright © 2002 by Carl Hanser Verlag, München · Wien

Ray Bradbury (*22. August 1920, Waukegan, Illinois)
Zur warmen Jahreszeit. Aus dem Amerikanischen von Margarete Bormann. Aus: Ray Bradbury, Medizin für Melancholie. First published in Playboy, January 1957. Copyright © 1956 by the HMH Publishing Co., renewed 1984 by Ray Bradbury. Copyright © 1981 by Diogenes Verlag, Zürich

Doris Dörrie (*26. Mai 1955, Hannover)
Auf dem Inkapfad (Titel vom Herausgeber). Auszug aus: Doris Dörrie, Der Mann meiner Träume. Copyright © 1991 by Diogenes Verlag, Zürich

Umberto Eco (*1932, Alessandria / Piemont)
Wie man intelligente Ferien macht. Aus dem Italienischen von Burkhart Kroeber. Aus: Umberto Eco, Wie man mit einem Lachs verreist und andere nützliche Ratschläge. Copyright © 1993 by Carl Hanser Verlag, München · Wien

F. Scott Fitzgerald (24. September 1896, St. Paul / Minnesota – 21. Dezember 1940, Hollywood)
Drei Stunden zwischen zwei Flügen. Aus dem Amerikanischen von Walter E. Richartz. Aus F. Scott Fitzgerald, Drei Stunden zwischen zwei Flügen. Copyright © 2006 by Diogenes Verlag, Zürich

René Goscinny (14. August 1926, Paris – 5. November 1977, Paris)
Bei uns entscheidet Papa. Aus dem Französischen von Hans Georg Lenzen. Aus: Goscinny/Sempé, Der kleine Nick. Copyright © 1974, 2001 by Diogenes Verlag, Zürich

John Irving (*2. März 1942, Exeter / New Hampshire)
Eine denkwürdige Ankunft (Titel vom Herausgeber). Aus dem Amerikanischen von Irene Rumler. Auszug aus: John Irving, Zirkuskind. Copyright © 1995 by Diogenes Verlag, Zürich

Daniel Kehlmann (*1975, München)
Unter der Sonne. Aus: Daniel Kehlmann, Unter der Sonne. Erzählungen. Copyright © 1998 by Deuticke im Paul Zsolnay Verlag, Wien

David Lodge (*28. Januar 1935, London)
Ratet mal... Aus dem Englischen von Renate Orth-Guttmann. Aus: Kurz und bündig. Copyright © 2007 by Diogenes Verlag, Zürich

Hugo Loetscher (*22. Dezember 1929, Zürich)
Ein Schweizer Mädchen in Karthago. Aus: Der Waschküchenschlüssel. Copyright © 1988 by Diogenes Verlag, Zürich

Loriot, eigentlich Bernhard-Viktor Christoph-Karl von Bülow (*12. November 1923, Brandenburg an der Havel)
Fluggepäck. Aus: Loriot, Gesammelte Prosa. Copyright © 2006 by Diogenes Verlag, Zürich

W. Somerset Maugham (25. Januar 1874, Paris – 16. Dezember 1965, Cap Ferrat)

Honolulu. Aus dem Englischen von Ilse Krämer. Aus: W. Somerset Maugham, Ost und West. Gesammelte Erzählungen I. Copyright © 2005 Diogenes Verlag, Zürich

Sławomir Mrożek (*29. Juni 1930, Borzecin, Polen)
Der Koffer. Aus dem Polnischen von Christa Vogel. Aus: Sławomir Mrożek, Das Leben für Fortgeschrittene. Copyright © 2006 by Diogenes Verlag, Zürich

Magdalen Nabb (*16. Januar 1947, Church, Lancashire)
Poseidon und ich (Titel vom Herausgeber). Aus dem Englischen von Christa E. Seibicke. Aus: Tintenfaß Nr. 27. Copyright © 2003 by Diogenes Verlag, Zürich

Vladimir Nabokov (23. April 1899, St. Petersburg – 2. Juli 1977, Lausanne)
Frühling in Fialta. Aus dem Englischen von Dieter E. Zimmer. Aus: Vladimir Nabokov, Erzählungen 2 1935-1951. Gesammelte Werke Bd. 14. Copyright © 1966, 1989 by Rowohlt Verlag GmbH, Reinbek bei Hamburg

Ingrid Noll (*29. September 1935, Shanghai)
Donau so grau. Aus: Ingrid Noll, Falsche Zungen. Copyright © 2004 by Diogenes Verlag, Zürich

Saki, eigentlich Hector Hugh Munro (18. Dezember 1870, Akyab / Burma – 13. November 1916, Beaumont-Hamel / Frankreich)
Eine Freizeitbeschäftigung. Aus dem Englischen von Werner Schmitz. Aus: Saki, Sämtliche Erzählungen, Haffmans Verlag, Zürich 1998. Abdruck mit freundlicher Genehmigung des Übersetzers.

David Sedaris (*26. Dezember 1956, Johnson City / New York)
Reisebekanntschaften (Titel vom Herausgeber). Aus dem Amerikanischen von Harry Rowohlt. Auszug aus: David Sedaris, Naked. Copyright © 2005 by Wilhelm Heyne Verlag, München in der Verlagsgruppe Random House GmbH

Martin Suter (*29. Februar 1948, Zürich)
Hunold, Manager und Familienvater. Aus: Martin Suter, Business Class. Copyright © 2002 by Diogenes Verlag, Zürich

Urs Widmer (*21. Mai 1938, Basel)
Arme Sehnsucht! Arme Wut! Aus: Urs Widmer, Auf auf ihr Hirten! Die Kuh haut ab! Copyright © 1988 by Diogenes Verlag, Zürich

Früher war mehr Strand

Hinterhältige Reisegeschichten
Herausgegeben von Daniel Kampa

»Alles Unheil der Menschen kommt daher, dass sie nicht ruhig zu Hause bleiben können«, warnte schon Blaise Pascal. Vergeblich, zum Glück, denn sonst gäbe es keine unheilvollen Reiseerfahrungen, die man mit schönster Schadenfreude lesen kann, egal, ob es mit F. Scott Fitzgerald über den Atlantik geht, mit John Irving durch die österreichische Provinz oder mit Bernhard Schlink und Doris Dörrie in die USA. Außerdem schreibt Ingrid Noll über einen Schnappschuss zu viel, Julian Barnes über einen zu kurzen Ferienflirt, Urs Widmer über Hotelerfahrungen, Martin Suter über Ferienplanung oder Meir Shalev über zu nette Gastgeber. Für weitere erstklassige Hinterhältigkeiten bürgen W. Somerset Maugham, Friedrich Dürrenmatt, Patricia Highsmith, Leon de Winter, Elke Heidenreich und viele mehr. Wenn Reisen nur so viel Spaß machen würde wie diese Anthologie ...

»Eine Aneinanderreihung aufblitzender Erzählmomente. Alle Texte sind teils hintergründig und hinterhältig, amüsant, ziemlich schräg und absurd. Hier spricht die erzählerische S-Klasse. *Früher war mehr Strand* ist ein idealer Reisebegleiter.«
Dieter Schneider/Rundfunk Berlin Brandenburg

»Diese schadenfrohe Anthologie gibt denjenigen recht, die heuer lieber zu Hause bleiben.«
Peter Pisa /Kurier, Wien

»In den meisten Fällen heißt reisen sich ärgern.«
Theodor Fontane

Auch als Diogenes Hörbuch erschienen,
gelesen von Doris Dörrie, Hans Korte, Martin Suter,
Cordula Trantow, Christian Ulmen und Urs Widmer